방송학의 이해

노동렬 서강대 신문방송학과를 졸업하고 동 대학원에서 수학하였다. 2006년부터 성신여대 미디어커뮤니케이션학과 교수로 재직 중이다.
주요 논문으로 「방송시장의 붉은 여왕 효과 연구: 종편 환경으로 인한 드라마 시장의 변화 요인을 중심으로」, 「리얼리티 예능 프로그램의 자기조직화에 관한 연구: 〈1박 2일〉과 〈무한도전〉의 창의적 생산 방식을 중심으로」 등이 있고, 저서로는 『방송산업의 비극』 『드라마 디자인』이 있다.

박인규 서강대 사학과를 졸업하고 영국 글래스고대 대학원에서 석·박사 학위를 받았다. 2001년부터 인하대 언론정보학과 교수로 재직 중이다.
주요 논문으로 「구조적 통제 하의 저널리즘: KBS 시사 프로그램의 변화를 중심으로」, 「한국 언론의 표상 이영희」 등이 있고, 역서로는 『BBC와 CNN』, 『텔레비전 장르의 이해』 등이 있다.

오미영 한국외대 중국어과를 졸업하고 중앙대 대학원에서 언론학 박사 학위를 받았다. 단국대 언론영상학부 초빙교수를 역임했고 2003년부터 가천대 언론영상광고학과 교수로 재직 중이다.
주요 논문으로 「SNS 회의론懷疑論: SNS 이용 거부 징후에 대한 탐색적 고찰」, 「방송실무교육으로서의 일터학습 사례 연구」 등이 있고, 저서로는 『토론 vs. TV토론』, 『커뮤니케이션 핵심 이론』 등이 있다.

홍경수 고려대 신문방송학과를 졸업하고 서울대 대학원 언론정보학과에서 석·박사 학위를 받았다. 2010년부터 순천향대 미디어콘텐츠학과 교수로 재직 중이다.
주요 논문으로 「공영방송사 제작체계 변화가 피디 전문직주의에 미치는 영향: 2008년 이후 KBS를 중심으로」, 「뉴스의 탈현실의 수사학 연구: KBS 9시 뉴스 헬기보도의 서사 및 이데올로기 분석을 중심으로」 등이 있고, 저서로는 『PD, WHO & HOW』, 『PD 인턴십 특강』, 『창의적인 콘텐츠 기획의 8가지 비밀』 등이 있다.

2014년 2월 21일 초판 1쇄 발행 | 2018년 4월 6일 초판 3쇄 발행 | 지은이 노동렬·박인규·오미영·홍경수 | 펴낸곳 부키(주) | 펴낸이 박윤우 | 등록일 2012년 9월 27일 | 등록번호 제312-2012-000045호 | 주소 03785 서울 서대문구 신촌로3길 15 산성빌딩 6층 | 전화 02) 325-0846 | 팩스 02) 3141-4066 | 홈페이지 www.bookie.co.kr | 이메일 webmaster@bookie.co.kr | 제작진행 올인피앤비 bobys1@nate.com | ISBN 978-89-6051-374-7 93300

※이 저서는 인하대학교의 지원에 의해 발간되었습니다.

방송학의 이해

이론에서 적용까지 방송의 모든 것

노동렬·박인규·오미영·홍경수 지음

부·키

"졸업 후 PD가 되어 15년 동안만 현장에서 열심히 일하고 다시 학교로 돌아와 학생들을 가르치는 일을 해야겠다."

대학 3학년, '초급TV제작'과 '라디오제작' 수업을 들으면서 PD의 꿈을 키우고 있을 때이다. 당시만 해도 현장 경험이 풍부한 PD 출신 교수가 거의 없었기 때문에 이론 수업은 물론 제작수업을 들으면서도 방송 실무에 대해 어렴풋하게 느끼는 정도에서 한 학기를 마무리하였다. 그래서 방송 현업을 경험하고 유명한 PD가 된 뒤, 학교로 돌아와 후배들에게 현장감 있는 교육을 해야겠다고 결심한 것이다.

대학을 졸업하고 막상 PD가 되었을 때 나는 학교에서 배웠던 이론과 현장에서 맞닥뜨리는 실무 사이의 괴리감으로 적잖이 혼란스러웠다. 이러한 경험은 비단 PD 직종뿐 아니라 아나운서, 작가, 출연자 그리고 편성이나 경영 부문에 이르기까지 직종과 상관없이 공통적으로 겪어야 할 고충이었을 것이다. 이 책이 필요한 첫 번째 이유가 바로 여기에 있다.

방송학은 응용과학이다. 따라서 방송학 이론은 작금의 방송 현실을 해석할 수 있어야 하며 방송 발전에 기여하는 방향으로 적용되어야 한다. 그리고 그 적용 능력은 이론 자체에서 나온다기보다는 이론을 습득한 방송 종사자의 암묵적 지식에서 창출된다. 그런데 이 암묵적 지식이라는 것은 개인의 경험을 통해 체화된 지식이기 때문에 방송 분야에서 직접 일해 보지 않고서는 습득하기 어렵다. 결국 방송에 대한 지식은 명시적으로 습득한 이론과 경험을 통해 얻을 수 있는 암묵적 지식이 조화를 이루어야만 제대로 완성될 수 있다. 이것이 바로 이 책이 필요한 두 번째 이유이다.

방송학에 관한 좋은 책들은 많다. 하지만 방송 현장에서 전문가로 일하고자 하는 학생들에게 이론과 현장의 괴리감을 좁혀 줄 수 있는 책들은 그다지 많지 않은 것이 현실이다. 또 시중의 방송학 책들을 열심히 탐독한다고 해도 그 내용을 곧장 실무에 적용할 수 있는 것은 소수의 독자에 국한될 것이다. 그만큼 이론을 적용시키는 능력에는 개인차가 존재하고, 그 차이를 극복할 수 있게 도와주는 것이 바로 전문 서적의 역할이다.

이러한 두 가지 이유에서 이 책『방송학의 이해』를 집필하게 되었다. 무엇보다도 현재의 방송 현장을 있는 그대로 이해할 수 있는 이론을 독자에게 전달하고, 그 이론을 습득한 독자가 현장에 나가 실제로 적용하고 방송 전문가로 성장할 수 있는 시각을 갖게끔 하는 것이 이 책이 목표하는 바다.

이를 위해 네 명의 방송 현업 출신 교수들이 의기투합하였다. 세 명의

PD 출신 교수들은 각각 교양, 예능, 드라마를 만들었고 다른 한 명의 교수는 아나운서와 기자로 활동했었다. 모두 현장에서 명성을 쌓았고 언론학 박사 과정을 거쳐 현재는 대학교수로 활약하고 있다.

이 책은 방송학을 다루고 있는 다른 서적들처럼 방송학이라고 하면 으레 다루는 부분들을 모두 다루지는 않는다. 또 학기말 시험에서 학생을 골탕 먹이기 위해서 출제될 것만 같은 내용은 과감히 삭제했고, 좋은 방송 전문가가 되기 위해서는 반드시 알아야만 하는 지식들을 위주로 다루었다. 단편적인 지식을 나열해 지면을 낭비하기보다는 방송학 핵심 이론들이 실무에 어떻게 적용되어 어떤 결과물을 만들어 내는지에 집중해, 독자들로 하여금 스스로 응용 능력을 키울 수 있도록 하기 위해서이다.

나아가 제작·편성PD, 아나운서, 기자, 작가, 방송 출연자, 콘텐츠 마케팅, 카메라나 편집 등을 담당하는 기술 스태프 등 방송 전문가로 성장하고자 하는 학생들이 방송에 대한 총체적인 이해를 하는 데 도움을 줄 수 있는 내용으로 구성하였다.

1장에서는 방송사의 구조와 방송의 개념을 다뤘다. 즉 방송사업자의 유형과 방송종사자의 직종을 개괄적으로 설명한 뒤 방송사는 어떤 부서와 직종으로 구성되는지, 각각 어떤 기능을 수행하는지 그리고 방송사 직종별 인원 증감은 어떤 추세로 변화하고 있는지 등을 서술하여 향후 방송 환경 변화를 예측하는 데 도움이 되도록 하였다.

2장에서는 방송 프로그램, 그중에서도 텔레비전 프로그램을 주로 다뤘다. 날로 다양해지는 방송 프로그램들을 일정한 틀로 갈무리해 그 속성을 효과적으로 파악할 수 있도록 하였다. 뉴스, 드라마, 시사 프로그램 등 장르의 구분과 발전상을 다루고 각 장르에서 반복되는 관습과 특성, 각 장르에서 중시되는 가치와 기대를 살펴보았다.

3장에서는 미디어와 기술을 다뤘다. 매클루언Marshall McLuhan과 래팜 Lewis H. Lapham의 『미디어의 이해Understanding Media』를 바탕으로 미디어 이론을 해부하여 미디어 이론이 프로그램 기획에 어떻게 연결되는지 알 수 있도록 했다. 핫미디어와 쿨미디어의 비교는 물론 볼터Jay David Bolter 와 그루신Richard Grusin의 『재매개Remediation』에 대한 이해까지 미디어의 계보학적 이해를 돕고자 했다. 또 방송기술의 역사와 방송기술의 변화가 프로그램을 제작하는 PD들에게 어떠한 영향을 미치는지에 대해서도 고찰했다.

4장에서는 방송 수용자를 다뤘다. 방송 수용자, 즉 시청자와 관련해 가장 현실적인 사안인 시청률에 대해 알아보고 방송이 수용자에게 미치는 구체적 영향까지 살펴보았다. 또 역사적으로 수용자라는 개념이 등장한 배경과 그 변화 과정을 알아보고, 매스미디어의 기술 발달이 지속적으로 새로운 형태의 수용자를 탄생시키는 가운데 중요하게 논의되어 온 다양한 수용자 이론과 연구들을 총망라했다. 나아가 최근 뉴미디어 환경에서 중요하게 언급되고 있는 능동적 이용자로서의 새로운 수용자 상, 수용자 운동, 미디어 교육에 대해서도 알아보았다.

5장에서는 방송산업을 다뤘다. 방송산업은 너무 광범위하기 때문에 다루는 방식과 분야도 다양하다. 여기서는 대표적인 창조산업인 방송산업이 구동되는 근본적인 원리를 자세하게 설명했다. 방송콘텐츠가 생산되고 소비되는 과정에 적용되는 공통적인 원리를 이해하고 시장의 움직임을 읽을 수 있게 서술했다.

6장에서는 방송의 이념을 다뤘다. 방송의 철학이며 근간인 방송의 이념에 대해 생각하는 과정은 방송학을 배우는 과정에서 꼭 필요하다. 방송 프로그램의 편성 정책, 프로그램 제작 방향이 방송 이념에 좌우되기 때문이다. 여기서는 한국의 오래된 방송 이념인 공익성이라는 개념과 선정성, 폭력성, 영상 조작 등 방송의 사회적 책임과 윤리 등을 짚어 내고, 방송

이념에 대한 고찰을 통해 한국의 방송 지형이 어떤 변화를 겪고 있는지, 바람직한 발전 방향은 무엇인지 진지하게 고민하는 장을 마련했다.

2014년 현재 방송산업은 드라마 한류를 넘어 예능 한류가 또 한 번의 광풍을 일으키고 있다. 드라마 장르는 더욱 다양해지고, 예능 프로그램의 제작 아이디어와 기법은 아시아 국가들을 놀라게 하고 있으며, 가수들의 퍼포먼스는 세계 어디에 내놓아도 뒤지지 않는 수준에 올라 있다. 이렇게 우리의 방송콘텐츠는 눈부신 발전을 계속해 나가고 있다. 그러나 방송콘텐츠에 담긴 우리의 가치관, 방송콘텐츠를 생산하는 전문가들의 사회적 책임 의식, 방송이 지켜야 하는 품위와 공공성, 진실 추구에 대해서도 그 수준을 자랑할 수 있는지에 대해서는 진지하게 고민해 볼 필요가 있을 것이다. 이 한 권의 책이 그 계기가 되기를 바란다.

2014년 2월
저자 일동

3장
미디어와 기술

4장
수용자론

5장
방송산업

6장
방송의 이념

1장 방송사의 구조

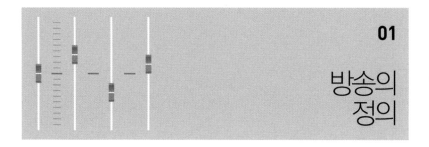

01

방송의
정의

방송의 개념

1844년 모스Samuel Morse가 워싱턴에서 볼티
모어로 보낸 사상 최초의 전파 통신의 내용은 "하나님의 처사다What hath
God wrought!"였다.

이후 방송은 인간의 통제를 벗어난 듯 눈부시게 발전해 왔다. 특히 오
늘날 매체 환경에서는 방송의 개념을 정의하는 것조차 어려울 정도다.
"전파라는 수단을 이용하여 불특정 다수를 향해 콘텐츠를 전송하는 행
위" 혹은 'broad넓다와 cast던지다의 합성어'와 같은 정의는 방송의 일부
분만을 설명하고 있기 때문이다. 때문에 좀 더 나아가 전송 방식, 매체 융
합 등과 같은 기술적인 특성이나 방송의 내용과 효과, 공익성, 방송의 공
적 책임과 역할을 강조하는 방식 등으로 방송을 정의하려는 다양한 노력
들도 있었다. 그러나 이런 노력도 방송의 핵심 요소인 '수용자'의 능동적

인 입장 변화, 개인 매체personal media의 광범위한 확산으로 급격하게 발생한 커뮤니케이션 환경 변화까지는 포괄하지 못하고 있다. 〈표 1-1〉은 주요 국가에서 방송을 법률상으로 어떻게 정의하고 있는지 보여 준다.

방송의 개념을 이해하기 위해서는 몇 개의 주요 방송 유형을 구분하여 알아 두어야 한다.

먼저, 지상파방송은 "무선전파를 이용하여 지상의 송신 설비를 통해 영상 또는 음성, 음향 등을 보내는 방송 서비스"를 말한다. 공중파방송이라고도 부르며, KBS, MBC, SBS, EBS와 같은 방송들이 이에 속한다.

이러한 공중파방송과 구분되는 유선방송은 일정한 지역의 주민을 대상으로 케이블 같은 유선망을 통해 복수의 채널을 제공하는 텔레비전방송이다. 전파 대신 유선 케이블을 통해 콘텐츠를 전송한다는 특징이 있다. 케이블로 전송된다는 이 개념은 수용자의 의지에 따라 가입이라는 절차를 거쳐야만 방송을 전송받을 수 있다는 의미인데, 이것이 수용자를 예측할 수 있다는 뜻은 아니다. 케이블은 가입한 '사람'을 특정하는 것이 아니라 가입한 '가구'를 대상으로 콘텐츠를 전송하므로 방송사업자 선에서 시청자를 제한할 수 없기 때문이다.

데이터방송은 방송사업자의 채널을 이용하여 데이터 즉 문자, 숫자, 도형, 도표, 이미지 그 밖의 정보 체계 등을 위주로 하여 이에 따르는 영상, 음성, 음향의 조합으로 이루어진 방송 프로그램을 송신하는 방송이다.

데이터방송은 디지털방송과 구분된다. 디지털방송은 기존의 아날로그 방송에서 화사와 음성을 디지털 신호로 바꾸어 송수신해 더 선명하고 깨끗한 화질과 다중채널의 사운드를 즐기게끔 한 방송이고, 데이터방송은

표 1-1 | 국제기구와 각국의 방송 정의

구분	방송의 정의
한국	방송 프로그램을 기획, 편성 또는 제작하고 이를 공중公衆에게 전기통신설비에 의해 송신하는 것. (방송법 제2조 제1항)
미국	공중이 직접 혹은 중계국의 중계를 통해 공중에 의해 수신되는 것을 목적으로 하는 무선통신의 전달. (통신법 제3조)
영국	음향의 일반 수신을 위해 전화 방식과 영상의 일반 수신을 위한 텔레비전 방식을 병용한 무선통신. (저작권, 디자인, 특허법)
일본	공중에 의해 직접 수신되는 것을 목적으로 하는 무선통신의 송신. (방송법 제2조, 전파법 제5조)
프랑스	**방송 시청각 커뮤니케이션** 지상파 또는 위성에 의해 공중에 의해 직접 수신되는 것을 목적으로 하는 시청각 통신 서비스의 무선송신. **시청각 커뮤니케이션** 텔레커뮤니케이션 중 사신(특정 자료의 통신으로 비밀이 요구되는 것)을 제외한 공적인 정보 전달. (커뮤니케이션 자유에 관한 법률 제2조)
독일	공중을 위한 것으로 접속 도선 없이 또는 도선에 의한 전기 진동을 이용하여 언어, 음향 및 화상의 여러 가지 표현의 전파. (수신료 협정 제1조)
노르웨이	유선 또는 무선에 의하여 음성, 음악, 영상 등을 일반 대중에게 직접 전파하는 행위. (방송법 제1조)
스페인	**텔레비전방송** 정치, 종교, 문화, 교육, 예술, 보도, 상업광고 그리고 단순한 오락이나 선전, 광고의 목적을 갖고 일반 대중이나 그 일부 특정 대상자에 대하여 직간접적으로 전파나 유선을 이용하여 영상과 음향을 동시에 제작, 송출하는 것. (방송법 제1조 4)
싱가포르	**방송국** 일반 공중에 의해 수신될 목적으로 유선 및 무선으로 방송 프로그램을 전송하는 스테이션. **방송프로그램** 모든 음악, 영상 및 기타 오락물, 콘서트, 강의, 연설, 발표, 뉴스, 기타 전달될 수 있는 모든 정보를 포함하여 음향 및 영상 수신 또는 두 가지 모두인 경우를 막론하고 방송국에 의해 전송되는 기호 및 신호. (방송법 제2조)
EU	미디어 서비스 제공업자에 의해 프로그램 편성표에 따라 동일한 시간에 시청할 수 있도록 제공되는 시청각 미디어 서비스. (시청각 미디어 서비스 지침 1조 C)

출처: 한국콘텐츠진흥원, 「2010 해외 콘텐츠 시장조사 연구보고서」

기존 방송에 부가적인 데이터를 첨가해 다양한 기능을 갖춘 방송이다. 시청하고 있는 채널의 다음 방송 프로그램 정보를 보여준다거나, 청각장애인을 위한 자막을 넣어 전송한다거나, 양방향 통신을 통해 방송 도중 쇼핑이 가능하도록 하는 등의 기능이 있다. 물론 이러한 기능의 데이터방송은 디지털방송 시스템에서만 가능하다.

IPTVInternet Protocol Television로 불리는 인터넷멀티미디어방송은 광대역통합정보통신 등을 이용한 양방향성 텔레비전 서비스이다. 인터넷을 이용하여 방송 및 기타 콘텐츠를 텔레비전 수상기로 제공하는 방식이다. 인터넷과 텔레비전을 융합시킨 디지털컨버전스digital convergence의 한 유형이다. TV를 보면서 인터넷 검색, 홈뱅킹, 온라인 게임, 홈쇼핑 등 기존 인터넷에서 제공되는 다양한 콘텐츠와 부가 서비스를 리모컨을 사용해 조작할 수 있다.

IPTV가 기존 인터넷TV와 다른 점은 모니터, 키보드, 마우스 대신 텔레비전 수상기와 리모컨을 사용한다는 점이다. 인터넷이 연결된 텔레비전 수상기, 셋톱박스set-top box만 있으면 IPTV를 이용할 수 있고 기존 지상파방송이나 유선방송에 비해 많은 채널을 볼 수 있다는 장점이 있다. 또 제공되는 방송을 단순히 보기만 하는 것이 아니라 리모컨을 이용해 원하는 콘텐츠를 이용하는 등 쌍방향적이라는 점에서 케이블TV나 위성방송과 차이가 있다.

IPTV의 프로그램 편성은 시간대, 라이프 스타일과 같은 고전적인 기준을 고려하는 일반 방송사업자와 차이가 있다. 프로그램이 데이터처럼 축적되어 있어 언제든지 반복적으로 접근할 수 있는 특징을 가지고 있기 때문이다. 망을 통해 방송콘텐츠가 이동하기는 하지만 자발적으로 콘텐츠를 제작한다고 보기는 어렵다. 반면 인터넷 접속 기능을 가진 셋톱박스 set-top box를 이용하여 인터넷 서비스를 이용할 수 있는 인터넷TV의 경우, 직접 기획하고 제작하는 기능은 물론 생방송 등과 같이 실시간으로 콘텐츠를 전송하는 기능도 수행할 수 있다.

디지털 기술이나 모바일 기기 같은 정보 통신 기술의 발전은 향후 더욱 다양한 개념의 방송 서비스를 탄생시킬 것이다. 특히 스마트 기기의 탄생은 기술적인 측면뿐 아니라 새로운 영역의 콘텐츠 생산에도 영향을 미치고 있다. 바야흐로 방송의 개념이 새로운 패러다임으로 전환해야 하는 시기가 도래한 것이다.

기술의 변화는 콘텐츠의 변화를 선도한다. 따라서 방송산업에 종사하는 생산자들은 기술의 변화를 적용한 창의성 개발 능력을 보유해야 한다. 방송 유형의 다양화가 방송산업 전반에 미치는 영향력에 대해 고민해야 하는 이유가 여기에 있다.

방송사업자 분류와 결합 관계

방송통신위원회가 매년 수행하고 있는 '방송 산업 실태 조사'는 한국표준산업분류KSIC를 근거로 하여 〈표 1-2〉와 같이 방송사업자를 분류하고 있다. 지상파 일색이던 방송 형태가 다양해지고 다양한 사업자가 출현하게 된 이유 중 하나는 전파 수신의 불안정으로 인한 난시청 지역 해소에 있었다. 이러한 목적으로 발전한 대표적인

표 1-2 | 방송산업 분류

중분류	소분류 / 분류 체계 정의
지상파방송	**지상파방송사업자** 방송을 목적으로 하는 지상의 무선국을 관리, 운영하며 이를 이용하여 방송을 행하는 사업체. (KBS, MBC, SBS, EBS와 지역 민영방송)
	지상파 이동멀티미디어사업자 이동 중 수신을 목적으로 다채널을 이용하여 복합적으로 송신하는 방송을 행하는 지상파방송사업자.
유선방송	**종합유선방송사업자**SO: system operator 다채널 방송을 행하기 위한 유선방송국 설비를 관리·운영하며 전송. 선로 설비를 이용하여 방송을 행하는 사업체. (T-Broad, CJ, C&M, CMB, HCN 등)
	중계유선방송사업자RO: relay operator 지상파방송을 중계·송신하는 사업체.
	음악유선방송사업자 음반 및 비디오물, 게임 등에 수록된 음악을 송신하는 사업체.
위성방송	**일반 위성방송사업자** 인공위성의 무선설비를 소유 또는 임차하여 무선국을 관리, 운영하며 이를 이용하여 방송을 행하는 사업체.
	위성 이동멀티미디어방송사업자 이동 중 수신을 주목적으로 다채널을 이용하여 복합적으로 송신하는 방송을 행하는 위성방송사업체.
방송채널 사용사업	**방송채널사용사업자**PP: program provider 지상파방송사업, 종합유선방송사업 또는 위성방송사업자와 특정 채널의 전부 또는 일부 시간에 대한 전용 계약을 체결하여 그 채널을 사용하는 사업체. (CJE&M, KBSN, MBC플러스, YTN, mbn 등)
전광판 사업	**전광판방송사업자** 상시 또는 일정 기간 계속하여 전광판에 보도를 포함하는 방송 프로그램을 표출하는 사업을 행하는 사업체.
방송영상물 제작업	**방송영상 독립제작사** 재정적인 지원이나 제작 설비 등을 방송 측에 의존하지 않고 독자적으로 TV프로그램을 제작하는 사업체.
인터넷 영상물 제공업	**인터넷방송영상물 서비스업** 방송영상물을 콘텐츠화하여 인터넷으로 서비스하는 사업체. (곰TV, 판도라TV, 엠앤캐스트 등)
	인터넷TV 방송업 방송영상물을 인터넷으로 실시간 또는 재방송하는 사업체. (SBSi, iMBC, KBSi 등)
방송영상물 배급 및 중개업	**방송영상물 배급업** 방송영상물 배급권을 획득하여 방송사에 배급하는 사업체.
	방송영상물 중개업 방송영상물 저작권자와 방송사 및 방송영상물을 방영하고자 하는 사업체 간에 계약이 성사되도록 조정하는 사업을 영위하는 사업체.
	기타 방송영상물 서비스업 기타 방송영상물을 서비스하는 사업체.
방송 관련 단체	**방송영상산업 직능단체** 방송영상산업 관련 업무를 영위하는 협회 및 단체.
	방송영상산업 전문인력 양성기관 방송영상산업 관련 인력을 양성 또는 교육시키는 기관.

출처: 한국콘텐츠진흥원, 2012

방송이 바로 CATV와 위성방송이다.

케이블 텔레비전 혹은 CATVcommunity antenna TV로 불리는 유선방송은 텔레비전 안테나가 필요한 전통적인 TV 수신 방식과는 다르게 광섬유를 통해서 동축케이블에 전달된 무선주파수를 이용해 텔레비전에 신호를 보내는 수신 체계이다. 1948년 미국의 펜실베이니아에서 난시청 대책으로 동축케이블을 사용하여 보통의 텔레비전방송파를 재송신하기 시작한 것이 시초이다. 우리나라는 1993년 설립 허가 이후 1995년부터 보도, 영화, 스포츠, 교양, 오락 등 11개 분야의 CATV방송을 개시했다. 케이블로 전송된다는 특성상 50~100개 정도의 채널 사용이 가능해지면서 소비자의 채널 선택 폭이 확대되고 특정 소비자 계층을 위한 방송도 가능하게 되었다. 또한 유선방송은 지상파처럼 일방향적인 전송으로 끝나는 것이 아니라 양방향성을 갖는다는 점에서 방송의 개념을 획기적으로 발전시켰다.

위성방송의 경우, 지상의 송신 설비 없이도 우주로부터 지상으로의 광범위한 송신이 가능하기 때문에 난시청 지역 문제 해소에 크게 기여하고 있다. 위성방송은 적도 상공 약 35,786km에 있는 정지위성에 중계기를 설치해, 지구상으로부터 송신한 전파를 별도의 주파수로 변환해 지구상으로 재송신한다. 그 전파를 소비자가 파라볼라안테나(접시안테나)로 수신하는 방식이다. 난시청 해소는 물론 지상파에서는 할 수 없는 전문성 높은 프로그램을 제공하고 방송 채널을 늘리는 데 기여하고 있다. 채널이 다양해진다는 측면에서는 유선방송사업자와 경쟁 관계를 형성할 가능성이 있지만, 지상파와 같은 일방향성을 갖는다는 측면에서는 유선방송과 차별화되고 있다.

디지털멀티미디어방송DMB(digital multimedia broadcasting)은 디지털 영상 및 오디오방송을 전송하는 방송기술이다. 휴대전화, MP3, PMP 등의 휴대용 단말기로 텔레비전, 라디오, 데이터방송을 수신하는 이동용 멀티미디어 방송을 목적으로 우리나라가 최초로 개발한 기술이다. 처음에는 지상파 아날로그 라디오방송을 대체할 목적으로 DAB digital audio broadcasting 를 채택해 이를 토대로 개발되었으나, 한정된 전파에 더 많은 데이터를 담을 수 있는 기술로 발전하면서 음성 데이터뿐 아니라 DVD급 수준의 동영상 데이터까지 전송할 수 있게 되었다. DMB는 전파 송수신 방식에 따라 지상파DMB와 위성DMB 방식으로 구분한다.

방송채널사용사업자PP(program provider)는 지상파방송사업, 종합유선방송사업 또는 위성방송사업자와 특정 채널의 전부 또는 일부 시간에 대한 전용 계약을 체결하여 그 채널을 사용하는 사업체를 말한다. 전국적으로 54개의 사업자가 지상파방송을 하고 있는데, 그 중에서 중앙지상파 3사(KBS, MBC, SBS)는 총 11개의 방송채널사용사업자PP를 자회사로 운영하고 있다. KBS는 KBSN을, MBC는 MBC플러스미디어와 MBC스포츠, 지역 MBC슈퍼스테이션 3개의 자회사를, SBS는 SBS골프, SBS스포츠, SBS플러스, SBS이플러스, SBS비즈니스네트워크, SBS콘텐츠허브, SBS바이아컴까지 7개의 자회사를 운영하고 있다. 자회사를 포함한 중앙 지상파 3사의 수익 중에서 KBS가 27%, MBC 계열이 17%, 6개의 계열 PP를 보유한 SBS가 18%가량을 점유하고 있다.

방송채널사용사업자PP 간 수평적 결합을 통해 2개 이상의 채널을 소유하고 있는 사업자를 복수방송채널사용사업자MPP(multiple program pro-

표 1-3 │ 주요 복수방송채널사용사업자MPP 현황과 시장점유율

구분	채널 수			방송사업 수익(억 원)			시장점유율(%)		
(연도)	2009	2010	2011	2009	2010	2011	2009	2010	2011
CJ	29	31	25	3,762	4,762	5,620	27.1	26.5	26.2
SBS	9	9	11	1,980	2,960	4,155	14.3	16.5	19.4
MBC	5	6	6	1,530	1,817	2,022	11.0	10.1	9.4
KBS	5	4	5	1,007	1,254	1,382	7.3	7.0	6.5
주요 MPP 방송사업 수익				8,279	10,793	13,179	59.7	60.0	61.5
PP 방송사업 수익				13,864	17,986	21,428	100.0	100.0	100.0

출처: 방송통신위원회, 「2012 방송산업 실태 조사 보고서」

vider)라고 한다. CJ는 가장 많은 채널을 보유한 MPP로 지위가 확고하다. CJ 계열 보유 채널은 25개로 전체 시장의 26% 이상을 점유하고 있다. 이런 점유율은 MPP로서 지상파방송사 지위를 추월한 것을 의미한다. 복수방송채널사용사업자 현황과 시장점유율은 〈표 1-3〉에 나타나 있다.

복수종합유선방송사업자MSO(multiple system operator)는 2개 이상의 종합유선방송사업체SO(system operator)를 소유한 사업자를 말한다. 종합유선방송사업자SO 시장은 5개의 복수종합유선방송사업자MSO가 시장의 85.7%를 차지하고 있다. 매년 복수종합유선방송사업자MSO의 시장 집중도는 높아지고 있어 개별 종합유선방송사업자SO의 시장 영향력은 위축되고 있는 실정이다. 복수종합유선방송사업자MSO를 포함한 종합유선방송사업자SO의 현황은 〈표 1-4〉과 같다.

표 1-4 | 복수종합유선방송사 현황과 시장점유율

구분	SO 수			방송사업 수익 (억 원)			방송사업 수익 점유율(%)			가입자당 월 평균 수신료(원)		
(연도)	2009	2010	2011	2009	2010	2011	2009	2010	2011	2009	2010	2011
티브로드	22	21	22	4,681	4,946	5,384	25.9	25.6	25.4	8,199	8,339	8,660
CJ헬로비전	14	17	19	3,476	4,290	5,031	19.3	22.2	23.8	6,526	6,661	6,264
C&M	16	16	18	3,290	3,515	4,741	18.2	18.2	22.4	7,255	7,519	7,869
HCN	8	8	8	1,541	1,663	1,835	8.5	8.6	8.7	5,886	6,120	6,402
CMB	12	9	9	955	1,036	1,142	5.3	5.4	5.4	4,329	4,552	4,567
지에스	2	2	–	660	672	–	3.7	3.5	–	6,864	6,806	–
온미디어	4	–	–	511	–	–	2.8	–	–	6,086	–	–
MSO 규모	78	73	76	15,114	16,121	18,133	83.7	83.6	85.7	6,818	7,008	7,083
SO 전체	100	94	94	18,047	19,285	21,169	100	100	100	6,355	6,583	6,781

출처: 방송통신위원회, 「2012 방송산업 실태 조사 보고서」

표 1-5 | 방송영상 독립제작사 종사자 규모별 사업체 수

(단위: 개)

구분	1~4명	5~9명	10~49명	50~99명	100명 이상	합계
2008년	151 (38.6%)	117 (29.9%)	106 (27.1%)	15 (3.8%)	2 (0.5%)	391
2009년	154 (39.2%)	115 (29.3%)	108 (27.5%)	14 (3.6%)	2 (0.5%)	393
2010년	240 (50.5%)	113 (23.8%)	107 (22.5%)	13 (2.7%)	2 (0.4%)	475

출처: 한국콘텐츠진흥원, 『2011 방송영상산업백서』

종합유선방송사업자SO와 방송채널사용사업자PP 간 수직 결합된 결합사업자MSP 시장에서도 CJ의 영향력은 증가하고 있다. 17개의 종합유선방송사업자SO를 보유한 CJ 계열은 2010년 9,052억 원의 매출을 올리며 24.3%의 시장점유율을 차지했다. 티브로드와 C&M, HCN, CMB의 방송사업 수익을 합한 총액은 전체 시장의 60% 정도의 점유율을 보이고 있다.

방송콘텐츠 제작업을 중심으로 하는 방송영상 독립제작사들은 1991년 외주제작 의무편성비율 정책의 시행으로 활성화되기 시작하여, 지금까지 지속적으로 성장해 오고 있다. 특히 2011년 12월에 개국한 4개의 종합편성 유성방송사(조선TV, 채널A, JTBC, MBN)의 출범은 방송산업 전반은 물론 방송영상 독립제작사에게도 전환점을 마련해 줄 것이라는 기대감을 갖게 했다.

하지만 영세한 방송영상독립제작사의 난립 현상으로 오히려 경쟁만

표 1-6 | 방송영상 독립제작사 매출액 구성 내역

(단위: 백만 원)

구분	방송사 납품	광고/ 홍보물 제작	영상물 배포 수입	해외 판매 수입	협찬금 수입	간접 광고 수입	기타 매출 수입	합계
2008년	431,355	–	135,298	–	42,699	–	118,059	727,411
2009년	465,731	–	147,363	–	43,785	–	139,296	796,175
2010년	452,593	66,932	111,357	4,609	38,329	402	62,870	737,092
비중 (2010년)	61.4%	9.1%	15.1%	0.6%	5.2%	0.1%	8.5%	100.0%
전년 대비 증감률	▼2.8%	–	▼24.4%	–	▼12.5%	–	▼54.9%	▼7.4%
연평균 증감률	2.4%	–	▼9.3%	–	▼5.3%	–	▼27.0%	0.7%

출처: 한국콘텐츠진흥원, 『2011 방송영상산업백서』

심화되었을 뿐 열악한 제작 환경은 개선될 기미가 보이지 않는다. 그동안 제작비 현실화 문제, 저작권 소유 문제 등으로 지상파방송사와 갈등을 빚어 오면서도 방송영상 독립제작사들의 전체 매출액은 해마다 증감을 반복하면서 비교적 일정하게 유지하고는 있다. 그러나 부가수익 창출을 통한 성장은 아직 부족하다. 이는 방송영상 독립제작사의 수익 구조가 제작비에 의존도가 높고, 저작권을 활용한 추가 수익원 개발 부분에서는 독립적이지 못하기 때문이다. 향후 창의 인재의 시장 유입을 유도하여 신규 고용 창출과 방송산업 발전에 일익을 담당해야 하는 방송영상 독립제작사의 역할에 초점을 맞추어 볼 때, 이러한 수익 구조는 방송산업 사업자들이 풀어야 할 시급한 과제라 할 수 있겠다.

그림 1-1 | 방송사업자의 생산 체계와 네트워크 연관 체계

출처: 한국콘텐츠진흥원, 「2010 해외 콘텐츠 시장조사 보고서」

방송사업자 간 가치사슬 네트워크 구조

　　　　　　방송산업은 송출 시설을 갖추고 콘텐츠를 편성하는 권한을 가진 사업자, 콘텐츠를 제작하는 사업자, 송수신 네트워크를 관리하는 사업자, 기기 사업자, 그리고 소비자로 구성되어 있다.

　지상파방송사에서 편성 권한을 가지고, 자사 플랫폼을 통해 전송될 콘텐츠를 모두 직접 제작하던 시기가 있었다. 이렇게 방송산업이 수직적으로 통합되어 있던 시기에는 콘텐츠 생산으로 인한 모든 수익이 생산자에게 돌아갔다. 하지만 현재의 방송산업은 콘텐츠를 생산하는 사업자와 플랫폼 사업자, 네트워크 사업자, 기기 사업자 간의 유통 구조가 복잡하

게 형성되어 콘텐츠 생산자로부터 발생하는 수익이 배분되는 구조가 되었다.

이러한 맥락에서 수익의 배분 비율이 방송산업의 핵심 이슈로 부각되고 있다. 특히 콘텐츠 생산을 담당하는 방송영상 독립제작사와 지상파방송사업자 그리고 지상파방송사업자의 콘텐츠를 재전송하는 사업자 간의 저작권 분쟁은 방송산업이 가진 이러한 네트워크 구조와 밀접하게 연관되어 있다. 향후 방송콘텐츠의 저작권 소유 문제, 다양한 유통 과정에서 발생한 수익에 대한 배분 문제는 방송산업의 가장 핵심적인 동력인 동시에 갈등 요인으로 작용할 것이 분명하다.

방송사의
조직

방송사의 조직 구성

방송사 조직은 일반적으로 경영, 편성, 제작, 보도, 기술, 사업 및 기타 부문으로 구성되어 있다. 환경이 변화하는 속도에 따라 탄력적으로 변화해야 하는 방송사 조직의 특성상 수평적 조직 형태로의 변화가 두드러지게 나타나고 있다. 하지만 방송사 고유의 기능을 수행해야 하는 부서의 경우, 큰 변화 없이 유지하기도 한다. 제작, 편성과 같은 방송사 고유 업무 영역 외에 사업 부문과 경영전략 부문의 조직들은 능동적으로 변화하고 있는 추세다. 이는 방송콘텐츠를 상품화하여 국내외 시장에서 수익을 극대화하려는 전략을 실천하기 위한 강한 의지의 반영이라고 볼 수 있다.

경영 부문은 총무, 인사, 노무, 재무와 같은 기본적인 경영 업무 영역과 광고 업무 영역을 중심으로 구성되어 있다. 광고국은 광고기획부를 기본으로 광고영업부와 미디어마케팅부 등으로 이루어져 있는데, 광고 업무가 제작과 밀접하게 연결되기 때문에 인적 교류나 업무 협조 측면에서 연관성을 유지하는 것이 보통이다. 특히 미디어렙media rep 제도가 실시된 이후에 광고 업무의 중요성이 더욱 부각되고 있는 상황이다. 각 방송사의 특성에 따라 기획, 예산, 노무, 홍보 기능을 강화하기 위하여 별도 조직으로 독립시키는 경우도 있다.

편성 부문은 방송사가 소유하고 있는 각종 채널에 시간대별 콘텐츠 방영 순서를 결정하는 것을 주 업무로 수행한다. 이러한 결정은 철저하게 소비자들의 특성과 생활 패턴의 변화 및 상대 방송사의 편성 전략에 따라 콘텐츠 편성을 조정한다. 보통 편성 부문에는 아나운서 부서가 포함되는 경우가 많고, 교양 프로그램이나 시사 프로그램의 제작 부서가 포함되기도 한다. KBS의 경우 영상제작국을 편성 부문에 포함시키고 있다.

제작 부문은 편성과 불가분의 관계이기 때문에 앞에서 언급한 바와 같이 편성 부문에 제작부 일부를 포함시키는 것이 보통이었다. 제작 기능의 다변화로 인하여 제작 부문을 세분화하게 되면서, 제작 업무는 제작 본부에서 전담하는 추세에 있다. 제작 부문은 보통 프로그램 장르에 따라 세분된다. 교양제작국, 시사제작국, 예능국, 드라마국, 라디오국, 외주제작국 등이 주요 부서다. MBC의 경우는 드라마, 예능 프로그램을 본부 체제로 확대하여 조직을 개편함으로써 장르별 제작 기능을 강화하는 전략을 실천하고 있다.

보도 부문은 방송사마다 단일 본부 체제다. 취재와 편집이라는 기본 기능을 수행하기 위한 부서들이 포함되면서 영상 취재를 수행하는 부서와 뉴미디어 뉴스 콘텐츠를 담당하는 부서로 구성된다. 탐사제작부나 기획취재부와 같이 심층취재 기능을 강화하기 위한 부서들이 별도로 존재하는 것은 방송 뉴스의 변화 양상을 엿볼 수 있는 부분이다. 매일 벌어지는 스포츠 경기를 취재해야 하는 특성 때문에 스포츠국은 보통 보도 부문에 포함되어 있지만, 방송사마다 약간의 차이는 있다. KBS는 스포츠 중계와 제작, 사업 부서가 모두 보도 본부에 속해 있으며, MBC의 경우 스포츠 취재와는 별도로 스포츠제작부와 스포츠기획사업부는 제작 본부에 포함시키고 있다.

기술 부문의 조직 변화는 빠르게 이루어지고 있다. KBS의 경우 제작리소스 센터, 뉴미디어 테크놀로지 본부 등을 분리하여 전략적으로 기술개발 업무를 강화하고 있다. 방송기술 발달이 콘텐츠 생산에 직접적인 영향을 미치고 있기도 하고, 디지털 전환으로 인한 방송 서비스의 질적 향상에 기여해야 하는 국가 기간방송의 책무 수행을 위한 효율적인 전략이기 때문이기도 하다. 방송사들은 디지털 개념의 기술 부문 조직들을 강화하여 현재 방송기술을 한 단계 업그레이드하는 데 최선을 다하고 있다. 특히 N스크린 시대의 방송콘텐츠를 이용한 경쟁력 강화를 위하여 제작, 기술, 사업 부문의 협업 기능이 강조되고 있다.

사업 부문은 현재 방송사에서 가장 치열하게 강화하고 있는 조직이다. 이는 특히 '글로벌'이라는 단어가 부각되면서부터다. 내수 광고 시장 규모는 정체 상태인 것에 반해, 한류로 인한 방송콘텐츠의 글로벌 시장은 급격히 팽창하면서 방송사의 사업 영역 확장 의지가 반영된 것이다. 사업 부문의 조직은 보통 독립적으로 위치시켜 전략 경영과 신속한 의사 결정이 가능하도록 하고 있다. '글로벌 사업 본부'나 '글로벌 전략 센터'와 같은 식으로 명명하고 그 산하에 글로벌 사업부, 뉴미디어 사업부, 콘텐츠 멀티유즈 센터, 문화 사업부, 지적재산권부 등을 두고 있다. KBS의 경우는 한류 추진단을 별도 구성, 프로젝트 팀의 성격을 지닌 신사업 기획단으로 운영하고 있다.

기타 부문에는 시청자, 심의, 감사, 홍보 등의 부서가 해당된다. KBS의 경우, 시청자 관련 조직이 본부 체제로 조직되어 있는 것이 다른 방송사와의 차이점이다. KBS의 경우는 시청자 권익 보호를 위한 부서는 물론 수신료 정책이나 난시청 서비스 기능이 모두 시청자 본부에 포함되어 있다. 자율 심의를 위한 심의실 운영, 방송의 권력 남용뿐 아니라 구성원의 도덕적 해이, 기회주의를 방지하기 위한 감사 기능의 강화, 그리고 국제 협력이나 자사 콘텐츠 및 공적 책무 수행을 홍보하는 기능 등을 강화하여 제작, 편성, 기술과 같은 핵심 부문의 기능을 보완하고 있다.

사실 방송사에서 편성, 제작, 보도, 기술, 사업 부문의 경계는 모호하다. 현재 방송 환경에서는 기술이 콘텐츠의 형식과 내용에 지대한 영향을 미치고 있다. 때문에 콘텐츠 제작과 콘텐츠 사업은 기획 단계부터 협력적으로 동시에 진행되지 않으면 그 효과를 극대화하기 어렵다. 편성 전략은 제작을 통해 반영될 때 비로소 그 실효성이 발생한다. 보도 부문에서 행해지는 취재와 편집, 탐사보도는 장르의 특성상 다큐멘터리나 교양 프로그램의 제작 기법과 아주 흡사하게 변해 가고 있다. 따라서 기자와 PD 간의 영역 구분이 무의미해지는 경향도 보인다. 결국 직원 개인의 전문성을 강화하는 동시에 방송사 부서 간의 상호 협력과 긴밀한 의사소통이 가능한 유연한 조직을 만드는 것이 방송하 조직의 핵심 경쟁력이라고 할 수 있다.

　이러한 맥락에서 일본 NHK의 조직 개편과 인력 수급 방식의 변화는 우리에게 시사하는 바가 크다. 최근 조직 개편을 실시한 NHK는 '직원 효율화'를 내세워 직원 수를 감축하고 직종 간 벽 허물기를 도모하고 있다. NHK는 1977년부터 직원을 줄여 왔는데 감축 인원이 2008년까지 29년간 6,078명에 달한다. 2006년부터 시작된 '3개년 경영계획'에서는 3년간 전 직원의 10%에 해당하는 1,200명을 줄이겠다고 발표했다. 업무 폐지 등으로 550명, 외부 위탁을 통해 650명을 줄일 수 있다는 것이다. 결국 2006년에 385명, 2007년에 394명, 2008년에는 420명이 감소한 것으로 나타났다. 그러나 이러한 직원 감축은 프로그램의 질을 저하시킨다는 비판도 받았다. 이에 프로그램 제작 능력 강화, 멀티플랫폼 전략 등을 내세운 현행 3개년 경영계획에서는 감소 폭을 줄여 2009년에 30명, 2010년에 40명을 감축했다.

　인력 수급에도 조금씩 변화가 나타나고 있다. NHK에서 직종은 크게 방송종합직과 방송기술직으로 나뉜다. 이러한 직종은 일반적으로 채용 시에 정해져 퇴직까지 이어지는데 이런 인사 제도는 부서 이기주의를 낳아 조직 간의 교류나 협력을 어렵게 만든다는 비판을 받았다. 이에 2007년부터 개선이 시작되었다. 현행 3개년 경영계획에서는 도쿄 본부에 집중된 인사 흐름을 바꿔 지역국 인원을 늘리고 도쿄를 제외한 7개 거점국에 20여 명의 법령 준수 전문 관리직을 배치했다. 도쿄 본부에 보도 기자, 프로그램 제작에 필요한 인원을 늘리는 대신, 기술 혁신 등을 통해 업무

진행이 가능한 부서는 인원을 늘리지 않았다. 또한 고도의 전문성과 폭넓은 시야를 겸비한 인재를 육성해 다른 직종으로 이동하는 것도 가능하도록 하고 있다. 2009년에는 프로그램 진행자를 결정하면서 일부 아나운서를 보도국에 배치하기도 했다.

방송사의 인력 구성 현황

2011년을 기준으로 방송산업 종사자 수는 32,443명이다. 방송산업 종사자 수는 2003년 이후 매년 감소 추세를 보이다가 2008년에는 2.6% 증가하였으며 2009년에는 IPTV 사업자가 통계에 포함되어 전년 대비 1.0% 증가했다. 2010년에 0.3% 감소했다가 2011년에 다시 늘어난 것으로 나타나고 있다.

매체별 구성비를 보면 가장 많은 인력이 종사하고 있는 지상파방송사가 13,691명으로 전체의 42.2%를 차지하고 있다. 방송채널사용사업자는 12,654명으로 39.0%, 종합유선방송사는 4,846명으로 14.9%였다. 신규 사업자인 IPTV는 520명으로 전체의 1.6%를 차지하는 것으로 나타났다.

지상파방송사 종사자 수는 전년보다 288명(2.1%) 증가한 것으로 나타났다. 직종별로 PD는 2010년에 이어 2011년에도 감소(1.6%)했다. 카메라, 음향, 조명, 미술, 편집 등 제작 관련직은 2010년에 4.5% 감소했다가 2011년에 다시 약간 증가했다. 기자 직종은 2007년부터 조금씩 지속적으로 증가하고 있지만 성우, 작가, 리포터, 제작 지원 등의 기타 방송직은

표 1-7 | 연도별, 직종별 종사자 현황

구분		전체	임원	관리행정직	방송직						기술직	연구직	영업홍보직	기타
					기자	PD	아나운서	제작관련	기타					
지상파방송	2006	13,643	134	1,728	2,046	2,269	543	1,264	813	3,037	108	556	1,144
	2007	13,761	124	1,749	2,180	2,384	506	1,657	628	2,876	92	568	997
	2008	13,877	123	1,637	2,222	2,418	511	1,647	507	2,793	83	628	1,281
	2009	13,646	136	1,655	2,243	2,472	525	1,665	424	2,651	91	618	1,166
	2010	13,403	131	1,729	2,286	2,427	529	1,595	539	2,466	122	647	932
	2011	13,691	131	1,831	2,298	2,388	525	1,660	507	2,315	138	558	1,340
지상파DMB	2006	143	14	17	0	21	3	17	9	40	5	9	8
	2007	136	14	27	0	20	6	7	6	37	3	9	7
	2008	136	19	20	0	15	5	14	13	36	3	10	1
	2009	111	4	12	2	14	4	20	1	31	2	11	10
	2010	105	6	18	1	12	4	15	1	25	6	7	10
	2011	118	5	18	1	17	2	28	6	24	5	8	4
종합유선방송SO	2006	5,581	293	1,287	303	193	86	245	124	1,152	6	1,129	763
	2007	5,050	243	981	303	163	76	226	116	1,207	18	974	743
	2008	5,376	293	816	304	167	71	298	83	1,368	20	1,488	468
	2009	5,332	303	920	294	150	63	191	66	1,250	8	1,391	696
	2010	4,899	286	970	274	159	62	207	108	1,136	25	1,369	303
	2011	4,846	171	1,070	283	182	52	187	132	1,092	13	1,410	254
방송채널사용사업	2006	9,179	417	2,008	517	1,369	86	1,509	604	427	21	1,650	571
	2007	9,102	383	1,764	562	1,245	77	1,644	577	555	18	1,671	606
	2008	9,510	416	1,688	633	1,199	110	1,607	486	486	62	1,585	954
	2009	9,718	392	1,941	631	1,257	157	1,543	561	561	72	1,894	525
	2010	10,334	423	1,785	716	1,456	131	1,566	537	537	206	2,172	697
	2011	12,654	419	2,324	1,078	1,985	202	1,991	910	669	197	2,322	557
IPTV	2009	406	10	13	0	0	0	0	0	77	0	92	214
	2010	470	12	32	0	0	0	0	0	105	0	80	241
	2011	520	15	67	0	0	0	4	0	165	0	25	244

출처: 방송통신위원회, 「2012 방송산업 실태 조사 보고서 재구성」

지속적으로 감소하고 있다. 특이하게도 연구직은 2008년 이후 지속적으로 증가 추세이다.

외주 정책으로 인한 자체 제작 감소에 비하면 지상파방송사의 제작 인력 감소는 크게 부각될 수준은 아니다. 오히려 정규직 위주의 지상파방송사의 고용 형태를 감안하면 장기적으로 지상파방송사 인력의 감소 추세는 충분히 예측 가능했다. 특히 제작 핵심 인력인 PD, 카메라, 편집 등의 인력 감소는 외부 생산 요소 시장의 형성과 관련 있어 의미하는 바가 크다. 지상파방송사의 기자 인력 충원은 취재 방식의 변화와 탐사보도 기능 강화에 의한 것으로 판단되고 작가와 리포터 인력의 증가는 교양 프로그램이나 예능 프로그램 포맷 변화로 인한 불가피한 현상으로 보인다.

방송채널사용사업 종사자는 12,654명으로 2007년부터 지속적으로 증가하고 있다. 이러한 추세는 신규 사업자의 증가 때문인 것으로 판단된다. 홈쇼핑 5개사 종사자 수는 3,244명으로 감소하는 반면, 일반 PP 사업자 인력은 6,753명으로 10%가량 증가하였다. 직종별로는 기자, PD, 아나운서, 제작 관련, 영업홍보 직종에서 크게 증가했고 연구직은 다소 감소했다. 유선방송 종사자 수는 아나운서, 기술직 종사자가 2008년부터 지속적으로 감소한 반면, PD와 영업 홍보 직종은 증가했다.

직종별로 나타난 방송산업 종사자 수의 두드러진 변화는, 연구직과 영업홍보직 인력이 증가하는 추세라는 점, 방송산업의 꽃이라 할 수 있는 PD, 기자 직종은 방송채널사용사업자 부분에서 증가하고 있다는 점이다.

표 1-8 │ 2011년 지상파방송사업자 종사자 현황

구분		임원	관리행정직	방송직					기술직	연구직	영업홍보직	기타	합계
				기자	PD	아나운서	제작관련	기타					
지상파 전체		131	1,831	2,298	2,388	525	1,660	507	2,315	138	558	1,340	13,691
	남자	125	1,423	1,973	1,857	241	1,506	279	2,249	116	438	736	10,943
	여자	6	408	325	531	284	154	228	66	22	120	604	2,748
KBS		8	379	799	905	205	629	71	1,199	74	120	441	4,830
EBS		3	78	8	142	0	209	0	40	26	39	57	602
MBC	본사	8	374	386	339	46	324	0	73	24	38	411	2,023
	지역	19	258	291	189	72	222	104	322	0	134	219	1,830
(주)SBS		8	132	219	252	36	20	30	84	13	32	46	872
지역 민영방송		29	137	335	168	51	191	204	231	1	87	97	1,531
지역 라디오방송		7	14	27	17	3	1	0	10	0	6	5	90
종교방송		20	328	186	179	69	25	35	175	0	58	6	1,081
교통방송		1	69	21	117	31	0	42	123	0	9	54	467
영어방송		10	39	25	49	9	33	17	34	0	35	4	255
기타 전문방송		2	5	0	20	2	3	0	19	0	0	0	51
공동체 라디오		16	18	1	11	1	3	4	5	0	0	0	59

출처: 방송통신위원회. 「2012 방송산업 실태 조사 보고서」

아나운서 직종 종사자 수 역시 지상파방송사에서는 약간 감소하고 있는 반면, 방송채널사용사업자에서는 증가하고 있다. 제작 관련직(카메라, 음향, 조명, 미술, 편집 등의 업무를 담당하는 인원)은 전체 방송산업에서 볼 때 안정적으로 유지되고 있는 것으로 보이며, 기타(성우, 작가, 리포터, 제작 지원 등의 업무를 담당하는 인원) 직종은 지상파방송사와 방송채널사용사업자 모두에서 감소하는 추세에 있다. 기술직(조정실, 송출, 중계 인력 외에 방송사별로 건축, 전기, 설비, 통신 등의 인력이 포함됨)은 지상파방송사에서 감소세가 뚜렷하게 보이고 있다.

개별 지상파방송사의 직종별 인원 구성비를 살펴보면, 전체 종사자 가운데 기자와 PD 직종은 KBS가 35.3%, MBC 35.8%, SBS 54.0%로 나타난다. SBS는 관리행정직(15.1%)과 제작 관련(2.3%) 직종의 인원이 적은 반면 PD와 기자의 비율이 높게 나타났다. MBC는 관리행정직(18.5%), 제작 관련(16.0%)에서 높은 구성비를 나타낸다. KBS는 관리행정직(7.8%)과 영업홍보직(2.5%) 비율이 3개 지상파방송사 중에서 가장 낮고 기술직(24.8%) 구성비는 가장 높았다. 3개 지상파방송사의 아나운서직 구성비는 KBS 4.2%, MBC 2.3%, SBS 4.1%로 나타난다.

직종에 따른 업무 내용

방송사는 공공재인 전파를 위탁·사용하여 소비자들에게 프로그램을 제공하는 플랫폼을 운영하고 그로부터 다양한 수익을 창출하는 조직이다. 이를 실행하기 위해 다양한 인력들로 구성될 수밖에 없다. 특히 복합 제품complex product인 방송콘텐츠를 생산하기 위해서는 여러 단계를 거쳐야 하고 각 단계마다 서로 다른 전문성을 가진 전문가들이 참여해야만 완제품이 만들어질 수 있기 때문이다. 방송사 조직의 특수성은 완제품을 생산하는 과정과 각 단계마다 투입되는 인력의

표 1–9 | 드라마 프로그램 제작 단계별 투입 인원 분류

단계	투입 인원		비고
사전 제작 단계	책임 프로듀서 (1명)		
	작가 (1명 이상)		공동 집필 방식 증가 추세
	연출 (1명)		
	마케팅 PD		협찬, 간접광고, 프로그램 판매 및 부가 사업을 담당하는 직원
제작 단계	스튜디오 스태프	야외촬영 스태프	
	프로듀서 (1명)		
	연출 (1~2명)		
	조연출 (1~2명)		
	연출 및 조연출 보조 (3~6명)		스크립터, 진행, 섭외 업무 포함
	기술감독	없음	
	카메라 (3~4명)	카메라감독 (1명)	
	카메라 스태프 (3~5명)	카메라 스태프 (2명)	
	조명감독 (1명)	조명감독 (1명)	
	조명 스태프 (3~5명)	조명 스태프 (5명)	
	오디오감독 (1명)	오디오감독 (1명)	
	오디오 스태프 (2~3명)	오디오 스태프 (2명)	
	영상 (1명)	없음	
	미술감독 (1명)		
	대도구 (10명 이상)	없음	보통 계열사에서 담당
	소도구 (2~3명)		
	분장 (1~3명)		
	미용 (1~3명)		보통 계열사 직원이나 프리랜서
	의상 (1~3명)		
후반 제작 단계	야외 편집		
	음악		
	음향		
	특수효과		
	종합 편집		방송사 설비와 직원이 담당

종류 그리고 그 역할에서 발생한다. 제작 과정이 가장 복잡한 드라마 장르를 예로 들어 투입 인력을 정리하면 〈표 1-9〉와 같다.

프로듀서

프로듀서는 '책임 프로듀서'와 '프로듀서'로 구분한다. 책임 프로듀서는 작가 선택, 외주제작 작품 선택, 프로그램의 품질 및 제작비 등 전반적인 요소를 관리하는 역할을 한다. 보통 15년 이상 연출 경력을 가진 연출자가 담당한다. 책임 프로듀서는 동시에 3~4개의 개별 프로그램을 담당하기 때문에 개별 프로그램을 담당하는 프로듀서를 별도로 두는 경우가 많다. 교양, 예능, 보도, 드라마 등의 장르에 따라 프로듀서가 직접 제작에 참여하는지 여부는 약간 차이가 있다.

연출

작가와 협의하여 프로그램의 방향과 주제를 결정하고 스태프와 출연진 캐스팅을 비롯한 촬영, 편집 등 실제 제작을 책임진다. 책임 프로듀서의 통제를 받으며 작가, 해당 스태프들과 함께 효율적인 협업 시스템을 구축하고 프로그램의 미적, 심리적, 쾌락적 가치를 높이는 역할이 중요하다. 연출자라고 해도 프로그램 장르에 따라 필요로 하는 역량에는 차이가 있다. 물론 어떤 장르든 프로그램의 완성도를 높이기 위해서는, 스태프를 원활하게 이끄는 리더십을 갖춰야 함은 아무리 강조해도 지나치지 않다. 연출직은 공개 채용으로 선발한다. 방송사마다 다양한 공개 채용 방식을 개발하여 역량 검증에 최선을 다하고 있다.

작가

작가는 대개 방송사 외부 프리랜서이다. 프로그램 단위로 계약, 채용되고 프로그램 종료와 함께 계약도 끝난다. 드라마는 대부분 1인 집필이었지만 최근에는 공동 집필이 늘어나는 추세에 있고 특히 보조 작가를 활용한 팀 작업이 급격히 증가하고 있다.

교양 프로그램이나 포맷이 다양하게 변화하고 있는 예능 프로그램의 경우는 5명 정도의 작가가 팀을 이루어 프로그램을 생산하는 경우가 많고 작가 간의 위계도 자료조사원, 보조 작가, 메인 작가 등으로 세분되어 있다. 프로그램 장르에 따라 작가에게 필요한 역량 차이는 분명하게 다르다. 따라서 건강 프로그램 전문 작가, 휴먼 다큐 전문 작가, 리얼 버라이어티 전문 작가 등의 구분이 존재하는 것이 사실이다. 그러나 최근에는 개인의 역량에 따라 예능과 드라마 장르를 넘나들며 활동하는 작가도 생겨나고 있다. 〈응답하라 1994〉와 〈꽃보다 할배〉를 집필한 작가의 사례가 대표적이다. 방송제작 환경이 그만큼 유연해지고 있는 것이다.

기술감독

스튜디오 녹화에서 프로그램의 기술 부분 책임을 담당하고 야외촬영에는 참여하지 않는다. 방송사 공채로 입사하여 오디오, 조명 등을 두루 경험하는 것이 보통이다. 스튜디오 녹화 중에는 연출자 옆에서 장면전환을 기술적으로 실행하며 스튜디오 스태프 전체를 통솔하고 조율하는 역할을 한다. 또한 스튜디오의 유지 및 보수 업무도 수행하기 때문에 디지털 기술이나 기계에 대한 해박한 지식을 갖추고 있어야 한다.

카메라 스태프

스튜디오 촬영과 야외촬영에 투입되는 카메라 스태프는 다르다. 때문에 특정한 프로그램의 스튜디오 촬영에 참여한 카메라 스태프가 동일한 프로그램의 야외촬영에도 참여하는 것은 아니다. 스튜디오 촬영은 투입되는 카메라맨들이 장면scene 단위로 연결하여 촬영하지만 야외촬영에서는 1명의 카메라맨이 참여하여 숏shot 단위로 분절하여 촬영한다. 따라서 스튜디오 촬영을 담당하는 카메라 스태프는 카메라감독 1명과 2~3명의 카메라맨으로 구성되고 각 카메라마다 보조 인력이 1명씩 배정된다. 야외촬영 시에는 야외촬영을 전담하는 카메라감독 1인과 보조 2명으로 구성된다. 스튜디오 카메라맨들은 보통 방송사 공채 직원이 담당하지만, 야외촬영의 경우에는 프리랜서 카메라맨이 담당하기도 한다. 특히 예능 프로그램이나 교양 프로그램의 경우, 디지털 카메라의 보편화로 인해 VJ가 자주 투입되는데 이들은 비정규직이거나 프리랜서인 경우가 많다.

조명 및 오디오 스태프

조명과 오디오 스태프도 스튜디오 녹화와 야외촬영에 서로 다른 스태프가 투입된다. 스튜디오 조명의 경우, 각 방송사에서 보유하고 있는 스튜디오 내 자체 설비를 이용하지만 야외촬영의 경우는 외부 기업과 계약하여 그 기업이 보유한 장비와 스태프를 이용한다. 스튜디오와 야외촬영에 투입되는 조명과 오디오 장비 자체가 다르다. 동시녹음을 하는 야외촬영은 스튜디오와 같이 방음 장치가 되어 있지 않은 현장에서 이루어지기 때문에, 따라서 현장 소음을 최소화하고 필요한 소리만 정확하게 녹음해야 하는데, 이 업무는 야외촬영을 전문으로 하는 외부 기업에서 담당한다. 스튜디오의 조명감독과 오디오 감독은 공채 직원이고 스태프는 공채 직원 외에 비정규직 인력도 있다.

미술감독과 미술 스태프

보통 프로그램 단위로 미술감독이 배정된다. 미술감독은 세트 디자이너라고도 불린다. 프로그램 성격에 맞도록 교양, 예능 프로그램의 스튜디오 세트를 디자인하거나 드라마 배역의 생활 수준, 집안 분위기 등에 맞게 세트를 꾸미는 업무를 총괄한다. 미술팀은 미술감독의 지휘하에 세트를 건설하는 대도구, 소품을 담당하는 소도구, 출연자의 분장을 담당하는 분장, 출연자의 헤어스타일을 캐릭터와 프로그램의 성격에 맞도록 손질해 주는 미용, 필요한 의상을 제작하거나 협찬을 통해 제공하는 일을 담당하는 의상 등의 스태프들로 구성된다. 과거에는 이러한 미술 스태프들이 대부분 방송사의 계열사 직원들이었다. 그러나 장기간에 걸친 방송사 구조조정 과정에서 계열사 업무가 프리랜서 업무로 전환된 부분들이 있어서, 현재는 계열사 직원과 비정규직, 프리랜서들이 섞여 구성되기도 한다. 단, 대도구와 소도구는 아직도 계열사 직원들과 설비를 이용하는 경우가 대부분이다. 미술 스태프의 규모는 프로그램의 장르에 따라 천차만별인데, MC 1인이 출연하는 프로그램과 대하 드라마의 경우를 예로 들어 규모 차이를 상상해 보면 쉽게 이해할 수 있을 것이다.

편집

편집은 야외 촬영 분량을 연출자의 의도대로 몽타주하는 업무와 스튜디오 촬영을 한 후에 스튜디오 촬영 분량과 야외 촬영 분량을 대본 순서대로 연결, 음악과 음향효과까지 믹싱하여 최종 작업을 하는 업무로 구분할 수 있다. 보통 야외 촬영 분량의 몽타주 담당은 프리랜서가, 종합편집은 방송사 공채 직원이 담당한다.

특이 사항은 방송 촬영 및 편집 장비가 모두 디지털화하면서 교양 프로그램이나 예능 프로그램의 경우 연출자들이 직접 편집을 하는 경우가 많아지는 반면, 드라마 장르의 경우는 오히려 편집자의 역할이 중요하게 부각되고 있다는 점이다. 넌리니어non-linear 편집 장비만으로도 영화적인 효과나 보통 수준의 특수효과 기능을 수행할 수 있기 때문에 영상미를 강조하는 드라마 장르의 경우 편집자의 역할이 다양해지고 있다.

따라서 편집자도 촬영 분량 중에서 NG 쇼트와 OK 쇼트를 분리하는 역할, 렌더링rendering을 담당하는 역할, 초벌 편집을 하는 역할, 최종 편집을 하는 역할 등으로 세분화하고 있다. 반면에 교양이나 예능 프로그램에서는 편집자의 역할을 연출자가 대체하면서 편집자의 입지가 줄어들 우려도 있다.

음악 및 음향

방송 프로그램에는 다양한 종류의 음악과 음향효과가 필요하다. 이를 위해 작곡가, 오퍼레이터, 음향효과 팀이 투입된다. 음악은 드라마나 다큐멘터리에서는 물론, 시사 프로그램이나 교양 프로그램에서 문자와 영상으로 표현된 메시지를 인상적으로 만드는 데 없어서는 안 될 요소이다. 음악은 작곡과 선곡으로 이루어지는데, 특별한 음악을 연출자나 작가가 요구하는 경우도 있지만 대개 작곡가가 창작한 음악과 오퍼레이터가 선곡한 음악을 조합하여 사용한다.

음향효과는 현실 생활에서 의식하지 못하지만 공기처럼 존재하는 소리를 보충하는 기능이다. 복도를 걷는 발소리를 분위기에 맞게 삽입한다거나 가을밤이 깊어 가는 것을 암시하는 벌레 소리, 대하 드라마에서 말을 타고 전투를 벌이는 장면을 실감 나게 만드는 말발굽 소리, 칼과 창이 불꽃을 만드는 소리 등이 바로 음향효과이다. 작곡가는 외부에서 전문가를 고용하고 오퍼레이터나 음향효과 팀은 비정규직이나 프리랜서인 경우가 대부분이다.

03

방송사의 경영과 수익 구조

방송사업 수익과 방송광고 매출액[*]

　　　　　방송통신위원회의 「2011년 방송산업 실태 조사 보고서」에 의하면 지상파방송, 케이블방송(유선방송, 방송채널사용사업자), 위성방송, DMB, IPTV 등 5개 방송산업의 총규모는 방송사업 수익 기준으로 10조 4,393억 4,100만 원으로 나타났다. 여기서 방송사업 수익은 전체 매출액 중에서 방송 이외의 기타 사업 수익을 제외한 것으로 수신료, 광고, 협찬, 프로그램 판매, 홈쇼핑 방송 수익이 포함된다. 2010년 전체 방송사업 수익은 2009년 대비 14.9% 늘어났다. 2008년 이후 지속적으로 증가하는 추세였으나 위성DMB와 유선방송 범주에 포함된 중계유선방송의 경우에는 수익이 감소하고 있었다.

▪ 이 부분의 내용은 『2011 방송영상산업백서』와 「2011년 방송산업 실태 조사 보고서」의 내용을 발췌, 정리하였음.

표 1-10 | 최근 3년간 5개 방송산업 방송사업 수익 추이

(단위: 백만 원)

구분		2008년	2009년	2010년
총방송사업 수익		8,627,195	9,088,779	10,439,341
지상파방송		3,397,073	3,256,399	3,649,683
케이블 방송	유선방송	1,691,239	1,816,825	1,937,757
	방송채널사용사업자	3,053,732	3,300,369	3,960,170
위성방송		349,849	350,332	351,540
DMB	지상파DMB	15,991	11,020	14,516
	위성DMB	119,310	133,434	121,372
IPTV		–	220,400	404,303

출처: 한국콘텐츠진흥원, 『2011 방송영상산업백서』

각 방송산업별로 수익을 비교해 보자. 먼저 지상파방송은 2009년 방송
사업 수익의 하락세가 다시 상승세로 돌아섰다. 지상파방송의 방송사업
수익 규모는 3조 6,496억 8,300만 원으로 전년 대비 12.1% 증가한 것으
로 나타났다. 이러한 증가는 2010년 지상파방송사의 광고 수익과 프로그
램 판매 수익이 증가했기 때문인 것으로 분석되었다. 지상파방송사에서
광고 수익은 전체 방송사업 수익의 60.7%를, 프로그램 판매 수익은 9.2%
를 차지하고 있다.

케이블방송의 경우 방송채널사용사업자의 방송사업 수익 증가가 컸
다. 방송채널사용사업자의 2010년 방송사업 수익은 3조 9,601억 7,000
만 원으로 지상파방송의 수익을 상회하고 있었으며 이는 전년 대비 20%
이상 증가한 수치다. 이러한 증가세는 전년 대비 72.7%로 급격히 늘어난

프로그램 판매 수익 외에 협찬, 광고, 홈쇼핑 수익 등의 증가를 원인으로 들 수 있다. 종합유선방송과 중계 유선방송을 합한 유선방송과, 방송채널 사용사업자의 방송사업 수익을 합한 케이블방송의 전체 방송사업 수익 규모는 5조 8,979억 2,700만 원으로 나타났다.

위성방송의 경우, 방송사업 수익의 규모가 3,515억 4,000만 원으로 케이블방송의 6%에 불과했다. 전반적으로 2008년부터 증가세를 유지하고 있었으나 비율로 보면 2010년 증가율은 2009년 대비 0.3% 증가에 그쳤다. 보고서에 따르면 위성방송의 주 수익원은 방송 수신료였는데(전체의 84.7%), 2010년 방송 수신료 비중은 전년과 큰 차이가 없었고 단말장치 판매 수익은 감소한 것으로 조사되었다.

한편 지상파DMB의 2010년 방송사업 수익은 145억 1,600만 원으로 크게 증가한 반면 위성DMB의 방송사업 수익은 전년 대비 약 9% 감소한 1,213억 7,200만 원으로 나타났다. 지상파와 위성DMB를 합한 2010년 전체 DMB 산업의 방송사업 수익은 1,358억 8,800만 원으로 전년 대비 5.9% 하락했다.

마지막으로, 2009년 출범한 IPTV는 방송사업 수익이 4,043억 300만 원으로 나타났는데, 이는 위성방송과 DMB방송사업 수익 규모를 앞지르는 것으로 그 증가세 또한 가파르다고 볼 수 있다. 2010년 방송사업 수익은 2009년 대비 83.4%의 높은 성장률을 나타내고 있다.

방송사들은 방송광고를 통해 많은 수익을 올리고 있다. 방송광고 시장의 전망에 따라 방송산업의 전망이 엇갈리는 등 방송광고는 큰 영향력을 가지고 있다. 「2011년 방송통신 실태 조사 보고서」에 따르면 2010년 전

표 1-11 | 방송광고 시장 규모

(단위: 백만 원)

구분	지상파 방송	케이블방송		위성방송	DMB		전체 광고 시장
		종합 유선방송	방송채널사용 사업자		지상파 DMB	위성 DMB	
2001년	2,194,506	74,929	177,887	–	–	–	2,462,730
2002년	2,745,183	181,288	255,586	–	–	–	3,182,057
2003년	2,656,580	261,599	320,495	–	–	–	3,238,675
2004년	2,502,761	289,742	412,882	4,878	–	–	3,210,263
2005년	2,402,103	94,166	571,030	7,182	–	176	3,074,657
2008년	2,199,837	117,494	879,601	9,695	4,064	4,094	3,214,785
2009년	1,918,234	106,468	769,374	11,348	5,082	3,300	3,813,805
2010년	2,216,196	111,174	986,218	15,605	7,737	4,510	3,341,440

출처: 한국콘텐츠진흥원, 『2011 방송영상산업백서』

체 방송광고 시장의 규모는 3조 3,414억 4,000만 원으로 전체 방송 시장 규모와 비교해 볼 때 약 32.0%의 비중을 차지하고 있었다. 2010년 방송 광고 시장 규모는 2009년 대비 18.8% 증가한 것으로 조사되었으며, 이는 2008년보다 3.9% 증가한 것이다. 즉 2009년 잠시 침체기에 있던 방송광고 시장이 다시 살아나고 있는 추세라 볼 수 있다.

〈표 1-11〉을 보면 방송광고 시장은 2001년 이후 지속적으로 성장하고 있으나, 지상파방송의 광고 매출은 전반적으로 감소하고 있다는 것을 알 수 있다. 또 방송채널사용사업자와 위성방송, 그리고 지상파DMB의 광고 매출이 증가세에 있다. 그러나 지상파방송의 광고 시장 규모가 66%

이상인 것으로 보아 그 영향력이 여전히 크다는 것을 알 수 있다. 또 하나 관심을 가져야 하는 부분은 간접광고와 제작 협찬이 활성화된 2012년 이후부터 광고 시장 규모의 변화 양상이다. 광고 시장을 키우기 위한 정부의 노력이 어떠한 성과로 나타나고 있는지, 그리고 지상파방송사에도 중간광고를 허용해야 하는지 여부는 2013년과 2014년의 광고 시장 규모 변화에 따라 달라질 것이라 판단된다.

지상파방송사의 경영 구조와 전략

지상파방송사의 핵심 재원은 광고와 수신료 수익이었다. 그러나 한정된 광고 시장에 경쟁 사업자가 많아지는 추세이기 때문에 지상파방송사의 광고 시장점유율은 갈수록 감소할 것이라는 예측이 나오고 있다. 광고는 경기 흐름에 민감하게 영향을 받기 때문에 계획 경영이 어렵다. 또 모든 방송사가 안정적인 수신료 수익을 기대할 수 없는 상황이라 지속적으로 안정적인 수익원을 창출해야 하는 지상파 방송사들은 유연하고 탄력적인 경영전략을 취해 가고 있다. 특히 방송콘텐츠를 소비할 수 있는 윈도window가 다양해지는 N스크린 시대에 빠르게 적응해야만 하는 상황에서는 더욱 그러하다.

KBS는 경영전략의 일환으로 1989년 최초로 KBS제작단을 설립했다. 방송 프로그램 제작과 조명 기술의 전문화를 필요로 하는 시대의 변화에 빠르게 적응하려는 시도였다. 이후 KBS영상사업단, KBS문화사업단, KBS아트비전, KBS시설관리사업단을 설립하여 프로그램을 활용한 부가 사업 수익에 힘쓰다가 1998년 외환 위기를 맞아 대대적인 합병과 자회사 축소를 실행했다. 현재는 매체 발달에 적응하려는 노력과 사업 다각화의 일환으로 오히려 관계사 수가 증가하고 있는 추세이다. 〈표 1-12〉를 보면, 지상파방송사들의 자회사 및 관계사가 전문화, 세분화되어 있는 현황을 알 수 있다.

MBC도 1991년 정부 정책의 변화, 매체 환경의 변화, 경영 합리화를 목표로 KBS제작단을 벤치마킹하여, 방송 프로그램 제작 및 판매를 전문으로 하는 MBC프로덕션을 설립했다. 동시에 방송 프로그램 제작 기술 전문 회사인 MBC미디어텍을 설립하고 이후 MBC예술단, MBC미술센터 등을 순차적으로 설립했다. 2000년대 들어서는 풍부하게 축적된 자사의 프로그램을 케이블과 위성방송에 공급하기 위해 MBC플러스라는 채널 사업 전담 회사를 설립하여 본격적으로 다양한 관계사 구조를 형성하고 있다.

1990년 11월 개국한 SBS도 1992년 SBS프로덕션을 세우면서 수직적 다각화를 시작했다. SBS프로덕션은 영상물 제작을 주력 사업으로 하는 동시에 본사 의존율을 낮추기 위해 외부 영상 콘텐츠 제작과 캐릭터 사업 등 자체 수익 창출에 힘썼다. 이후 SBS아트텍과 SBS뉴스텍을 설립하여 급변하는 방송 환경에서 수익성 제고와 경쟁력 강화 및 경영 합리화를 실천하는 노력을 경주하고 있다. 특히 SBS는 국민소득 수준이 향상하면서 스포츠에 대한 국민적 관심이 증가할 것이라는 전망에 따라 스포츠 채널의 확보에 주력한 것이 눈에 띈다.

1995년 종합유선방송, 2002년 위성방송, 2011년의 종합편성 유선방송

표 1-12 | 지상파방송사의 관계 회사 현황

(2011년 기준)

방송사		KBS	MBC	SBS
구조적 특징				
권역별 지역방송사	수도권	KBS 본사	MBC 본사	SBS(서울, 수도권)
	충청권	대전총국/청주총국 충주KBS	대전/청주/충주MBC	TJB(대전)/CJB(청주)
	부산/경남권	부산총국/창원총국 울산/진주KBS	부산/마산/진주/울산 MBC	KNN(부산,경남)/ UBC(울산)
	대구/경북권	대구총국 안동/포항KBS	대구/울산/안동/포항 MBC	TBC(대구)
	호남권	광주총국/전주총국 목포/순천KBS	광주/전주/여수/목표 MBC	KBC(광주)/JTV(전주)
	강원권	춘천총국 강릉/원주KBS	춘천/원주/강릉/삼척 MBC	GTB(강원)
	제주권	제주총국	제주MBC	JIBS(제주)
자회사		KBSN	MBC플러스미디어/ MBC스포츠/ 지역MBC슈퍼스테이션 3개	SBS스포츠/SBS골프/ SBS콘텐츠허브/ SBS플러스/ SBS이플러스/ SBS바이아컴/ SBS비즈니스네트워크
기타 관계사		KBS아트비전/ KBS미디어/TMW/ KBS비즈니스/e-KBS/ KBS인터넷/ KBS America/ KBS Japan	MBC프로덕션/ MBC미디어텍/ MBC미술센터/ iMBC/ MBC America Holdings	SBS아트텍/ SBS뉴스텍

표 1-13 | 2011년도 지상파방송사의 매출액 구성 내역

(단위: 천 원)

구분		방송사업 수익					기타 사업 수익	매출액
		수신료	광고 수익	협찬 수익	프로그램 판매 수익	기타 방송 사업 수익		
합계		597,487,757	2,375,356,390	341,125,087	438,921,163	161,582,191	576,441,621	4,490,914,209
구성비		13.3%	52.9%	7.6%	9.8%	3.6%	12.8%	100.0%
사 업 자 별	KBS	577,880,346	598,666,287	77,928,482	139,638,385	21,579,740	27,993,422	1,443,686,662
	EBS	16,166,776	32,026,531	5,335,544	6,010,127	65,960,237	127,663,011	253,162,226
	MBC본사	0	597,707,808	65,576,082	187,607,527	16,321,814	23,797,492	891,010,723
	MBC지역	0	334,531,962	37,885,900	8,289,832	10,491,240	55,433,550	446,632,484
	SBS	0	528,018,923	84,251,323	90,488,066	0	17,812,598	720,570,910
	지역민방	0	202,408,696	26,094,414	5,326,364	19,250,467	20,445,838	273,525,779

방송통신위원회. 「2012 방송산업 실태 조사 보고서」, 재구성

사업자의 출범은 본격적인 '다채널 시대'를 개막했다. 이로써 전체 방송 시장 규모는 과거보다 커졌지만 공영방송이 차지하는 비중은 오히려 감소했다. 이러한 현상은 방송산업의 주요 재원이었던 광고 시장이 점차 새로 탄생하는 매체 부문으로 이동하게 됨을 예고한다. 이렇게 되면 지상파 방송사들은 새로운 수익 창출이 절실해진다. 궁극적으로 다양한 매체와 채널을 보유하고 콘텐츠의 다양한 창구 효과window effect를 통해 수익을 극대화하는 전략이 중요하다.

국내에서 가장 경쟁력 있는 제작 인력 및 시설, 콘텐츠 물량 등 우수한 인프라를 이미 갖추고 있었던 지상파방송사들이 수평적 다각화로의 변화를 꾀한 것은 종합유선방송이 출범한 1990년대 중반부터였다. 하지만 종합유선방송 출범 초기에 시장독점을 우려한 정부가 엄격한 시장 분리 정책을 취함으로써 수평적 다각화가 제도적으로 불가능했다. 지상파방 송사들이 주도적으로 참여한 방송개혁위원회에서 지상파들의 뉴미디어 참여를 대폭적으로 허용하는 통합방송법안을 만들고 나서부터 지상파방 송사업자가 위성방송, 방송채널사용사업, DMB 사업 등에 진출 가능한 환경이 조성된 것이다.

KBS와 MBC는 2000년에 위성방송의 주요 주주로 참여했고 지상파방 송 3사는 1990년대 후반부터 방송채널사용사업자PP를 인수하거나 출범 시켰다. SBS와 MBC는 위성DMB의 주주로 참여했으며 지상파방송 3사 모두 지상파DMB의 사업권을 획득했다. 또 지상파방송 3사는 모두 VOD 서비스를 제공하고 있다. SBS와 MBC는 일부 프로그램을 유료로 제공하 여 홈페이지를 통해 다양한 정보와 오락을 제공한다. 매체 환경의 급격한 변화는 전체 방송 시장에서 지상파방송사가 차지하는 비중을 점차 약화시키게 될 것이다. 이로 인하여 지상파방송사는 자사가 보유한 잉여 콘텐츠, 시설, 인력을 토대로 다른 매체와 채널 사업에 진출하며 방송사업 수익과 기타 방송사업 수익 등 모든 면에서 수익을 극대화하는 전략을 강화할 것으로 예상된다.

한류의 현황 및 전망

방송광고 시장의 증가세가 뚜렷하지 않고 새로운 광고 시장을 개척하기도 어려운 상황이라는 것이 방송산업이 당면한 문제이다. 방송사업자들이 새로운 수익원을 창출하려는 다양한 전략을 실천하고 노력하는 것은 바로 이러한 이유에서이다. 따라서 핵심 상품인 방송콘텐츠의 품질을 높이고 구매 욕구를 고취하려는 노력이 방송산업 전반에서 지속적으로 이루어져야 한다. 특히 글로벌 시장 개척을 통한 수익의 극대화는 우리 방송산업에서 이미 경험한 것으로 향후 가능성이 더욱 커지고 있다. 이러한 맥락에서 아시아 지역을 중심으로 한 한류 시장의 현황을 파악하고 지속적으로 경쟁 우위를 유지할 수 있도록 노력하는 것이 우리 방송사업자들의 숙명이다.

2012년에 가수 싸이로 인해 전 세계적으로 확산된 K-POP 열풍은 한류의 새로운 시대를 열었다. 1980년대 대중음악 분야를 중심으로 계은숙, 조용필, 김연자 등의 가수가 일본에 진출하여 활동하면서부터 한국 방송 콘텐츠에 대한 관심은 시작되었다. 그 후 1990년대 말부터 2000년대에 한국 드라마가 일본과 중국을 중심으로 한류 열풍을 일으켰다. 2000년대 초반 일본에 진출한 가수 보아는 무국적 스타처럼 포장되기도 했지만, 2005년 동방신기가 일본 시장을 점령하면서 한류가 궤도에 올라섰다. 현재 일본을 중심으로 한 아시아권에서의 한류는 한국의 걸 그룹과 드라마를 중심으로 더욱 가열되고 있다는 것이 한류 관계자들의 전반적인 평가이다. 특히 일본에서는 한류의 내수 시장이 안정적으로 형성되어 있다는 것을 인정하고, 일본 제작사들이 한국 드라마 시장에 직접 진출하여 제작 사업을 본격화하고 있는 상황이다.

지금까지 한류는 방송콘텐츠의 글로벌 시장 소비를 중심으로 연기자나 가수의 프로모션을 통해 수입을 벌어들이는 수준이었다. 하지만 현재의 한류는 단순하게 방송콘텐츠를 소비하는 수준에서 벗어나고 있다. 팬 사인회나 쇼케이스showcase를 통한 공연은 물론, 방송콘텐츠에 담겨 있는 의상이나 음식 등을 통해 한국 문화에 대한 관심을 유발하고 있다. 한국어를 배우는 외국인의 수가 증가하는 현상 역시 이를 잘 말해 준다. 한 국가의 방송콘텐츠가 글로벌 시장에서 지속적인 매출을 올리기 위해서는, 연기자나 가수가 상품화되는 단계에 그쳐서는 안 된다. 문화 자체에 대한 관심이 고조되고 해당 국가의 제품이 소비되는 단계까지 자연스럽게 확장되어야 한다. 이러한 측면에서 한류는 방송콘텐츠의 소비를 넘어서 한국의 문화와 제품에 대한 열풍으로 이어지고 있다.

하지만 방송콘텐츠는 각 나라의 문화를 표현하는 것이기 때문에 특정한 타국의 방송콘텐츠가 집중적으로 소비되는 것을 바람직하지 않게 생각하는 나라들도 많다. 특히 방송콘텐츠 수준이 낮은 나라에서는 자국의 문화 산업을 보호하기 위해 문화 선진국의 방송콘텐츠를 무차별적으로 소비하는 것을 선호하지 않는다. 중국에서는 한국 방송콘텐츠의 수입에 여러 가지 규제 조항들을 만들어 자국 문화를 보호하기 위해 노력하고 있다. 또한 일본에서는 한류에 대한 감정적인 거부감이 높아지면서 '반反한류', '혐嫌한류'가 확산될 조짐이 보이는 것도 사실이다. 특히 방송콘텐츠의 글로벌 유통은 국가 간 정치적, 경제적, 문화적 관계 변화에 영향을 받는다. 따라서 방송콘텐츠 생산자들은 자신이 제작하는 콘텐츠의 내용이 글로벌 시장에서 긴장감을 야기할 가능성이 있는지의 여부를 항상 고려해야 한다.

중국

중국의 방송 체제는 행정구역과 지방정부를 기반으로 하고 있다. 중국의 방송국은 모두 중앙정부 혹은 지방정부 산하의 공공기관으로 존재하며 행정적으로 광전총국(국가광파전영전시총국)의 규제를 받는다. 광전총국은 수입 해외 영화와 드라마 프로그램의 수, 테마, 제작 국가 등에 대한 조정을 진행하고 계획을 수립한다. 중국 정부는 자국 콘텐츠 산업을 보호하기 위하여 다양한 규제를 마련해 놓고 있다. 해외 영화, 드라마 프로그램과 위성 전송 방식으로 전송되는 기타 수입 콘텐츠 수입 신청은 광전총국이 지정한 기관을 통해서만 가능하다.

또한 위성TV 종합채널의 일일 드라마 총방영 시간을 하루 방송 시간 전체의 45% 이내로 제한하고 광전총국의 별도 허가를 거치지 않은 경우에는 황금 시간대(오후 7시부터 오후 10시까지)에 수입 드라마 방영을 금지하는 등의 제한 조치도 시행하고 있다. 이러한 조치로 인하여 황금 시간대에 편성되는 외국 방송콘텐츠 중에서 90%가량을 미국 방송이 차지하고 있다.

1993년에 CCTV에서 수입 한국 드라마 〈질투〉가 방영되었고 1997년에 〈사랑이 뭐길래〉가 CCTV-1에서 방송되었다. 이때 CCTV 수입 드라마 역사상 두 번째로 높은 수치인 4.2%라는 시청률을 기록하면서 본격적인 중국 한류가 시작되었다. 이후 〈별은 내 가슴에〉, 〈순풍산부인과〉, 〈해바라기〉, 〈목욕탕 집 남자들〉, 〈토마토〉, 〈가을동화〉, 〈겨울연가〉, 〈명랑소녀 성공기〉, 〈대장금〉 모두 중국인들의 큰 사랑을 받았다.

한국 드라마는 중국 청소년층과 중년층에서 인기가 가장 많다. 특히 드라마는 여성 시청자들에게, 음악은 청소년층에서 인기가 높다. 베이징에서는 소득이 낮은 사람일수록, 상하이에서는 학력이 높은 사람일수록 한국 드라마에 관심이 높다는 연구 결과도 있다.

그러나 중국 정부의 규제에 영향을 받아 2006년을 기점으로 중국 내 한국 드라마 수출량이 급감하며 인기가 하락하는 듯 보였다. 그러다 2009년 이후, 중국 온라인 동영상 사이트의 급속한 성장과 함께 현재 한국 방송콘텐츠의 인기는 한류 초반의 인기를 넘어서고 있다고 전문가들은 평가하고 있다. 특히 2009년 지방 위성방송국은 〈풀 하우스〉와 〈아내의 유혹〉 등의 한국 드라마 포맷을 수입하여 리메이크 버전을 방송, 큰 인기를 끌었고 한국 배우들의 중국 드라마 출연도 증가하고 있다.

중국 한류를 통해 관심을 가져야 하는 점은 바로 '매체'이다. 그동안 중국의 한류는 지상파방송에 대한 의존도가 높았다. 하지만 현재는 한류 접촉 매체가 TV에서 인터넷이나 모바일 단말기로 급속히 옮겨 가고 있다. 이에 따라 그동안 드라마 장르에 집중되었던 한류가 예능 프로그램이나 K-POP으로 자연스럽게 확대되고 있으며, 한류 콘텐츠 소비 연령층의 하향 조정도 이루어지고 있다. 과거 젊은이에서 중년 여성에 이르기까지 폭넓게 분포되어 있던 시청자층이 최근 20~30대로 압축되고 있는 추세다. 이는 거듭되는 중국 정부의 수입 제한과 방영 제한 조치로 인해, 한국 드라마의 주된 전파 경로가 방송국에서 인터넷으로 변화한 것과 관련이 깊다. 2010년부터 지상파방송 3사에서 방영되는 거의 모든 드라마들을 중국 인터넷을 통해 같은 시간대에 시청이 가능한 상황이다. 이러한 맥락에서 중국인들의 온라인 동영상 이용률이 62%에 달한다는 것, 특히 청소년층의 온라인 동영상 이용률은 67%에 이른다는 것은 주목할 만한 사항이다.

일본

공영방송사 NHK와 5개의 민영방송사에 의한 공·민영 이원 체제를 유지하고 있는 일본은 방송통신 전반에 관한 규제와 정책 추진을 총무성에서 전담하고 있다. 일본에서 우리 대중문화에 관심을 갖게 된 것은 1990년대 이전 일본에 진출했던 이성애, 계은숙, 조용필, 김연자 등과 같은 대중가수로부터 비롯되었다. 이들의 활발한 활동이 밑거름이 되어 2001년에는 보아가 일본어 음반을 내고 활발한 방송 출연 등을 통해 확고한 J-POP아티스트로 정착했다. 이후 2003년에는 영화 〈엽기적인 그녀〉와 드라마 〈겨울연가〉, 〈천국의 계단〉 등이 연속으로 관심을 모으며 삽입

곡인 신승훈의 〈I Belive〉, 류의 〈My Memory〉, 〈처음부터 지금까지〉, 김범수의 〈보고 싶다〉 등이 한국어 곡임에도 불구하고 인기를 끌었다. 2005년에 일본에서 데뷔한 동방신기는 2008년 한국 가수로는 처음으로 오리콘 차트 1위를 차지하는 등 명실상부 K-POP 대표 주자로 인식되기 시작했다. 2009년에는 빅뱅, 2010년 카라와 소녀시대의 데뷔로 다시금 한류 열풍이 일었다.

방송콘텐츠 중 드라마는 2004년 〈겨울연가〉가 〈겨울소나타〉라는 제목으로 NHK에서 방영되며 인기를 끌면서 드라마 한류가 조성되었다. 2004년 NHK는 〈겨울소나타〉를 4회에 걸쳐 재방영하였다. 같은 해 〈대장금〉이 히트하면서 일본에 사극 붐이 일었고 중장년층 여성이 중심이던 기존 한류 소비층이 중장년층 남성으로까지 확대되기에 이르렀다. 이후 잠시 주춤했다가 2010년 〈미남이시네요〉, 〈꽃보다 남자〉, 〈옥탑방 왕세자〉 등이 연이어 히트하면서 10~20대가 드라마 주 소비층이 되었다. '욘사마 붐'이 중장년층 여성이 중심이었다면, 장근석의 '근짱 붐'은 20~30대 여성이 중심이다. 현재 일본에서는 한류 고정 소비자층이 형성되었다고 보이며, 이에 따라 한국 드라마를 수입하는 수준을 넘어 한국 드라마에 직접 투자하고 제작에도 참여하여 콘텐츠에 영향을 미치며 부가 사업 이익을 극대화하려는 전략을 실천하고 있다.

한류 콘텐츠의 방영 조건은 다양하다. 인터넷 방송을 제외한 공중파방송에서는 일본어 더빙으로 이루어지고 방송 시간대는 드라마의 인기도와 스케일에 따라 방송사가 결정한다. 예를 들어 〈이산〉의 방영 시간은 NHK에서 저녁 11시, 〈찬란한 유산〉은 BS에서 아침 11시이다. 2010년

방영된 〈아이리스〉는 황금 시간대인 매주 수요일 저녁 9시에 편성되면서 후지와라 다쓰야藤原龍也, 구로키 메이사黑木メイサ 등 인기 배우들이 더빙에 참여해 젊은층, 남성층으로 시청자를 확장시키는 데 기여했다.

'TSUTAYA', 'BOOK OFF' 등 일본 최대 비디오, DVD, 음반 대여 매장에는 별도로 한류 섹션을 마련하여 한국 드라마를 판매, 대여하고 있으며 이를 통해 큰 매출을 올리고 있다. 2011년 7월의 경우 한 달간 주 방송사의 한국 드라마 방송 시간은 NHK가 4시간, TBS가 20시간, 도쿄TV가 12시간, 후지TV가 40시간을 기록할 정도였다. 특히 후지TV는 2011년 1월부터 평일 오후 2시에 '한류 알파'라는 틀을 마련, 한국 드라마의 범위를 확대하고 있다.

프랑스

현재 프랑스 한류 팬의 주류는 컴퓨터 앞에서 많은 시간을 보내는 젊은 이들이다. 한국 방송콘텐츠는 대체로 SNS를 통해 급격히 확산되고 있다. 2008년 유튜브youtube의 K-POP 동영상이 프랑스 소비자에게 발견된 후, 그 수가 기하급수적으로 증가했고 일부에서는 더욱 늘어날 것이라고 기대하고 있다.

프랑스 한류의 특이 사항은 대부분 일본 대중문화를 향유하던 층이 한국 대중문화로 이동했다는 사실이다. 1970년대에 일본 만화영화를 보면서 자랐던 세대들이 일본 문화와 크게 다르지 않은 한국 문화를 이질감 없이 자연스럽게 소비할 수 있게 된 것이다. 또한 삼성이나 LG, 현대 등 국내 기업들의 해외 진출 성공으로 인한 브랜드 가치가 국가 이미지에

준 영향도 적지 않다.

매체의 영향이 크게 작용하였으며 특히 유튜브의 영향력이 가장 크다. 특히 최근 몇 년간 K-POP을 중심으로 형성된 대다수의 10대 팬들은 유튜브를 통해 K-POP을 처음 접했고 이를 통해 다른 콘텐츠를 찾아 소비하는 패턴을 보였다. 유튜브와 페이스북은 팬들에게 K-POP, 드라마, 예능 프로그램 등의 영상을 제공하고 토론 주제까지 던져 주는 공간이 되었다.

프랑스의 20대는 K-POP과 드라마 소비에 그치지 않고 한국 대중문화 전반에 대한 이해와 한국어 학습으로까지 소비의 범주를 확장하고 있다. 프랑스 대학의 한국어학과 학생 수가 늘었고 한국으로 어학연수를 오는 학생 수도 증가했다. 일부 10대 팬들 중에는, 흔히 일본 문화에 열광하는 사람을 일컫는 말인 '오타쿠'를 연상시키는 행동을 하기도 한다. 따라서 프랑스 언론들은 아이돌에 대한 수용이 빠르고 이를 적극적으로 표현하는 10대들을 사회적 문제로 대두시킬 때 K-POP을 언급하기도 한다.

하지만 프랑스를 비롯한 유럽 지역의 한류는 아직까지 소수만 향유하고 있을 뿐, 한국에서 생각하는 것처럼 '열풍'이라고까지 하기는 힘들다는 시각이 지배적이다. 또 현재 프랑스 한류는 초기 진입 단계라고 볼 수 있으며 그 확산 속도가 빠르다는 평가 역시 그에 못지않은 것도 사실이다.

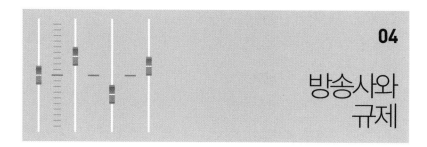

04

방송사와 규제

공공재를 사용하는 방송사업자는 공공성과 사회적 영향력을 행사하게 된다. 세계 각국은 자국의 정치, 사회, 문화적 환경에 적합한 고유의 허가 제도를 마련해 발전시키고 있다. 때문에 지상파방송사업 또는 방송국의 허가 기간, 허가 절차, 허가 방법, 허가 조건 등이 국가별로 상당한 차이가 있다. 예를 들어, 허가 기간의 경우 4년에서 20년까지 다양하고 허가 방식은 심사제부터 경매제까지 다양한 형태가 있다. 지금과 같이 매체 기술이 빠르게 발달하고 있고 전파 자원의 수요가 급격히 증가하고 있는 시점에서는, 당사자 간 갈등과 분쟁 발생 가능성이 커지기 때문에 체계적 관리를 통한 이용 효율성이 더욱 절실하다.

산업 규제 완화의 흐름에 따라 미디어 시장에서도 신규 사업자의 시장 진입 조건을 조정하기 위한 논의가 지속되고 있다. 이에 따라 신규 방송사업자 허가 조건으로 방송국의 법률적, 기술적 규제에 개선이 필요하다는 시각도 있다. 또한 공영방송 중심에서 벗어나 민영방송 사업자가 증

064 방송학의 이해

가함에 따라 사업자 간 재정적 규모나 안정성, 기술적 수준 등에서 편차가 나타날 가능성이 높다. 특히 일부 사업자는 재허가 과정에서 논란을 빚는 등 재정적 내지 기술적 문제 발생으로 인한 시청권 침해 우려가 있어 방송사의 인허가 규제에 대한 엄격한 기준 마련과 적용이 중요시되고 있다.

현행 방송법은 지상파방송사업, 종합유선방송사업, 위성방송사업, IPTV사업에 대해 신고제가 아닌 허가제를 채택하고 있으며, 방송채널사용사업에 대해서는 등록과 승인 절차를 거치도록 하고 있다. 지상파방송국 허가와 관련한 현행 법제 체계는 전파법(무선국으로서의 방송국 설비 허가, 설치, 운용 등에 관한 사항 포함)과 방송법(방송사업에 대한 허가, 규제, 방송사업의 운영 등에 관한 사항 포함)에 근거를 두고 있는데 방송사업의 허가는 원칙적으로 방송법에 기초하되 무선국으로서의 방송국 허가는 전파법에 근거하여 이루어지고 있다. 따라서 무선국이 방송국 개설 허가를 받으면 방송사업을 개시할 수 있다.

방송국 허가를 위한 심사 사항은 기술 관련과 사업 관련으로 분리하여 실시하고 있다. 기술 관련 심사 사항은 주파수 지정이 가능한지의 여부를 최우선으로 판단하며 설치하거나 운용할 무선설비가 무선설비 규칙에 적합한지, 무선 종사자의 배치 계획이 전파법시행령이 정하는 자격과 기준에 적합한지 등을 핵심적으로 고려한다. 사업 관련 심사 사항은 방송의 공적 책임, 공정성과 공익성의 실현 가능성, 방송 프로그램의 기획, 편성 및 제작 계획의 적절성, 지역적, 사회적, 문화적 필요성과 타당성, 조직 및 인력 운영 등 경영계획의 적절성, 재정 및 기술적 능력, 방송 발전을 위한 지원 계획, 기타 사업 수행에 필요한 사항 등의 항목을 기준으로 하고 있다.

방송법은 허가 기준을 충족하여 방송사업을 영유하더라도 일정 기한이 지나면 방송통신위원회로부터 사업 내용을 평가받고 허가를 갱신하도록 정하고 있다. 현행 지상파방송국의 허가 유효기간은 3년이기 때문에 3년마다 재허가 심사가 진행되고 있다. 재허가를 위한 심사 항목은 최초 방송국 허가 과정에서 심사받았던 항목을 그대로 재심사받는 동시에 방송통신위원회의 방송 평가, 방송통신위원회의 시정 명령의 횟수와 시정 명령에 대한 불이행 사례, 시청자위원회의 방송 프로그램 평가, 지역 사회 발전에 이바지한 정도, 방송 발전을 위한 지원 계획의 이행 여부, 기타 허가 또는 승인 당시의 방송사업자 준수사항 이행 여부 등을 별도로 평가받도록 지정하고 있다.

방송사업자가 방송법에서 정하는 허가 기준에 적합하지 않을 경우 방송통신위원회가 허가를 취소하거나, 6개월 이내의 기간을 정하여 그 업무의 전부 또는 일부를 정지, 광고의 중단 또는 허가 유효기간 단축을 명할 수 있다. 방송사업자는 공공재인 전파를 이용하고 있고 또한 방송이 갖는 사회적 영향력이 지대하다. 때문에 방송법에서는 방송사업자는 기타 영리 기업들과 다른 책무를 수행해야 한다는 사회적 책임 의식을 기반으로 사업을 하도록 요구하고 있는 것이다. 이는 방송사업자의 책무인 동시에 방송콘텐츠를 생산하는 전체 방송산업 종사자의 책무이기도 하다.

2011년 지상파방송사에 제작 협찬이 허용되었다. 그 이전에는 방송사에게는 간접광고가, 외주제작사에게는 제작 협찬이 허용되고 있었다. 즉 방송사는 자체 제작하는 프로그램에 제작 협찬을 붙일 수 없었으며 외주제작 프로그램을 제작하는 외주제작사는 간접광고를 할 수 없었다.

하지만 외주제작사가 제작 협찬은 물론 비공식적으로 활성화되어 있는 간접광고 시장을 통해 부가 수익을 올려 스타 작가와 연출자 같은 A급 핵심 생산 요소를 싹쓸이하고, 종합편성채널은 광고 시장에서 방송사를 공격하는 상황이 벌어지게 되면서, 방송사의 제작 역량이 지속적으로 열악해질 상황에 처하게 되었다. 이러한 맥락에서 지상파방송사에 허용된 제작 협찬은 방송사에게 추가 수익원을 마련해 줌으로써 수익을 확대하여 제작 역량을 향상시키려는 정책적 의도가 강하다. 방송사 입장에서는 제작 협찬 활성화를 통한 수익의 극대화가 최선의 전략이기도 하다.

하지만 지상파방송사가 간접광고를 바라보는 시각은 다양하다. 방송사 경영진이나 마케팅 부서의 직원 입장에서는 적극적이고 공격적인 제작 협찬과 간접광고 수주를 통해 수익을 극대화하는 것이 최선이다. 즉 마케팅 부서의 직원에게 방송콘텐츠는 상품인 것이다. 반면에 작가나 연출자의 입장에서 방송콘텐츠는 예술 작품이다. 따라서 방송콘텐츠가 광고주의 영향을 받아서는 안 된다는 의식이 강하고, 자신의 예술 작품에 상품을 광고하는 내용이 삽입되는 것을 거부한다.

이러한 부조화는 방송콘텐츠를 기획하고 제작하는 과정에서 끊임없이 발생하고 심각한 갈등 요인으로까지 작용하고 있다. 광고 효과를 극대화하기 위해서는 작품에서 자연스럽게 광고 표현이 이루어져야 하는데 이는 전적으로 작가와 연출자의 노력에 따라 결정되는 사항이다. 결론적으로 간접광고는 연출자와 작가가 만들어 내는 창의성의 결과물이라는 것이다. 그러나 창작을 해야 하는 당사자들의 인식이 아직까지 광고에 대해 부정적인 것은 사실이다.

방송사는 이렇게 다양한 가치가 충돌하는 조직이다. 콘텐츠 제작에 참여하는 생산 요소마다 또 각자의 전문성에 따라 콘텐츠를 바라보는 시각이 다르고 조직에 기여하는 바 또한 다를 수 있다. 다양한 이해관계가 충돌하는 것을 당연하게 생각해야 하는 것이 바로 방송사 조직의 특성이라고도 할 수 있겠다. 이러한 사례는 비단 광고를 대하는 시각 차이뿐만이 아니라 직종(연출, 기자, 아나운서, 기술 스태프 등) 간에 존재하는 갈등, 공영성이라는 개념에 대한 상호 간 가치관의 갈등, 자신의 능력에 대한 지나친 자부심에서 비롯되는 직종 내 갈등 요인 등의 사례에서 다양하고 첨예하게 나타난다.

결국 중요한 것은 다양한 갈등 요인들을 발전적 에너지로 전환시킬 수 있는 조직 문화를 구축하는 것이다. 직종 내, 직종 간 경쟁을 통해 발전의 기회를 잡고 조직의 이익에 대한 공감대를 형성하여 고무적인 분위기를 조성해야만 방송사 조직은 지속적인 발전이 가능할 것이다.

✎ 사례2_ 재전송 문제

지난 몇 년간 지상파방송사는 종합유선방송사업자SO들에 대하여 지상파방송에 대한 재전송료를 요구했고 종합유선방송사업자SO는 이에 대해 지상파 재전송을 중단하겠다고 선언하는 등 갈등이 심화되었다. 지상파방송사가 종합유선방송사업자SO에게 재전송료를 지불할 것을 요구한 소송에서, 1심 법원은 물론 항소심 법원도 2011년 7월

20일 지상파 측의 주장이 옳다는 판결을 내렸다. 즉 법원은 지상파 프로그램의 저작권을 놓고 KBS와 MBC, SBS 지상파 3사와 종합유선방송사업자SO가 벌인 법정 분쟁에서 지상파의 손을 들어 준 것이다.

서울고등법원은 이 판결에서 지상파 3사가 CJ헬로비전과 티브로드 강서방송, C&M, HCN 서초방송, CMB 한강방송 등 5개 주요 종합유선방송사업자SO들을 상대로 낸 저작권 등 침해 정지 및 예방 청구 소송에서 원심과 같이 일부 승소를 판결했다. 다만 재판부가 지상파 3사 측이 항소심에서 디지털방송 재전송 대상을 축소해 달라고 요구함에 따라 재전송 금지 대상을 '소송이 제기된 이후 가입자'에서 '판결문을 받은 날부터 30일 이후 가입자'로 변경했다는 점만 다를 뿐이다. 이에 따라 케이블방송은 판결문을 받은 날로부터 30일 이후 신규 가입자에 한해 지상파 HD방송을 재전송할 수 없게 됐다.

이 판결로 인해 지상파방송사 측이 저작권을 인정받아 저작권료를 받을 수 있는 가능성은 매우 높아졌으나 현실적으로 지상파방송사가 종합유선방송사업자SO들에게 저작권료를 수령할 경우 종합유선방송사업자SO들은 이 금액을 고스란히 시청자들에게 전가할 것이기 때문에 시청자들의 반발이 매우 거세질 것을 예상할 수 있다. 지상파 재전송 문제는 의무 재전송의 범위 확정이라는 저작권법상의 원리와 시청자들에게 최소한의 부담을 주어야 한다는 정책적 목적이 충돌하는 문제이므로 신중한 접근이 필요하다. 현재 가장 핵심 쟁점이 되는 사안은 '무료로 제공되어야 하는 의무 재전송 채널의 범위가 어디까지냐'와 아울러 '언제부터 실시해야 하는가'이다.

참고문헌

권영호 외(2006), 『한국의 지상파방송사 경영전략』, 서울: 커뮤니케이션북스.

노동렬(2008), 『드라마디자인』, 서울: 커뮤니케이션북스.

노동렬(2009), 「창의적 생산 시스템 구축을 위한 드라마 생산조직의 특성 연구」, 『방송과 커뮤니케이션』, 10권 2호, MBC 문화방송.

방송통신위원회(2012), 「2012 방송산업 실태 조사 보고서」.

폴 시브라이트 외 지음, 배현석 옮김(2011), 『방송 시장의 경제적 규제: 진화하는 기술과 정책적 과제』, 경북: 영남대학교출판부.

한국문화산업교류재단(2012), 「한류 나우」, 2012 2~3분기 자료.

한국콘텐츠진흥원(2011), 「2010 해외 콘텐츠 시장조사 연구보고서」.

한국콘텐츠진흥원(2011), 『2011 방송영상산업백서』.

홍경수 외(2006), 『PD WHO & HOW』, 서울: 커뮤니케이션북스.

2장 방송 프로그램의 이해

방송은 공적 서비스이다. 방송사가 누구의 소유인가에 관계없이 공공의 자산인 전파 자원을 이용하기 때문이다. 방송의 공적 서비스 개념에 대해 처음 언급한 이는 사르노프David Sarnoff이다. 그는 1922년에 '방송은 국민을 즐겁게 하고to entertain 필요한 정보를 제공하며to inform 교육하는to educate 일이기 때문에 공공서비스로 간주되어야 한다'고 했다. 그의 말은 라디오 시대를 넘어 텔레비전 시대에서도 유효하다.

텔레비전 프로그램은 역할의 관점에서 볼 때 보도, 교양, 오락 방송으로 나눌 수 있다. 이러한 측면에서 텔레비전 프로그램을 저널리즘, 엔터테인먼트, 교육의 영역으로 구분하고 각 영역을 이루는 장르들의 특성과 변화를 알아볼 것이다. 우선, 그전에 먼저 각 텔레비전방송의 장르와 '장르 관습'에 대해 살펴보겠다.

텔레비전방송사는 프로그램을 직접 만들기도 하고 외부 프로덕션에 제작을 주문, 의뢰하기도 한다. 또 프로그램 견본 시장에 참가하거나 대행사를 통해 외국방송사의 프로그램을 구입하기도 한다. 프로그램의 성공 여부를 판단하는 기준은 여러 가지가 있지만 방송사가 가장 중요하게 여기는 것 중 하나는 '시청률'이다. 상업방송사에게 시청률은 이익과 손해를 결정짓는 지표이고 공영방송사에게는 수신료의 정당성과 존재의 의미를 좌우하는 척도다. 경기 불황으로 광고 수주가 부진했던 2009년, MBC는 사극 〈선덕여왕〉의 덕을 톡톡히 봤다. 이 드라마는 평균 시청률 35.1%, 최고 시청률 44.9%를 기록하며 MBC 전체를 먹여 살렸다는 말을 들을 만큼 크게 기여했다. 중국의 차와 티베트의 말을 교환하기 위해 수천 리 길을 오가는 마방의 장정을 온전히 담아낸 〈인사이트 아시아〉의 '차마고도' 편으로 KBS는 한동안 수신료 시비에서 벗어났다.

모든 프로듀서는 성공을 꿈꾼다. 자신의 프로그램이 어느 누구의 관심도 끌지 못한 채 사라지길 바라는 프로듀서는 없다. 프로듀서는 자신이 만든 프로그램에서 다룬 주제가 사람들 사이에서 이야기되고 이슈가 되길 바란다. 그래서 늘 사회적으로 중요하고 시청자들이 관심을 가질 만한 이야깃거리를 찾는다. 이야깃거리를 찾아내고 나면 그것을 어떻게 전달할지 고심한다. 타성에 젖지 않고 기존과는 다른 방식, 그러나 너무 다르진 않은 새로운 방식을 찾기 위해서다.

역대 프로듀서들이 이야기를 전하고자 할 때 사용해 온 전형적인 방식을 통틀어 '장르 관습'이라고 한다. 장르 관습은 수많은 시행착오를 거쳐 정착되었다. 장르genre는 프랑스 말로 유형이나 범주를 뜻한다. 같은 성질을 가진 부류나 범위라는 의미로 문학이나 예술에서 부문이나 종류를

〈인사이트 아시아―차마고도〉,
KBS, 2007

말할 때 쓴다. 예로, 흔히 사람들은 '고전음악'이라고 하면 우리나라의 국악이나 서양의 팝이 아닌 바흐, 베토벤, 모차르트의 음악으로 알아듣는다. 물론 바흐나 모차르트의 곡은 서로 다르지만 그들 작품은 서양의 작곡 기법에 따라 만들어지고 서양의 전통 악기로 연주된다는 공통점이 있다. 그래서 '클래식 음악회'라고 하면 어떤 분위기의 음악이 연주될지 짐작할 수 있다. 고전음악은 18세기 중엽부터 19세기 초반까지 오스트리아 빈을 중심으로 활동한 작곡가들의 음악을 말하지만 때때로 현대 작곡가들의 작품도 포함한다. 고전음악의 코드와 관습적 특성을 갖고 있을 때 그렇게 간주한다. 어떤 것을 다른 것들과 구분하게 하는 코드와 관습의 집합, 이것을 장르라고 할 수 있다.

텔레비전방송은 드라마, 다큐멘터리, 뉴스, 시사, 오락 등으로 장르를 나눈다. 그래서 텔레비전방송사의 제작 부서도 이러한 장르를 기준으로 구성되어 있다. 예를 들어 KBS의 자체 텔레비전 프로그램은 보도국, 교양국, 다큐멘터리국, 예능국, 드라마국 등에서 제작하고 있다. 프로듀서의 성향과 관심사는 다르지만 각 부서 고유의 기풍이 있기 때문에 드라마국의 분위기는 다큐멘터리국이나 예능국과는 다르다. 이는 짧지 않은 시간 동안 형성되어 온 부서 문화에서 비롯된 것이다. 이런 제작 부서별 문화는 상당 부분 장르의 특성과도 관계가 있다. 어떤 프로그램을 드라마, 뉴스, 다큐멘터리라고 한다면 그것은 그렇게 불리는 장르의 일반적인 특성을 가지고 있다는 것이다. 볼만한 프로그램을 찾기 위해 채널을 이리 저리 돌릴 때, 짧은 시간 획 지나치는 화면만으로도 우리는 그 프로그램이 드라마인지 다큐멘터리인지 알 수 있다. 주제 또는 줄거리 같은 정확한 내용을 모르더라도 오랜 경험을 바탕으로 프로그램의 장르를 알아채고 그 프로그램이 어떤 식으로 전개될 것인지도 어느 정도 예상할 수 있다. 이것은 그 프로그램이 속한 장르의 특성을 알고 있기 때문이다.

장르는 프로그램을 만드는 사람에게도 보는 사람에게도 중요하다. 시청자에게는 프로그램을 선택하는 기준이 되고 제작자에게는 제작의 기본 틀이 된다. 텔레비전 프로그램의 장르는 문학의 장르보다 역사적 성향이 강하고 세월의 흐름과 함께 변화해 온 유동적인 존재다.(Feuer, 1992) 이 말은 텔레비전의 장르가 시대와 사회, 산업과 사람들의 변화에 민감하다는 것을 뜻한다. 원용진과 주혜정은 '중첩적 공진화'라는 개념을 통해 텔레비전을 구조화된 '문화적 취향'이 아닌 구조화되는 '과정의 취향'으로 보았다. 또 정치경제학적 변화, 방송산업의 변화, 수용자들의 감성 구조의 변화와 같이 요동한다고 설명했다. 이 요동이 특정 장르를 변화시키기도 하고 연쇄적으로 다른 장르의 변화를 이끌기도 하며 사회 변화와 함께한다는 것이다.(원용진/주혜정, 2002)

물론 어느 한 프로그램이 단번에 장르의 속성을 바꾸는 경우는 거의 없다. 장르에 속한 개별 프로그램들이 전체적으로 변화의 큰 흐름을 이룰 때 장르의 변화가 일어난다. 프로듀서는 장르의 테두리 속에서 작업하지만 장르를 그대로 되풀이하지는 않는다. 시청자의 호감을 얻기 위해 제작자는 끊임없이 새로운 시도를 한다. 그 새로운 시도가 시청자들의 호응을 얻으리라고 판단되면 기존의 관행과 코드를 따르지 않고 '코드 파괴code-breaking'를 꾀한다. 이런 새로운 시도가 창의적 변형으로서 성공적이라고 평가되면 후속 프로그램에서도 이것을 반복하고 세련화의 과정을 거쳐 장르 변화가 일어나게 되는 것이다. 닐Steve Neale은 "장르는 산업, 텍스트, 시청자 사이를 순환하는 경향, 기대, 그리고 관습의 체계로서 반복과 유사성을 통해 형성되지만 근본적으로는 차이, 변형, 변화로 특징되는 과정genre as process이다."라고 말했다.(Neale, 1980) 올트먼Rick Altman도 장르가 산업과 시청자, 텍스트에 의해 구축되는 사회문화적 산물이라고 보았다.(Altman, 1999)

✏️ 포맷과 장르

포맷format은 제목을 비롯하여 텔레비전 프로그램의 전제 및 전반적인 개념을 말한다. 포맷은 독창적일 수 있고, 모방될 수도 있다. 반면에 장르의 경우 독창적인 것은 아니다. 포맷보다 더 크고 포괄적인 것이다. 포맷은 저작권으로 보호받으며 거래될 수 있다. 검증된 프로그램을 통해 실패의 위험을 줄이거나 추가적인 수입을 얻을 가능성이 있을 경우, 시청자가 자기 나라에서 만든 프로그램을 선호하는 경우, 그리고 프로그램을 특정 시장에 맞춰 적절히 손볼 수 있는 능력 등의 이유로 포맷을 거래한다. 포맷을 만들고 판매하는 주요 회사로는 엔데몰Endemol과 프리맨틀미디어Fremantle Media 등이 있다.

포맷 거래가 활발하게 이루어지고 있는 것은 게임 쇼 장르이다. 세계 전역에서 성공한 〈서바이버Survivor〉, 〈누가 백만장자가 될까?Who Wants to Be a Millionaire?〉, 〈팝 아이돌Pop Idol〉, 〈빅 브라더Big Brother〉와 같은 프로그램을 예로 들 수 있다. 〈누가 백만장자가 될까?〉는 108개 나라에서 새로 만들어졌고 〈팝 아이돌〉은 42개 나라에서 현지판이 제작되었다.

시트콤도 해당 지역의 시청자를 겨냥해 각색할 수 있기 때문에 포맷이 수출되기도 한다. 영국 BBC가 만든 〈오피스The Office〉의 포맷이 수출되어 미국, 프랑스, 독일에서 각각 〈오피스The Office〉, 〈뷔로Le Bureau〉, 〈슈트롬베르크Stromberg〉로 만들어졌다.

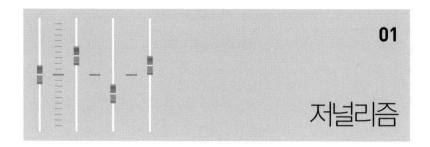

저널리즘

저널리즘journalism은 그 자체로 언론the public press을 뜻한다. 뉴스를 수집하고 편집하여 매체를 통해 내보내는 것을 통틀어 저널리즘이라고 하기도 하고 때때로 뉴스 매체의 운영과 관련된 학문적 연구를 뜻하기도 한다. '하루'라는 프랑스어 주르jour에서 유래한 저널journal이란 말이 신문을 뜻하게 된 것은, 하루를 주기로 새로운 소식을 추려 담는 데서 나온 것으로 보인다.

저널리스트journalist는 저널리즘에 종사하는 사람으로 통상 기자를 뜻하지만 텔레비전 부문에서는 시사 프로그램을 제작하는 프로듀서도 이에 포함된다. 아무 기자나 프로듀서에 쓰는 호칭이 아니라, 저널리즘의 원칙을 지키며 '사실을 보도하는 사람'이라는 의미로 쓰고 있다.

텔레비전 뉴스

인터넷 시대이지만 여전히 많은 사람이 텔레비전 뉴스를 통해 세상을 만난다. 자신이 살고 있는 나라의 소식부터 지구 반대편 소식까지 텔레비전 뉴스로 보고 듣는다. 한 개인의 직접 경험보다 텔레비전 뉴스를 통한 간접 경험의 범위가 훨씬 넓다.

신문이 지면의 제약을 받는 것처럼 텔레비전 뉴스는 시간의 제약을 받는다. 방송 시간이 한정되어 있기 때문에 전달할 수 있는 소식의 수는 제한적이게 되고, 따라서 나름의 기준으로 방송될 내용이 선별된다. 텔레비전 뉴스가 방송사마다 각각인 것은 절대적인 기준에 따른 것이 아니라 방송사 고유의 기준으로 선별했기 때문이다.

텔레비전 뉴스는 방송사에 의해 선택되고 해석된 현실이라고 할 수 있다. 즉 방송사에 의해 재구성된 현실이 텔레비전 뉴스이다. 방송기자들이 특정한 기준(뉴스 가치)에 따라 음성과 영상, 그래픽 등을 이용해 '사실'들을 객관적인 형태로 재구성해 시청자에게 전달하는 것이다.

텔레비전 뉴스에는 종합뉴스, 헤드라인뉴스, 긴급뉴스 등 여러 종류가 있는데 저마다 프로그램의 길이와 분위기, 진행 스타일이 다르다. 전국에 닿는 텔레비전 네트워크라면 예외 없이 편성되는 프로그램이 바로 종합뉴스이다. 아침 시간에 한두 시간짜리 뉴스를 편성하지만 대체로 저녁 주 시청 시간대에 편성하는 종합뉴스에 보도 역량을 최대치로 집결시킨다.

종합뉴스의 시청률은 각 방송사의 사회적 영향력을 가늠하는 지표로 인식되기 때문에 경쟁이 치열하다. 우리나라 텔레비전 네트워크는 오랜 기간 저녁 9시에 대표 종합뉴스를 편성해 왔다. 저녁 9시는 가장 많은 시청자에게 접근할 수 있는 황금 시간대로 이 시간에 종합뉴스를 두는 것은 경제적 고려보다는 공적서비스로서의 의무를 반영한 측면이 크다.

SBS는 1991년 개국 때부터 '한 시간 빠른 뉴스'를 표방하며 저녁 8시에 종합뉴스 프로그램을 편성했다. MBC는 1976년 4월 이래 저녁 9시에 방송해 온 〈뉴스데스크〉의 주말 방송 시간을 2010년 11월부터 저녁 8시로 옮겼고, 2012년 11월 5일부터는 평일 편성도 저녁 8시로 바꾸었다. MBC는 시청자의 달라진 생활 패턴을 반영한 변경이라고 설명했지만 시청률 저조가 주된 이유로 보인다. 2012년 7월 7일 〈뉴스데스크〉는 역대 최저 시청률을 기록했다. 시청률 조사기관 AGB에 따르면 〈뉴스데스크〉의 시청률은 수도권 기준 1.7%, 전국 기준 1.9%였다. 같은 날 KBS 〈뉴스 9〉과 SBS의 〈8시 뉴스〉의 시청률은 전국 기준으로 각각 14%, 5.9%였다.

지상파 3사의 종합뉴스 프로그램은 대체로 30분 남짓한 시간 동안 20여 개의 기사를 보도한다. 기사 하나의 길이는 1분 10초 내외이다. 담을 내용이 많을 경우, 해당 시간을 늘리기보다는 꼭지의 개수를 늘려 전한다. 기사마다 도입과 마감의 형식을 갖추다 보면 내용 자체에 할애할 시간이 길지 않다. 때문에 사건과 사실에 대한 자세한 배경 설명이나 깊이 있는 분석이 이루어지지 못하고 피상적으로 그치는 경우가 적지 않다. 뉴스의 경중에 따라 시간을 달리하는 형태를 채택할 필요가 있다.

텔레비전 뉴스의 닻, 앵커

뉴스에서 취재는 기자가 전담하고, 뉴스를 소개하고 추가로 설명하거나 해설하는 일은 뉴스 앵커news anchor, anchorman, anchorwoman가 담당한다. 종합 뉴스를 진행하는 앵커는 보통 취재 경력이 10년 이상 된 기자가 맡는다. 라디오나 텔레비전의 뉴스 프로그램 담당자로서 진행뿐 아니라 해설도 함께 하는 사람은 '뉴스 캐스터(영국에서는 뉴스 리더newsreader라고도 한다.)'라고 하고, 앵커는 텔레비전 뉴스에 국한해서 쓰고 있다.

앵커anchor는 본래 배를 고정시키기 위해 줄에 묶어 물에 던지는 미늘 형태의 도구, 즉 닻을 뜻하는 단어다. 이 단어가 뉴스와 관련해서 '보도의 중심을 잡는 사람'이라는 뜻으로 쓰이고 있다. 뉴스 앵커로 처음 불린 사람은 미국의 크롱카이트Walter Cronkite이다. CBS의 〈저녁 뉴스Evening News〉를 1962년부터 1981년까지 진행한 그는 앞서 1952년에 대선 보도를 지휘했는데, 이때 〈시카고 트리뷴Chicago Tribune〉은 그를 가리켜 'CBS 보도진의 앵커'라고 불렀다. 〈하트포드 커런트Hartford Courant〉도 크롱카이트가 '앵커맨'으로서 논점과 논점을 조정할 것이라고 보도했다. 1968년 베트남 전쟁 당시, 승리가 임박했다는 정부 발표와 달리 크롱카이트는 현지 취재에서 돌아와 미국이 패배할 것이라고 보도했다. 이 보도가 나간 뒤 존슨Lyndon Baines Johnson 대통령은 재선에 출마하지 않겠다고 발표했다. 1972년 워터게이트 사건이 발생했을 때는 이를 축소하고자 언론을 압박하던 정부에 맞서, 닉슨Richard Milhous Nixon 대통령이 사임하기까지 지속적으로 보도를 이끌기도 했다. 국민들은 대통령의 말은 믿지 못해도 크롱카이트의 말은 믿었다. '미국에서 가장 신뢰받는 인물'이었던 그

월터 크롱카이트(1916~2009), 미국에서 가장 신뢰받은 앵커이다.

는 이후 세대의 모든 앵커들에게 앵커의 기준을 제시했다. '용기를 갖되 편견 없이 중요한 일들에 관한 진실을 알리는 데 최선을 다함으로써 방송 저널리즘의 모범을 보였다'는 것이 그에 대한 평가이다. 앵커를 뜻하는 말이 스웨덴에서는 'Kronkiter'이고 네덜란드에서는 'Cronkiter'인 것에서 보듯이, 그의 이름 자체가 뉴스 앵커의 뜻으로 통할 만큼 크롱카이트의 업적은 세계적으로 인정받고 있다.

한국에도 1970년대부터 앵커가 진행하는 뉴스 프로그램 형태가 도입되었다. 1970년 가을, MBC는 미국식 뉴스를 본떠 앵커가 진행하고 기자들이 리포트하는 식으로 뉴스 프로그램을 운영하기 시작했다. 곧이어 KBS도 이와 같은 형태로 바꾸었다. 그러나 외형이 미국식으로 바뀌었다고 해서 내용까지 그렇지는 못했다. 뉴스의 편집과 그에 대한 논평에 있어 앵커의 권한이 분명하지 않았던 것이 한계였다. 방송사의 정치적 여건과 개인적 역량에 따라 그 위상이 많이 달랐기 때문이기도 하다. 역대 앵커들이 공통적으로 정부 편에 기운 논평을 해 자주 비판을 받기도 했다.

논평과 관련하여 앵커다운 역할을 한 경우로는 신경민 기자가 유일하다. 그는 2008년 3월부터 1년여 동안 MBC 〈뉴스데스크〉의 앵커를 지냈다. 그는 프로그램 마지막에 하는 논평에 각별히 신경을 썼다. "편집과 제작에서 빠진 중요한 세상사와 시각을 앵커의 관점에서 보완하자는 생각"
으로 그가 했던 마무리 말은 기존 뉴스에서는 만날 수 없는 것이었고, 그
래서 큰 반향을 불러일으켰다.(신경민, 2009) 약 30초 동안 그가 한 말을 통
해 시청자들은 뉴스의 맥락을 이해하고 사건의 상관관계를 파악할 수 있
었다. 그러나 그런 것을 꺼리는 쪽에게는 불편한 시간이었다. 결국 2009
년 4월 그는 앵커 자리에서 면직되었다.

게이트키퍼와 뉴스 가치

세상의 모든 일이 다 뉴스가 되는 것은 아니다. 수많은 일 가운데 그날 텔
레비전 뉴스로 보도되는 것들은 극소수이다. 어떤 것은 뉴스가 되고 어떤
것은 뉴스가 되지 못한다. 그 기준은 뉴스 가치 news value 에 달려 있다. 사
안 또는 사건의 중요성, 시의성, 근접성, 기능성(영향성), 보편성, 흥미성 등
이 뉴스 가치를 결정하는 요소이다. 고려할 것이 적지 않은 만큼 종합적
인 판단의 결과에 차이가 있을 수 있고 무엇을 우선시하는가에 따라 달
라질 수 있다.

　뉴스 가치를 결정하는 사람을 '게이트키퍼 gatekeeper'라고 한다. 게이트
키퍼란 무엇일까? 이에 대해선 여러 의견이 있다. 게이트키핑 gatekeeping
은 목축농이 방목을 마치고 축사 입구 문을 좌우로 움직이며 소나 양 중
에 우리로 다시 들일 것과 시장에 팔 것을 가르는 것을 뜻하는 말로 16세
기 영국에서 쓰이기 시작했다. 이 단어는 20세기 후반부터 어떤 메시지
를 두고 대중매체를 통해 전파할지 말지 결정하는 과정을 뜻하게 되었다.
저널리즘 부문에서는 편집자를 게이트키퍼라고 하고, 신문이나 뉴스 프

로그램에 낼 기사 선별을 게이트키핑이라 일컫는다.

게이트키핑과 관련한 최초의 연구는 화이트David Manning White에 의해 이루어졌다. 그는 미국의 일간신문 소속의 통신 기사 편집자가 전신으로 들어오는 많은 소식 가운데 어느 것을 인쇄할 뉴스로 선별하며, 어떤 기준으로 채택하는지를 추적했다. 화이트는 편집자의 개인적인 경험과 기대에 기초한 주관적 판단에 따라 뉴스 선택이 이뤄진다는 결론을 내렸다. 스나이더Paul B. Snider는 뉴스 선별의 기준이 시간에 따라 바뀌는지 알아보기 위해 화이트의 연구 대상이 되었던 편집자를 17년 후 다시 찾았다. 스나이더는 이 편집자가 자신이 속한 신문사의 기준에 따라 뉴스를 선택하고, 독자들이 선호하리라 생각하는 뉴스를 주관적으로 선택하고 있음을 알게 되었다.

그러나 이후의 다른 연구에서는 편집자 한 사람이 뉴스 선택을 좌우하는 것이 아니라는 결과도 나왔다. 뉴스의 선별은 어느 특정한 사람에게 좌우되지 않고 전적으로 뉴스 조직 전체에 의해 결정되며, 따라서 뉴스 조직의 기풍과 전통, 문화의 결과라는 것이다.

뉴스 프로그램에 어떤 소식을 포함할지, 포함하기로 한 소식들을 어떤 순서로 보도할지는 보도국의 주요 간부가 참석하는 편집회의에서 결정한다. 신문에서 중요 뉴스를 제호 바로 옆 또는 1면에 싣는 것과 마찬가지로 텔레비전 뉴스에서도 중요한 것일수록 앞에 배치한다. 채택된 뉴스와 뉴스의 순서를 통해 해당 조직이 갖는 뉴스 가치가 드러난다고 볼 수 있다. 뉴스 조직마다 뉴스 가치에 대한 기준이 다르고 편집 원칙 또한 같지 않다.

뉴스 생산의 정치경제

허먼Edward Herman과 촘스키Avram Noam Chomsky는 '프로파간다 모델Propa-
ganda model'을 제시하며 "언론은 경제적, 이데올로기적 여과 장치를 거친
일정한 정보만을 뉴스로 생산한다."고 주장했다.(Herman/Chomsky, 2002)
이때 뉴스 생산에 영향을 미치는 여과 장치로 언론의 소유권, 상업 뉴스
매체에 적용되는 광고, 기자들이 의존하는 취재원, 보도 이후 보도 대상
이 제기할 수 있는 비판의 정도, 이데올로기 이렇게 다섯 가지가 있다.

여기서 프로파간다 모델은 미국의 주류 언론이 시장 시스템에 단단히
묶여 있다는 구조적 인식에서부터 출발한다.(Herman, 1996) 미국의 주류
언론은 매우 부유한 사람 또는 그런 회사가 소유한 이익 추구의 사업이
다. 이 주류 언론은 수익을 좇는 기업들의 광고로 재원을 조달하고, 기업
들은 상품이 잘 팔리는 광고를 내길 원한다. 언론은 정부와 주요 기업을
취재원으로 의존하는데 정치적 이유나 공통의 이해를 위해 결속할 수도
있다. 정부와 대기업은 면허 회수나 광고 해지, 소송 제기, 이 밖에도 언론
에 직간접적으로 영향을 미칠 수 있는 힘과 돈이 있다. 때문에 언론은 그
들의 이익을 유지하는 방식으로 움직일 수밖에 없는 이데올로기에 갇히
게 된다. 냉전 시대에 반공 관련 프로그램을 과도할 만큼 많이 편성했던
것이 한 예다.

허먼과 촘스키는 미국 주류 신문 및 방송의 보도 사례를 분석하여 자유
언론의 이상적인 현실로 간주되어 온 미국 언론이 사실은 공정하지도 객
관적이지도 않음을 드러냈다. 특히 국제 보도에 있어서 정부의 입장과 관
점을 무비판적으로 수용하고 정부가 설정한 의제를 그대로 따랐다는 것

을 보여 주었다. 심지어 미국 언론이 정부에 대해 가장 독립적이고 도전적이라고 알려진 시기였다.

프로파간다 모델은 상업 언론이 지배적인 미국을 대상으로 삼았지만, 사실 언론이 국가가 설정하는 의제를 추종하며 국가의 관점을 따른다는 전제는 한국의 저널리즘 현실에도 들어맞는다.(박인규, 2001) KBS와 MBC의 저널리즘 프로그램은 오랜 기간 특히 최근 이명박 정권 동안, 정부가 설정하는 의제를 확대하고 재생산하며 결국 정권에 대한 지지를 결집시키는 역할을 했다.

의제 설정 기능과 한국 텔레비전 뉴스에서 나타나는 편중·과장·부실

한 사회에서 언론의 역할이 얼마나 중요한지는 '의제 설정 이론agenda-setting theory'으로 설명할 수 있다. 의제 설정 이론의 골자는 '언론이 다루는 문제가 공공 의제로 부각된다'는 것이다.

매콤스Maxwell McCombs와 쇼Donald Shaw는 1968년 미국 대선 기간에 채플 힐 지역 주민을 대상으로 한 연구를 통해 이 이론을 제시했다.(McCombs/Shaw, 1972) 어느 후보에게 투표할지 아직 정하지 않은 유권자 100명에게 그들이 중요하게 여기는 문제와 언론 보도와의 상관관계를 조사했는데, 유권자가 중요시하는 문제의 순위와 언론 보도가 거의 동일하다는 결과(상관성 0.97)가 나왔다. 언론이 특정 문제를 골라 중요하게 다루면 공중의 주의가 그 문제에 집중되고 언론이 다루지 않는 문제는 공중의 관심 밖에 머물게 된다. 의도적이든 그렇지 않든 언론은 그 사회의 이슈에 대한 공중의 생각과 사회적 관심을 좌우하는 것이다.

그렇기 때문에 언론은 중요하다. 텔레비전 뉴스는 다른 매체보다 도달률과 영향력이 크기 때문에 더욱 그렇다. 그런데 생각해 보자. 사회적으로 상당히 중요함에도 공중의 주의를 끌지 못한 사안을 텔레비전 뉴스가 다뤄 이슈가 된 일이 우리나라에 있었을까? 반대로 별로 중요하지 않은 사안을 부각시켜 이슈로 만든 경우는? 후자의 경우는 아마 적지 않았을 것이다.

G20Group of 20 보도는 한국 텔레비전 뉴스의 현주소를 보여 주었다. G20은 유럽연합과 19개 주요 경제국의 모임으로, 6개월이나 1년을 주기로 20개 회원국이 돌아가며 회의를 주재한다. 2010년 11월 11일과 12일에 G20 정상 회의가 서울에서 개최됐다. 지상파방송 3사는 회의 기간이 되기 전부터 G20 관련 뉴스를 대거 내보냈다. KBS 〈뉴스 9〉은 11월 1일부터 13일까지 총 75개의 기사를 G20에 할애했다. 개최 하루 전인 10일부터 폐회일인 12일까지 G20 관련 기사가 각각 16개, 18개, 18개였다. 전체 기사 중 G20 기사가 차지하는 비율이 60%에 이른다. G20에 편중된 것도 문제였지만 많은 기사가 내용이 부실하고 과장되어 있었다. G20 개최에 지나치게 큰 비중을 두어 기사 수를 무리하게 늘리면서 많은 기사가 요점이 없어지고 내용이 중복되었다. 회의의 본질과 관계없는 소소한 의전이나 자리 배치에 관한 기사, 퍼스트레이디들의 단순한 동정을 다룬 기사, 참가국 정상들의 개인적인 취향을 다룬 가십성 기사도 있었다.

한국 텔레비전 뉴스의 과다·편중·중복 보도는 한두 번 있는 일이 아니다. 동계 올림픽 개최지로 평창이 결정됐을 때도 마찬가지였다. 2011

년 7월 7일 KBS 〈뉴스 9〉은 첫 뉴스부터 22번째 뉴스까지 내리 평창 관련 소식이었다. 평창 주민의 반응을 담는 데만 다섯 개의 기사를 할애했다. G20 보도 때처럼 평창 보도에서도 경제 효과를 부풀렸다. 동계 올림픽 유치로 얻는 효과가 30조 원에 달한다고 했다. 산업 연구원의 분석을 인용하여 직접적인 경제 효과가 29조 3,000억 원이고 국가 이미지가 개선되어 관광객이 늘어나는 간접적인 효과도 따를 것이라고 말이다. 'G20 경제 효과 수십조 원'에 버금가는 기사였다.

두 사례에서 나타난 또 하나의 공통점은 대통령의 역할을 지나치게 부각시킨 것이었다. 2010년 11월 1일부터 12일까지 〈뉴스 9〉에서 G20과 관련하여 대통령의 활동을 다룬 기사를 살펴보면 '이 대통령, G20 정상 회의 4대 의제 제시'(1일), '이 대통령 G20에서 환율 가이드라인 마련'(3일), '이 대통령, G20 회의장 직접 점검'(6일), '청와대, 역사적 행사 앞두고 막바지 점검 분주'(10일), '이 대통령 잇단 양자 회담, 숨 가쁜 하루'(11일), '이 대통령, 개발도상국 성장 동력 지원'(12일), '이 대통령, 갈등 중재자 리더십 발휘'(12일) 등이 있다. 제목에서부터 내용까지 집권자를 향한 기사, 이것이 한국 저널리즘의 현실이다.

시사 프로그램

시사 프로그램current-affair program은 최근 일어났거나 방송 시점에 진행되고 있는 이슈에 대한 자세한 분석과 논의를 하는 방송 저널리즘의 한 장르이다. 1953년 방송을 시작한 BBC의

〈파노라마Panorama〉는 뉴스 매거진newsmagazine 방식을 최초로 도입했고 지금도 방송하는 장수 시사 프로그램이다. 미국에서는 CBS가 1968년부터 방송하고 있는 〈60분60 Minutes〉이 가장 오래되었다.

〈60분〉에 앞서 CBS는 시사 프로그램 〈시 잇 나우See It Now〉를 1951년부터 1958년까지 방송했다. 머로Edward R. Murrow와 프렌들리Fred W. Friendly가 제작 책임을 맡았고 머로는 진행도 담당했다. 이 프로그램은 정치, 사회적인 이슈를 다뤄 자주 논란의 중심에 섰다. 1954년에는 매카시Joseph McCarthy 상원 의원의 발언 녹취 기록을 통해 그의 주장이 사실에 근거한 것이 아니며 매카시즘(1950~1954년 미국을 휩쓴 일련의 반反공산주의 선풍)은 비이성적인 극단적 반反공산주의라는 것을 밝혔다. 이 프로그램 이후 매카시는 정치적으로 몰락했다.(2005년 조지 클루니George Clooney가 감독한 영화 〈굿 나잇 앤 굿 럭Good Night, and Good Luck〉은 이때의 이야기를 다룬 것이다.)

"한 주간 발생한 주요 이슈에 관한 명쾌하고 지적인 분석과 유머를 곁들여 때로는 분개하며, 그러나 언제나 신중하게 뉴스와 그에 관련된 인물들을 전달하는 데 더없이 효과적인 포맷."

1952년 〈시 잇 나우〉가 피바디 상Peabody Award을 수상한 이유다. 이 프로그램은 1952년부터 1957년까지 에미상Emmy Award을 네 차례 수상했지만, 1950년대 중반부터 퀴즈쇼 인기에 밀려 주간 정규 프로그램에 이따금 편성되는 프로그램으로 그 위상이 떨어졌다.

한국의 시사 프로그램, 체제 유지와 현실 비판 사이
시사 프로그램은 사회적으로 중요한 문제를 부각시키고 그 원인을 찾아

〈파노라마〉, BBC, 1953~현재 　　　　　〈60분〉, CBS, 1968~현재

해결책을 모색하는 프로그램이다. 그러나 한국 텔레비전에서 시사 프로
그램은 오랜 기간 본연의 역할보다는 권위주의 정권의 체제 유지를 위한
도구로 쓰였다.

시사 프로그램이 제 구실을 하기 시작한 것은 1980년대 후반부터다.
방송에 대한 정권의 통제는 여전했지만 민주화의 흐름을 막을 수는 없었
다. 당시 기자에 비해 조직의 통제에서 상대적으로 자유로웠던 프로듀서들
이 나서서 그때까지는 감히 주제로 삼지 못했던 5.18광주민주화운동에
관한 프로그램을 제작하기 시작했다. 1989년 2월 MBC의 김윤영 프로듀
서는 5.18광주민주화운동 때 희생된 한 고교생의 어머니 이야기를 통해
5.18광주민주화운동을 돌아보는 〈어머니의 노래〉를 만들었다. 같은 해
5월, KBS의 남성우 프로듀서는 5.18광주민주화운동의 일지와 쟁점을 담
은 〈광주를 말한다〉로 1980년 광주의 참상을 알렸다. 두 프로그램 모두
회사의 방해와 압력을 이겨 내고 이룬 'PD 저널리즘'의 첫 결실이었다.

PD 저널리즘은 방송사 프로듀서들에 의해 수행되는 저널리즘 활동과
관습을 말한다. 이것은 기존 저널리즘의 대안 또는 대체로 나타난 것이
다. 기자가 전담하던 저널리즘이 온전하지 못했기 때문이다. 정치권력의

영향을 많이 받았고 출입처 위주의 취재 관행에 젖어 정작 중요한 문제를 제대로 다루지 않았다. 이런 과거에 대한 반성 및 교정 차원에서 프로듀서들이 사회문제를 다루는 프로그램 제작에 적극적으로 참여했다. 사회적 현안을 본격적으로 다루는 MBC 〈PD수첩〉은 1990년 5월 시작됐다. 권력, 재벌, 종교, 다국적 기업 등의 잘못을 지적하고 비판했다. 〈PD수첩〉은 진실 규명을 위해 '타협하지 않는 전통'을 세우며 다른 방송사의 시사 프로그램에도 많은 영향을 주었다.

KBS의 시사 프로그램 〈추적 60분〉은 〈PD수첩〉보다 앞선 1983년에 방송을 시작해 1986년에 중단되었다가 1995년에 재개됐다. 탐사보도 방식을 처음으로 도입했고 본격 시사물의 가능성을 보였지만, 정권의 주문에 맞춰 제작되기도 했다.(원용진, 2010) KBS에서 PD 저널리즘이 활기를 띤 것은 2003년경이다. 주간 프로그램 〈한국 사회를 말한다〉는 2003년 8월부터 2004년 10월까지 총 50편에 걸쳐 방송되었다. 이 프로그램은 한국 사회의 구조적 문제점과 모순을 드러내고 바람직한 사회로의 변화를 위한 과제가 무엇인지 제시하고자 했다. 심판받지 않는 사법 권력, 검찰의 기소 독점, 부패의 온상이 되어 온 정치자금 문제 등 한국 사회의 병폐와 비판의 사각지대에 머물렀던 종교, 국방 관련 문제들을 공론화했다. 2003년 11월부터 평일 밤에 편성된 〈시사 투나잇〉은 당일의 주요 뉴스를 선별해 상세히 전하고 최근의 이슈를 심층적으로 취재해 사안의 본질을 드러내고자 했다. 정권이 불편할 만한 사안과 사회에서 소외된 사람들의 내용을 자주 다뤘다. 성역聖域을 두지 않는 거침없는 취재, 날카로운 비판, 촌철살인의 풍자로 시청자들의 호응을 크게 얻었다.

한국 시사 프로그램 제작진의 자율성과 프로그램 신뢰도

한국의 시사 프로그램은 정권의 영향을 많이 받았다. 정권을 견제하지도, 잘못된 권력 행사를 비판하지도 못했다. 심지어 정권의 주문에 따라 그 내용도 바뀌었다. 경영진은 정권에 해를 끼치거나 정권이 불편하게 여길 내용을 나서서 거르기도 했다. 정권이 경영진을 구성하고 경영진이 제작진을 정하는 체제였으니, 어쩌면 당연한 일이었고 별다른 기대를 갖는 것이 무리였을지도 모른다. 그러나 이러한 체제 속에서도 시사 프로그램 본연의 역할을 수행하고 저널리즘 원칙을 지키려는 프로듀서와 기자의 노력은 계속되었다.

〈PD수첩〉은 그러한 노력의 소산이었다. 사회문제와 이슈를 다루는 프로그램을 원하던 MBC 프로듀서들의 오랜 바람이 사회적 여건이 마련되면서 1990년에 〈PD수첩〉으로 현실화했다. 어렵게 생긴 프로그램인 만큼 지켜 나가겠다는 프로듀서들의 의지가 강했다. 프로그램에 대한 어떤 형태의 압력도 용납하지 않겠다는 첫 다짐은 이제 〈PD수첩〉의 전통이 되었다.

처음 6개월 동안은 다큐멘터리 형식으로 진행되다가, 이후 사회를 맡은 프로듀서와 취재를 한 프로듀서가 스튜디오에 함께 나와 내용을 소개하고 질의응답하는 형식으로 바뀌었다. 아나운서나 기자들의 매끄러운 진행에 비해 투박했고 스튜디오 모습도 그리 세련된 편은 아니었다. 그러나 그동안 방송에서 소외됐던 사람들, 방송이 주목하지 않았거나 회피했던 사회, 정치 문제들을 다루어 시청자들의 큰 호응을 얻었다. 하지만 어느 아이템 하나 수월히 방송된 것이 거의 없다. 방송사 안팎으로 다양한

〈PD수첩〉, MBC, 1990~현재 　　　　　〈PD수첩〉, '검찰과 스폰서' 편

형태의 압력이 끊이지 않았기 때문이다. '국민 영웅'이었던 황우석 교수의 줄기세포 연구를 비판한 '황우석 신화의 난자 의혹'(2005. 11. 25), 'PD수첩은 왜 재검증을 요구했는가?'(2005. 12. 15)의 방송으로 프로그램이 폐지 위기에 몰리기도 했다. 또 4대강 사업의 부실과 졸속을 다룬 '4대강, 수심 6M의 비밀'(2010. 8. 24)은 사장의 사전 시사 요구로 당일 방송되지 못했다. 미국산 쇠고기 수입 협상의 문제점을 지적한 '미국산 쇠고기, 과연 광우병으로부터 안전한가?'(2008. 4. 29)가 방송되고 나서는 제작진이 농림수산부와 미국산 쇠고기 수입 업체로부터 피소되기도 했다.

　외부로부터의 압력과 내부 경영진의 간섭에 굴하지 않았던 힘은 〈PD수첩〉의 제작 문화에 있었다. 경영진이 특정 아이템을 금지시킬 수 없다는 단체 협약과 편성 및 제작 실무에 관련한 책임과 권한을 국장이 갖는다는 국장 책임제가 큰 역할을 했다. 그러나 〈PD수첩〉을 〈PD수첩〉답게 만든 것은 다른 어떤 것도 아닌 '어떤 어려움을 겪더라도 옳고 바른 관점에서 제대로 방송하겠다'는 제작진의 강한 의지였다.

　제작의 자율성과 시사 프로그램의 신뢰도는 어떤 관계일까? 이 둘은 비례관계에 있다. 제작의 자율성이 줄면 신뢰도도 떨어진다. 이것은 KBS의 탐사보도 팀 사례를 통해 확인할 수 있다. 2005년 4월 탐사보도 팀이 KBS 보도 본부의 독립 팀으로 신설되었다. 이 팀을 만든 이유는 데일리 뉴스나 정기 프로그램을 만드는 부담에서 벗어나 주요 문제나 사건을 필요한 만큼 충분히 취재하자는 것이었다. 취재 결과는 내용에 적합한 형태로 내보냈다. 즉 취재 내용에 따라 제작 인원과 기간을 달리 정하고 취재물은 중요도와 시의성에 따라 종합뉴스 프로그램의 뉴스 〈취재파일 4321〉이나 〈시사기획 쌈〉과 같은 프로그램의 한 꼭지 혹은 〈KBS 스페셜〉의 단독 프로그램으로 방송했다. 당시 팀장이었던 김용진 기자는 "기존의 취재·제작·보도 시스템 하에서 제작되는 현상적 뉴스만으로는 복잡한 세상의 이면을 담아내기 어렵다는 고민이 있었고 큰 흐름과 인과관계, 맥락을 밝히기 위해서는 충분한 취재 시간과 예산, 인력이 필요하다고 판단해 1년의 준비를 거쳐 탐사보도 팀을 신설하게 되었다."라고 설명했다.(원성윤, 2008)

KBS의 탐사보도 팀은 시사 보도를 위해 역대 최대 인원으로 구성된 팀이었다. 취재기자와 촬영 기자, 전문 조사원 등 총 26명으로 구성되었고 취재기자는 법조·경찰·환경 등의 부문에서 적게는 8년, 길게는 20년의 취재 경력을 가진 이들이었다. 발탁되기도 했지만 대부분 본인의 의사로 팀에 참여했다. 여느 기자들의 취재 방식과 달리, 출입처를 정하지 않고 기획회의에서 심층적으로 다룰 필요가 있다고 선정한 아이템 취재를 원칙으로 삼았다. 전문 조사원들은 컴퓨터지원보도기법CAR(computer-assisted reporting)과 지리정보시스템GIS(geographic information system), 인물·문헌 데이터베이스 등을 활용해 자료를 분석하고 취재를 지원했다. 정치, 경제, 법조 등 전반에 걸쳐 특종이 줄을 이었고 보도 관련한 국내외 상을 휩쓸다시피 했다. 당시 KBS가 각종 조사에서 신뢰도 1위를 기록한 것은 많은 부분 탐사보도 팀의 성과라고 할 수 있다. MBC 〈PD수첩〉의 최승호 프로듀서는 "최고의 저널리즘이라고 한다면 아낌없이 KBS 탐사보도 팀이 했던 일련의 작업들"이라고 탐사보도 팀을 높이 평가했다.▪

▪ 한국PD연합회·미디어공공성포럼 주최 '다시 PD 저널리즘을 말한다' 토론회(2010. 9. 6).

엔터테인먼트

방송사마다 시청률을 휘어잡을 엔터테인먼트 entertainment 프로그램 개발에 힘을 쏟고 있어, 주말 주 시청 시간대를 놓고 벌이는 경쟁은 치열하다. 최고의 엔터테인먼트 프로듀서를 투입하고 인기 절정의 엔터테이너를 포섭하기 위해 인적, 물적 자원을 대거 동원한다. 이는 해당 프로그램의 시청률을 높이기 위해서이기도 하지만, 주말 프로그램의 주도 여부가 채널의 위상을 좌우하기 때문이기도 하다.

엔터테인먼트 프로그램은 방송사의 재원으로 주력 사업 부문이다. 시사 프로그램과 교양 프로그램이 방송사의 돈벌이 수단이 되기 어려운 데 비해 엔터테인먼트 프로그램은 시청률이 바로 광고 수입으로 이어질 수 있어 경제적 기여도가 높기 때문이다. 이는 방송사가 전체 편성을 엔터테인먼트 프로그램으로 꾸리는 유인이 된다.

엔터테인먼트 프로그램은 우리 방송법에서 '오락 프로그램'으로 규정하고 있는 장르다. 방송에 관한 최고 법률인 방송법은 오락 프로그램을

"국민 정서의 함양과 여가 생활의 다양화를 목적으로 하는 프로그램"이라고 정의하고 있다. 방송법에서는 "종합 편성을 행하는 방송사업자는 보도, 교양, 오락 등에 관해 프로그램 상호 간 균형을 이루되 오락에 관한 프로그램이 해당 채널 매월 전체 방송 시간의 50/100 이하로 편성"하라고 정하고 있다. 여기서 말하는 오락 프로그램에는 드라마, 연예 오락 프로그램 등이 포함된다.

드라마

텔레비전 드라마drama는 지역을 막론하고 시청자가 가장 즐겨 찾는 장르다. 시청자 수로만 보면 웬만한 영화의 관객보다 훨씬 많다. 시청률 50%를 넘나드는 '국민 드라마'도 심심치 않게 등장한다. 그러나 전국을 들썩이며 화제가 되는 드라마도 방송이 끝나면 이내 잊히는 경향이 있다. 그래서 뭔가 논의하려고 하면 어느새 세상의 관심은 새로운 드라마로 옮겨 가 있다. 영화는 몇 번이고 볼 수 있고, 또 예술로 인정받고 있는 것에 비해 텔레비전 드라마는 유희의 하나로 간주되어 왔다.(Creeber, 2001) 텔레비전 드라마에 대한 학문적 연구가 그리 활발하지 않은 데에는 이런 배경이 있다.

참신과 진부의 차이, 소재와 줄거리

처음 연출을 하는 신입 프로듀서든 베테랑 프로듀서든 참신하고 의미 있는 이야기를 갈망한다. 누구도 다루지 않았던 이야기 혹은 몇 차례 다뤄

〈추적자〉, SBS, 2012

졌지만 전혀 다른 차원에서 풀어 가는 새로운 이야기 등을 찾아 헤매지만 쉽지 않다.

줄거리 또는 플롯plot은 이야기의 핵심으로 '스토리 라인story line'이라고도 한다. 이야기를 어떻게 전개해 나갈 것인가에 대한 계획, 즉 이야기의 구성을 뜻한다. 같은 내용의 이야기도 구성에 따라 전혀 다른 느낌을 줄 수 있다. 드라마가 자아내는 긴장감, 긴박감, 속도감은 바로 이 플롯의 결과라고 볼 수 있다. 사건과 사건의 연결이 촘촘하다든지, 느슨하다든지 하는 느낌도 플롯과 관계 있다. 1부부터 16부 마지막 회까지 시청자로 하여금 긴장을 늦추지 못하게 했던 〈추적자〉는 '잘 짜인 플롯'의 본보기가 된 드라마였다.

극작가나 프로듀서가 드라마를 만들면서 자주 차용하는 플롯으로 『리치 맨 푸어 맨』, 『미국의 비극』, 『신데렐라』가 있다.

『리치 맨 푸어 맨Rich Man, Poor Man』은 1969년 쇼Irwin Shaw가 발표한 장편소설이다. 1945년부터 1960년대 말까지 전후 미국 사회를 배경으로 가치가 혼란스럽고 도덕적으로 퇴폐한 세태 속에서 조다쉬 일가가 겪는

〈Rich Man, Poor Man〉, ABC, 1976   〈사랑과 야망〉, SBS, 2006

사랑과 야망, 가난과 출세, 탐욕과 좌절을 그렸다. 악셀 조다쉬는 희망의 나라 미국에 오려고 살인까지 하고 결혼을 하기 위해 자신의 과거를 철저히 감추며 살아간다. 그는 자신과 가족을 위해 지하실에서 빵을 구우며 매일 뜨거운 열기와 싸운다. 맏아들 루돌프는 야망을 가진 청년으로 집안의 희망이다. 학교에서는 공부 잘하는 모범생이고 집에선 새벽에 빵 배달을 하며 생계를 돕는 든든한 장남이다. 오직 부만을 추구하며 젊은 나이에 사장 자리에 오르고 후에 상원 의원까지 된다. 둘째 아들 토마스는 항상 말썽을 일으키는 골칫덩이지만 마음이 따뜻하고 인간미 넘치는 인물이다. 그는 동생 그레첸이 건달인 마을 유지의 꾐에 빠지는 것을 목격하고 불을 지른 후 집을 떠난다. 길거리 복서로 고단한 삶을 살다가 결국 뒷골목에서 죽음을 맞는다.

1976년 ABC는 이 소설을 각색하여 총 12편짜리 드라마로 만들어 방송했다. 이 드라마는 1976~1977년에 시청률 2위를 기록했고 에미상 20개 부문에 후보로 올라 3개 부문(연기, 연출, 음악)에서 수상했다. 이 드라마는 미국 최초의 미니시리즈로 이후 미니시리즈가 본격 제작되는 계기가 되었다. 국내에 〈야망의 계절〉이라는 이름으로 수입되어 1970년대 후반과 1980년대 초반 두 차례 지상파를 통해 방송됐다.

배경은 다르지만 유사한 줄거리와 인물 구성으로, MBC에서 1987년에 〈사랑과 야망〉(김수현 극본, 곽영범·최종수 연출)이 제작되었고 2006년 SBS에서 같은 이름의 리메이크 드라마(김수현 극본, 곽영범 연출)가 제작되었다.

『미국의 비극An American Tragedy』은 드라이저Theodore Dreiser가 1925년 발표한 소설이다. 물질주의가 태동하던 20세기 초반 미국을 배경으로 성공을 추구하는 야심 찬 젊은이 클라이드의 부침을 담고 있다. 클라이드는 아들이 길거리 선교를 하길 바라던 광신자 부모를 벗어나 약국의 점원을 거쳐 캔자스 시내 호텔의 급사로 취직한다. 호텔 생활을 통해 그는 돈의 위력을 경험하고 매력을 느낀다. 어느 날 손님의 차를 몰고 놀러 나갔다가 사람을 치는 사고를 낸 클라이드는 시카고로 도주해 생활하던 중 우연히 백부를 만난다. 뉴욕에 있는 백부의 공장에 취직한 클라이드는 거기에서 여공 로버타를 만난다. 그러나 얼마 후, 백부의 집에 갔다가 자신이 꿈꾸는 모든 것을 이루어 줄 수 있는 손드라를 만나게 된다. 이미 로버타는 임신한 상태이지만 클라이드는 로버타를 살해할 계획을 세운다. 신혼여행을 의논하자며 로버타를 호수로 유인한 클라이드가 행동을 망설이는 사이, 그의 모습을 이상하게 여긴 로버타는 몸을 움직이다 균형을 잃고 물에 빠진다. 클라이드는 체포되어 로버타의 죽음에 책임이 있다는 판결을 받고 결국 전기의자에 앉게 된다.

이 소설은 갈등 구조가 뛰어나고 사회적으로 의미가 있어 여러 차례 영화화되었다. 그중 몽고메리 클리프트Montgomery Clift와 엘리자베스 테일

<청춘의 덫>, SBS, 1999

러Elizabeth Taylor가 주연한 1951년 영화 〈젊은이의 양지A Place in the Sun〉가
특히 유명하다. 야망을 가진 젊은이가 옛 애인을 버리고 재벌의 딸을 선
택하는 플롯이다. 이 플롯을 채택한 〈청춘의 덫〉은 1978년에 MBC에서
방영되어 높은 시청률을 기록했지만, 내용이 반인류적이며 국민 정서와
맞지 않는다는 이유로 중도에 종영됐다. 김수현 작가는 끝내지 못한 이야
기까지 포함하여 동명의 소설을 냈고 1979년에 이를 영화로 만들어 흥행
에 성공했다. 1999년 SBS에서 방송한 〈청춘의 덫〉(김수현 극본, 정세호 연출)
에는 심은하, 이종원, 전광렬, 유호정이 주연으로 나왔다.

「신데렐라Cinderella」는 부당한 학대와 극적인 보상이라는 신화적 요소
를 갖고 있는 이야기이다. 전 세계에 걸쳐 수천 가지의 변형된 이야기가
있다. 공통적으로 주인공이 젊은 여자인데, 그녀를 둘러싼 불운이 어느
순간 모두 행운으로 바뀐다. 우리가 흔히 알고 있는 동화 「신데렐라」는
프랑스 작가 페로Charles Perrault가 1697년 옛이야기를 모아 정리한 『옛날
이야기 모음집Histoires ou contes du temps passé』에 처음 실린 것이다. 여기

〈신데렐라〉, 디즈니, 1950

〈천국의 계단〉, SBS, 2003

에 실린 『상드리용 또는 작은 유리신Cendrillon ou la Petite Pantoufle de verre』 이야기가 영어로 번역되면서 신데렐라Cinderella가 되었다고 한다. 페로의 책보다 800년이나 앞서 출간된 당나라의 수필집 『유양잡조酉陽雜組』에도 신데렐라와 유사한 이야기가 나온다.

계모의 구박을 받으며 힘겹게 사는 주인공 예쉔, 그녀는 어느 날 친구 처럼 기르던 붉은 비늘의 물고기를 계모가 잡아먹자 그 뼈를 모아 놓고 슬퍼한다. 그때 물고기 신령이 나타나 예쉔에게 화려한 옷과 황금 신발 을 준다. 그 옷과 신발로 치장한 예쉔은 마을 무도회에 갔다가 계모와 배 다른 언니에게 들키고 만다. 황급히 집으로 돌아오다 신발 한 짝을 잃어 버리는데, 그 황금 신을 본 왕이 수소문 끝에 그녀를 찾아 결혼하게 된다 는 이야기이다. 이것이 교역로를 따라 퍼지다가 페로의 책에 실리게 되 었다는 설명이 있다. 어쨌든 '신데렐라'는 이런 이야기의 대명사가 되었 다. 신데렐라라는 말에는 '부당하게 무시받는 사람' 또는 '무명이었다 가 그 존재를 인정받게 된 사람'이라는 뜻이 있다. 신데렐라가 세계적으 로 유명해진 것은 1950년 디즈니가 장편 애니메이션으로 만든 다음부터이다. 신데렐라 플롯을 차용한 한국 텔레비전 드라마는 〈사랑을 그대 품 안에〉(MBC, 1994), 〈별은 내 가슴에〉(MBC, 1997), 〈천국의 계단〉(SBS, 2003), 〈파리의 연인〉(SBS, 2004), 〈발리에서 생긴 일〉(SBS, 2004), 〈황태자의 첫사 랑〉(MBC, 2004) 등 일일이 열거하기 어려울 정도로 많다.

✎ 클리셰

클리셰cliché는 문학에서 쓰이는 말로 '판에 박은 듯한 문구나 진부한 표현'을 뜻한다. 영화나 텔레비전 드라마에서는 습관적으로 쓰여 충분히 예상할 수 있는 표현이나 등 장인물, 영상 스타일 등을 가리킨다. 반복된다는 점은 장르 관습과 같다. 그러나 장르 관습이 오랜 시간 되풀이되면서 정착된 '규범'인 것에 비해, 클리셰는 장르의 필요와 관계없이 편의상 이뤄지는 '반복'이라고 할 수 있다.

한국 드라마에서 자주 나타나는 클리셰로는 출생의 비밀, 불치병, 기억상실증 등이 있다. 출생의 비밀이란 클리셰는 대개 형편이 좋지 않은 주인공이 사실은 재벌가의 숨 겨진 자손이라는 식으로 드라마 속에서 활용되어 왔다. 주인공의 처지를 극적으로 전 환하기 위해 자주 이용된다. 클리셰는 이야기 전개를 어느 정도 예상할 수 있어 친숙 할 수 있지만 너무 많으면 말 그대로 식상할 뿐이다. 시청자를 끌어당기는 요소이면서 진부하게 비치면 반대로 작용하는 양날의 칼과 같다.

신선하고 독창적인 작품 〈드라마 스페셜〉

KBS의 〈드라마 게임〉, MBC의 〈베스트극장〉은 타성에 젖지 않은 신선하고 때론 파격적인 소재의 독창적인 작품을 선보이는 무대였다. 이런 단막극 프로그램은 극작가가 되고자 긴 습작 기간을 보낸 예비 작가들의 등용문이자, 적어도 5년 이상의 조연출을 지낸 드라마 프로듀서가 첫 연출자로 데뷔하는 발판이기도 했다. 드라마 작가와 프로듀서의 데뷔 공간이 되던 이와 같은 단막극이 현재는 줄어들고 있는 실정이다. 현재 지상파방송 3사 중 일회 드라마는 KBS의 〈드라마 스페셜〉뿐이다.

지금은 베테랑이 된 최완규 작가는 1993년 MBC의 극본 공모전에서 뽑혀 〈베스트극장〉의 '재미없는 사랑, 재미있는 영화'로 데뷔했다. JTBC 〈아내의 자격〉 연출자 안판석도 〈베스트극장〉의 '사랑의 인사'가 그의 첫 연출 작품이었다.

방송사가 단막극 프로그램을 줄이거나 없애는 것은 경제적 이유가 크다. 일회 드라마에는 유명 작가나 유명 탤런트를 참여시키기 쉽지 않고 시청률을 보장할 수도 없어 광고 수주가 여의치 않기 때문이다. 실제로 이익을 얻기보다는 손실을 보는 일이 잦다. 때문에 방송사 입장에서는 이를 굳이 안고 갈 이유가 없는 것이다. 하지만 유지해야 할 이유 또한 없진 않다, 특히 공영방송이라면. 텔레비전 산업 전체적으로 보았을 때 작가, 연기자, 연출자 등의 새로운 인재를 발굴하고 육성해야 할 책무가 있기 때문이다. 그뿐 아니라 독창적인 시도와 실험의 장으로서 단막극은 없어서는 안 될 부문임이 확실하다.

〈X파일〉, 폭스TV, 1993

텔레비전 산업의 변화에 따른 산물, 미드

'미드'라는 줄임말로 불리는 미국 드라마의 인기가 국내에서 꽤 오랜 기간 지속되고 있다. 1990년대 중반부터 국내 지상파 텔레비전의 심야 시간대에 간헐적으로 편성되었던 미국 드라마가 2000년대 이후 붙박이 프로그램으로 자리를 잡았고 일부 드라마는 마니아 그룹이 형성될 만큼 인기가 높아졌다. 미드의 효시격인 〈X파일The X-files〉은 20세기폭스사에 의해 제작되어 폭스TV로 방영되었고 국내에서는 1994년부터 KBS에서 방송됐다. FBI 요원 멀더와 스컬리가 초자연적 현상, 외계인, UFO 등 과학적으로 설명할 수 없는 미해결 사건을 수사하며 겪는 일을 소재로 다뤘는데, 미국뿐만 아니라 국내에서도 인기가 높아 이를 좋아하는 인터넷 동호회가 100개 이상 생겨나기도 했다. "The truth is out there진실은 저 너머에."이라는 말을 유행시킨 이 시리즈는 1993년 9월 시즌 1을 시작으로 2002년 5월, 시즌 9로 마감했다.

국내에서 미국 드라마가 인기를 끈 것이 처음은 아니었다. 국내 텔레비전 초창기부터 미국 드라마는 비교적 저렴하게 편성표를 채우면서도 시

2장 방송 프로그램의 이해 **105**

청률을 확보할 수 있는 좋은 재료였고 결과적으로 인기도 좋았다. 1970년대 후반까지는 주요 텔레비전 채널의 주 시청 시간대에 미국 드라마가 편성되기도 했다. 당시 미국 드라마의 인기가 높았던 이유는 제작 규모나 이야기의 다양함, 세밀함 등이 국내 드라마와 차원이 달랐기 때문이다. 〈보난자〉, 〈전투〉, 〈타잔〉, 〈스타스키와 허치〉, 〈형사 콜롬보〉, 〈맥가이버〉, 〈A특공대〉, 〈뿌리〉 등 미국에서 인기를 얻은 드라마들이 이내 국내에서 방영됐다. 그러나 국내 텔레비전 드라마 제작이 점차 활기를 띠고 제작 수준이 올라가면서 주 시청 시간대에서 미국 드라마가 빠져나가기 시작했고 이후 다시 들어오지 못했다.

주변부에 머물던 미국 드라마가 국내서 다시 '미드 열풍'을 일으킨 것은 2000년대 들어서다. 출생의 비밀과 불치병, 신데렐라 콤플렉스 같은 뻔한 플롯에 식상해 하던 국내 시청자들은 공상 과학, 범죄, 의학 등 접하지 못했던 새롭고 다양한 소재의 이야기에 매료됐다. 〈CSI: 과학수사대〉, 〈위기의 주부들〉, 〈섹스앤더시티〉와 같은 미드는 '미드족'을 만들어 낼 정도로 인기가 높았다. 이러한 현상은 미국 드라마 자체가 양과 질 모두 풍성해진 데 기인한다.

1970년 미국 연방커뮤니케이션위원회FCC는 방송사가 제작까지 담당하여 시스템이 수직 통합되면 그 영향력이 너무 커질 수 있다고 보아, 네트워크 텔레비전이 프로그램을 직접 제작하지 못하도록 정했다. 이 규정에 따라 네트워크 텔레비전은 프로덕션이 제작한 프로그램의 방영권(초회 및 재방)을 갖지만, 신디케이션을 통한 재정적 이익은 얻을 수 없도록 금지했다. 신디케이션은 네트워크 방송사에서 방영된 이후 독립 방송사나 케이블방송에 방송권을 판매하여 수입을 얻는 것을 말한다. 이 규정을 '핀신 규정: 재정적 이익 및 신디케이션에 관한 규정Fin/Sin Rules; Financial Interest and Syndication Rules'이라고 한다. 1995년에 FCC가 이 핀신 규정을 폐지했고 네트워크 텔레비전이 제작에 직접 관여하게 되었다. 이에 따라 제작 규모가 커졌고 이야기는 다채로워졌다.

핀신 규정이 폐지되면서 미국 네트워크 텔레비전의 관행도 변화하고 있다. 그 관행이란 텔레비전 시즌, 결손 자금 조달, 광고 선매 시장 등을 말한다. 네트워크 텔레비전은 시즌season이라는 틀에서 드라마를 편성해 왔다. 대학의 학기제를 본떠, 9월에 새로운 드라마를 시작해 다음 해 5월 까지 대략 22편 정도를 연속 방송하는 형태다. 텔레비전 시즌은 네트워크 텔레비전의 경제적 이익과 드라마로서의 예술적 필요가 반영된 산업적 관행이다.(Lots, 2007) 1년 내내 새로운 드라마를 편성하는 것은 재정적으로 부담이기 때문에 일정 기간 동안 재방함으로써 전체적으로 비용을 낮추는 데에 3대 네트워크의 이해가 일치했다. 또 극적 구조를 가진 이야기에는 20여 회 정도의 분량이 가장 적당하다는 이유도 있다.

6월부터 8월까지는 파일럿 시즌pilot season으로 9월에 편성하고자 하는 새로운 드라마를 선보인다. 네트워크 텔레비전 내외부에서 내놓은 많은 기획안 가운데 성공 가능성이 높다고 판단하는 것을 골라 프로덕션에 제작을 의뢰한다. NBC, CBS, ABC, FOX 등 4대 네트워크 텔레비전에서 준비하는 파일럿 프로그램은 연간 30편 내외이고 파일럿 시즌을 거쳐 실제 편성되는 것은 15편 정도다. 파일럿 프로그램은 통상 겨울에 제작되어 다음 해에 공개된다.

업프런트upfront는 광고 선매 시장이다. 네트워크 텔레비전이 가을에 시작하는 프로그램의 광고 시간을 판매하고자 광고주들을 초청하여 미리 시연하는 모임이다. 주요 네트워크의 업프런트는 5월 셋째 주에 뉴욕에서 열리는데, 이때 광고 시간의 75~90%가 판매된다.

토크쇼

토크쇼talk show는 지상파 채널마다 매일 한두 개씩 편성되는 프로그램이다. 토크쇼가 붙박이 장르가 된 것은 제작비가 적게 들면서 일정한 시청률을 얻을 수 있어서다. 미국과 호주에서 토크쇼, 영국에서는 채트쇼chat show라고 불리는 이 장르는 말 그대로 '이야기 쇼'다. 대개 진행자가 세간의 이목을 끌고 있는 사람 또는 사회·문화적 이슈와 관련된 사람을 초대하여 이야기를 나눈다. 예전에는 진행자와 게스트가 한 사람씩인 경우가 많았는데 최근에는 진행자도 게스트도 다수로 구성되는 경향이 있다. 1980년대 후반부터 미국식 토크쇼가 유행했으나 요즘은 각자의 특성을 가진 토크쇼가 인기를 얻고 있다.

한국 최초의 토크쇼는 〈자니 윤 쇼〉다. 1989년 3월 4일부터 이듬해 4월 5일까지 매주 수목요일 밤 11시에 KBS 2TV로 방송됐다. 코미디언 출신의 자니 윤이 사회자였고 가수 조영남이 보조 사회자, 배철수가 이끄는 송골매가 밴드를 맡았다. 사회자 구성이나 무대 세트, 진행 방식이 미국 토크쇼와 같았다. 사회자 책상과 손님용 소파가 있는 거실 분위기의 세트, 보조 사회자가 사회자를 소개하면 사회자가 등장해 관객에게 최근 발

2011년, 〈투나이트 쇼〉 녹화 중간 휴식 시간의 레노와 오바마 대통령(왼쪽)
2012년, 〈데이비드 레터맨과 함께 하는 심야 쇼〉에서 미셸 오바마를 인터뷰하는 레터맨(오른쪽)

생한 어떤 일에 대해 풍자를 하고 게스트를 맞이한다. 그런 다음 이야기,
편지 등을 나누고 재담으로 마무리하는 진행. 이런 포맷은 모두 미국 토
크쇼 〈투나이트 쇼The Tonight Show〉에서 비롯된 것이었다. 1954년 9월 이
래 지금도 방송되고 있는 이 프로그램은 NBC의 프로듀서 위버Pat Weaver
가 처음 제작을 맡았다. 그는 공연을 강조하는 버라이어티쇼에서, 공연
중간에 이야기를 나누는 토크쇼로 심야 프로그램의 무게 중심을 옮겼다.
한결같은 포맷과 1962년부터 30년간 사회를 맡은 카슨Johnny Carson의 부
드럽고 재치 있는 진행으로 이 프로그램은 지속적인 인기를 누렸고 토크
쇼의 전형이 되었다. 이 프로그램이 성공하면서 토크쇼가 미국 텔레비전
의 붙박이 장르로 자리 잡게 되었다. 1992년 카슨을 이어 레노Jay Leno가
사회를 맡아 오늘에 이르고 있고, 카슨의 후임을 기대했지만 놓친 레터맨
은 CBS로 옮겨 〈데이비드 레터맨과 함께 하는 심야 쇼Late Show with David
Letterman〉의 진행을 맡았다. 두 프로그램은 현재 미국 심야 토크쇼 시청
자를 양분하고 있다.

〈자니 윤 쇼〉 이후 2000년대 초까지 인기 코미디언과 배우 등이 자신의

시계 방향으로 〈주병진 나이트 쇼〉, 〈이홍렬 쇼〉, 〈김혜수의 플러스 유〉, 〈이승연의 세이 세이 세이〉

이름을 내걸고 토크쇼를 진행했다. 〈주병진 나이트 쇼〉(MBC, 1995~1996), 〈이홍렬 쇼〉(SBS, 1996~1998), 〈이승연의 세이 세이 세이〉(SBS, 1998. 3. 1~11. 9), 〈김혜수의 플러스 유〉(SBS, 1998~2000)가 이어졌다. 〈주병진 나이트 쇼〉는 '시청자 CF', '현장 토크: 한잔합시다'와 같은 일반 시청자 참여 코너를 두었고 〈이홍렬 쇼〉는 요리를 하면서 이야기를 나누는 '참참참' 코너를 두는 등 차별화를 꾀했다. 하지만 전체적으로는 〈투나이트 쇼〉의 틀을 크게 벗어나지 않았다.

〈서세원 쇼〉(KBS, 1996~2002)는 기존 토크쇼보다 재미를 강조하며 본격적인 '말하기 대회'를 펼쳤다. 주사위 토크, 배틀 토크, 삼행시 토크 등을 통해 말하기에 대결이라는 요소를 더해 새로움을 꾀했다. 이를 통해 입담 좋은 연예인들은 바로 이름을 알릴 수 있었다. 이 프로그램이 인기를 끌

〈서세원 쇼〉, KBS, 1996~2002   〈강심장〉, SBS, 2009~2013

면서 정통 토크쇼 시대가 막을 내리고 입담 대결 형식의 토크쇼가 유행하기 시작했다. 앙케트 쇼의 형태를 띤 〈야심만만〉(SBS, 2003~2008)과 토크 대결을 전면에 내세운 〈강심장〉(SBS, 2009~2013)도 이 범주에 속한다. 〈강심장〉은 집단 토크쇼로 매회 20여 명의 게스트가 출연하여 토크 대결을 벌인다. 하나의 주제로 모든 출연자가 대결하던 방식에서 일대일로 하여 각자의 주제로 대결을 한다. 토너먼트로 방청객들의 지지를 많이 받는 출연자가 승자가 되고 최종 우승자가 그 회의 '강심장'이 되는 방식이다.

〈무릎팍 도사〉(MBC, 2007~2011/2012~2013)는 강호동이 '무릎팍 도사'로 분장하고 점집 분위기의 세트에서 초대 손님의 고민거리를 해결하는 방식이다. 프로그램 초기, 기존의 토크 프로그램에서 다루지 않았던 게스트의 사건·사고, 그리고 이력과 관련된 불편한 질문을 피하지 않으면서 또 이에 대해 게스트가 진솔하게 답변을 하게끔 하여 인기를 얻었다. 이후 게스트의 인간적인 측면을 자연스럽게 이끌어 내는 형태로 진행되었다.

2001년 11월에 첫 방송을 시작한 〈해피투게더〉는 현재 시즌 3가 방송되고 있다. 유재석, 박명수, 신봉선, 박미선이 진행하고 매회 3~4명

〈무릎팍 도사〉, MBC, 2007~2013 　　　　〈해피투게더 시즌3〉, KBS, 2011~현재

의 게스트가 출연한다. 시즌 1에서는 '쟁반 노래방'과 '쟁반 극장' 코너로, 시즌 3에서는 '목욕탕 토크', '사우나 토크' 코너로 인기를 얻고 있다.

　토크쇼는 사회자, 게스트, 그리고 주제가 적절하게 어울려야 빛이 나는 프로그램이다. 때문에 사회자의 역할이 어느 장르에서보다 중요하다. 재담으로 웃음을 주면서도 게스트를 배려하고 게스트의 진면모를 자연스럽게 이끌어 낼 수 있는 사회자의 능력이 프로그램의 성패를 가르기 때문이다. 그저 재미에만 집착하는 토크쇼는 바람직하지도 않고 오래가기도 어렵다. 뜻있는 대화 속에서 시청자들이 자신의 삶과 세상을 돌아볼 수 있게 하는 프로그램이 되어야 한다.

코미디

　　　　코미디comedy는 엔터테인먼트 부문에 있어서 필수불가결한 장르다. 방송사마다 적어도 한 주에 하나 정도는 정규로 편성하고 있다. 코미디의 사전적 의미는 '웃음을 주조로 하여 인간과 사회의 문제점을 유쾌하고 재미있게 다룬 연극이나 극 형식'이지만 웃음을 유발하는 형식은 매우 다양하다.

슬랩스틱 코미디slapstick comedy는 떠들썩하고 법석거리면서 과장되고 우스운 행위 등으로 이루어지는 희극이다. 끝이 갈라진 대막대기를 뜻하는 슬랩스틱은 맞부딪치면 큰 소리가 나는데 어릿광대가 이 막대기를 가지고 공연하는 데서 비롯되었다. 무성영화의 한 장르로 성행했으며 채플린Charles Chaplin이 대표적인 배우이다. 스케치 코미디sketch comedy는 한 장면의 틀에서 하나의 배경, 하나의 시간 속에서 한 사람 또는 그 이상의 인물이 말이나 행동 또는 관계를 통해 웃음의 가능성을 최고조로 끌어올려 결말에 이르는, 보통 10분을 넘지 않는 짧은 희극이다. 스탠드업 코미디stand-up comedy는 코미디언이 방청객 앞에서, 직접 방청객에게 재담을 하는 형태의 코미디를 말한다. 우스운 이야기나 짧은 농담을 빠른 속도로 이어 가는 것이 보통인데 일부 코미디언은 효과를 높이기 위해 소품이나 음악, 마술을 이용하기도 한다. 스탠드업 코미디는 주로 코미디 클럽이나 극장에서 이루어지고 공연된다.

TV 초창기부터 지금까지 인기를 누린 코미디 프로그램을 꼽아 보면 〈웃으면 복이 와요〉(MBC, 1969~1985), 〈유머 일번지〉(KBS, 1983~1992), 〈쇼 비디오자키〉(KBS, 1987~1991), 〈코미디하우스〉(MBC, 2000~2005), 〈웃음을 찾는 사람들〉(SBS, 2003~2010), 〈개그콘서트〉(KBS, 1999~) 등이 있다. 〈웃으면 복이 와요〉는 슬랩스틱 위주의 프로그램이었고, 〈웃음을 찾는 사람들〉과 〈개그콘서트〉는 스케치 코미디 위주의 프로그램이라 할 수 있다. 한 프로그램 전체가 슬랩스틱 또는 스탠드업으로만 구성되는 경우는 거의 없고 대개 슬랩스틱, 스케치, 스탠드업이 고루 섞여 한 프로그램을 이룬다. 다만, 슬랩스틱 코미디는 줄어드는 추세다.

인간과 사회의 면면이 코미디의 소재이고 풍자는 코미디의 정수이지만, 정치나 종교 등은 한국 코미디에서 좀처럼 다룰 수 없는 금기이다. 최근 〈개그콘서트〉의 '용감한 녀석들'에서 대통령 당선인에 대해 언급했는데 방송통신심의위원회(이하 심의위)로부터 주의 조치를 받았다. 심의위는 아직 국정을 시작하지도 않은 '대통령 당선인'에게 '훈계' 조로 발언한 것을 두고 바람직한 '정치 풍자'로 보기는 어렵다고 밝혔다. 현직 대통령과 정치인 또는 현실 정치에 대한 풍자가 자유롭고 일상적인 구미歐美와 비교하면 한국의 코미디 풍토는 아직도 낙후되어 있다. 코미디언이나 제작 측면의 역량이 미흡하다기보다는 정치 코미디에 대한 사회 전반의 이해와 포용력이 부족하기 때문이라고 보인다. 이런 상황에서도 간헐적이나마 권위주의 정치나 재벌에 대한 풍자가 이어져 왔다. 〈유머 일번지〉의 '회장님 회장님 우리 회장님' 코너는 비룡 그룹이라는 가상의 재벌 그룹의 이사급 회의실에서 일어나는 회의 장면을 배경으로 당시의 정치, 경제, 사회 현안들을 풍자했다. 회장 역에 김형곤, 이사 역에 김학래, 엄용수, 정명재 등이 연기했다. 〈쇼 비디오자키〉의 '네로 25시' 코너는 고대 로마 시대의 원로원을 배경으로 한 시사 풍자 코미디였다. 최양락이 네로 황제를, 임미숙이 날라리아 왕비를 맡았고 원로원 위원으로 역시 김학래, 엄용수, 정명재 등이 연기했다. 시사 풍자의 예로는 날라리아 왕비가 다미선교회(1992년 10월 예수가 재림한다는 이른바 시한부 종말론을 주장하며 사회적 물의

〈개그콘서트〉 '용감한 녀석들'

를 일으킨 사이비 종교)에 빠져든다는 내용이 있었다.

2000년대 들어 코미디 프로그램을 공개 콘서트 형태로 제작하는 것이 일반화되었다. 그 시초는 KBS의 〈개그콘서트〉다. 물론 그 이전에도 코너 일부를 관객이 지켜보는 가운데 녹화하는 경우가 없지 않았다. 〈쇼 비디오자키〉의 경우, '네로 25시', '쓰리랑 부부' 등을 관객이 있는 공개 스튜디오에서 녹화하고 나머지 코너는 일반 스튜디오에서 녹화하여 나중에 웃음 트랙을 끼워 넣는 형태로 방송했다.

1999년 파일럿 프로그램으로 선보인 〈개그콘서트〉는 새로운 개념의 코미디였다. 대학로 코미디 극단 공연을 TV프로그램으로 만들어 개별 코너에 대한 관객의 반응을 곧바로 방송에 반영했다. 관객의 호응이 낮은 코너는 녹화는 하지만 방송에 나가지는 않는다. 또 이번 주에 방송된 코너라도 다음 주 방송을 보장받지 못한다. 코너 내용이 좋으면 언제든 채택될 수 있고 반대로 내용이 뒷받침되지 못하면 기존 코너라도 걸러질 수 있다. 새로운 아이디어가 창출될 수 있는 문화의 형성, 이것이 〈개그콘서트〉의 힘이다.

〈개그콘서트〉의 뒤를 이은 SBS의 〈웃음을 찾는 사람들〉과 MBC의 〈개그야〉도 공개 코미디 형태로 제작되었다. 두 프로그램도 나름의 인기를 누리며 〈개그콘서트〉와 경쟁 구도를 이루기도 했다. 그러나 〈웃음을 찾는 사람들〉은 기획사에 소속된 코미디언들이 대거 빠지면서 동력을 잃기 시작했다. 〈개그야〉는 '사모님'과 같은 일부 코너가 인기를 끌었지만 나머지 코너가 부진해 하향 곡선을 그렸다. 코너 전반의 고른 완성도, 연기자 간 그리고 연기자와 제작자 간의 이해와 협력, 새로운 시도를 독려하는 열린 문화가 프로그램 성공의 중요한 관건이라는 것을 알 수 있다.

시트콤

시트콤sitcom은 집이나 직장을 공유하는 일단의 등장인물이 매회 다른 상황에서 우스운 이야기를 펼치는 시추에이션 코미디situation comedy를 뜻한다. 최초에는 라디오의 한 장르로 생겼는데 지금은 텔레비전의 주요 장르가 되었다. 우리나라에서는 1990년대 초반부터 제작되었지만 영국과 미국에서는 1950년대부터 텔레비전의 인기 장르로 자리 잡았다. 비용이 그다지 들지 않으면서 높은 시청률을 얻을 수 있는 경제적인 장르여서 방송사가 선호한다. 초기에는 하나 또는 기껏해야 두 개의 세트 스튜디오에서 고정 배역의 연기자 몇몇이면 충분했다. 요즘에는 보통 4~6개의 세트를 갖춘 스튜디오에서 관객을 앞에 두고 제작한다.

시트콤은 스탠드업 코미디나 스케치 코미디와 달리 플롯을 갖추고 있고 고정적인 성격의 등장인물로 구성된다. 매회 다른 상황에서 이야기를 펼치지만 현상status quo이 유지된다. 일회적 등장인물의 참여 등으로 현상과 등장인물 간의 관계가 일시적으로 깨지기도 하는데 에피소드의 말미에는 본래의 상태로 돌아간다. 이런저런 에피소드는 주요 흐름과 연결되면서 시트콤을 이끌어 가는 동력으로 작용한다. 시트콤의 한 에피소드는 대개 서너 개의 단원으로 이루어진다. 첫 단원에서는 현상을 깰 수 있는 사건 전개의 실마리가 보인다. 둘째, 셋째 단원에서는 새로운 상황으로 인해 등장인물들이 혼란에 빠지거나 그들 간의 관계가 위기에 놓인다. 마지막 단원에서는 혼란이 수습되고 안정을 찾으면서 사건이 발생되기 전의 상태로 돌아간다. 이런 점에서 시트콤의 플롯은 일직선으로 진행되기보다는 순환적이다.(주창윤/최영묵, 2008) 전통 코미디에서는 등장인물이 A지점을 출발하여 최종적으로 그와 다른 B지점에 도달하는데, 시트콤에서는 등장인물이 A지점에 서 있고 혼란을 겪으며 다른 곳으로 옮겨 가는 듯하다가 결국에는 제자리로 돌아온다.

시트콤의 성공을 좌우하는 것은 등장인물에 대한 적절한 성격 부여와 그들 간의 관계 설정이다. 시트콤에서는 등장인물의 성격과 그들이 맺는 관계에서 웃음이 유발된다. 때문에 연기자가 등장인물의 성격을 얼마나 구현할 수 있는지도 중요하지만 그만큼 인물의 유기적인 배열도 중요하다.

시트콤에서 등장인물은 대개 몇몇 성격으로 유형화되어 있다. 크게 보면 떠벌리는 사람, 덜떨어진 사람, 평범한 사람, 이상적인 사람으로 나눌 수 있다. 떠벌리는 사람은 대단찮은 일을 과장하고 부풀리는 성격이다.

행동은 과장되고 매사에 과잉 반응을 보이지만 지적으로 떨어지는 사람은 아니다. 이런 과장된 등장인물은 시트콤의 재미를 이끄는 역할이다. 덜떨어진 사람은 말 그대로 나이에 비해 행동이나 말, 생각이 어리고 미련하다. 좀 모자라기에 시청자들은 이런 인물의 정상적이지 않은 행동이나 반응에 대해 너그럽다. 평범한 사람은 우리와 같은 사람으로 과장된 인물이나 모자란 인물처럼 자주 웃음을 불러일으키진 않지만 시트콤에 일상성을 주는 역할을 한다. 이상적인 사람은 부드럽고 따뜻하며 이상적인 면모를 가진 인물이다.

사회의 변화가 텔레비전 프로그램에 영향을 미친다는 사실은 시트콤을 통해서도 알 수 있다. 1950년대와 1960년대에 유행한 미국 시트콤의 배경이 주로 교외의 중산층 가정이었다면, 1970년대부터는 도시로 그 배경이 옮겨 갔다. 미국에서 이상적으로 여기는 삶의 모습이 바뀌고 있음이 반영된 것이다. 1982년부터 1992년까지 NBC에서 방송된 〈코스비 가족 The Cosby Show〉은 뉴욕 브루클린에 거주하는 아프리카계 미국인 가정, 즉 혈연으로 이루어진 가족 중심의 시트콤이다. 1994년부터 2004년까지 방송된 〈프렌즈Friends〉는 맨해튼에 거주하는 친구 관계의 20대 남녀 6명이 벌이는 이야기이다. 가족 시트콤이 가족 내부의 역할에 중점을 둔다면 젊은 남녀가 주인공인 시트콤에서는 남녀 관계에 초점을 맞춘다.

1990년대 초 미국에서는 〈심슨 가족The Simpson〉을 비롯한 만화 시트콤이 인기를 얻었다. 〈심슨 가족〉은 미국 텔레비전 역사상 가장 오래 지속되고 있는 시트콤이다. 이 프로그램은 미국 사회와 대중문화에 관련된 이야기를 다루며 자기 성찰적 성향을 띠고 있다.

가공의 마을 스프링필드에 사는 심슨 가족은 다섯 명으로 구성되어 있는데 정상적이지 않다. 아빠 호머는 스프링필드 핵 발전소의 안전 검사관으로 일하는데 우둔하고 이기적이다. 그의 부인 마지는 전형적인 미국의 주부이자 엄마다. 이들 부부에게는 자식이 셋 있다. 열 살인 아들 바트는 아빠를 닮아 똑똑지 못하고 늘 말썽을 일으키고 여덟 살인 딸 리사는 어른스러운 성격으로 이 가족의 사회적 양심 역할을 한다. 막내인 매기는 좀처럼 말을 하지 않고 고무젖꼭지를 빠는 것으로 의사소통을 한다. 〈심슨 가족〉은 시트콤의 표준적인 설정을 전제로 하고 있다. 즉 가족 구성원의 사회적 위치와 관계, 그리고 환경을 통해 미국 사회가 직면하고 있는 문제를 살펴본다. 예를 들면, 핵 발전소에서 일하는 호머를 통해 환경문제를 말하고 바트와 리사의 학교생활을 통해 교육 부문의 중요 문제를 다룬다.

〈심슨 가족〉과 함께 1990년대 부흥한 만화 시트콤으로는 〈사우스 파크South Park〉, 〈푸투라마Futurama〉, 〈비비스와 벗헤드Beavis and Butt-head〉, 〈패밀리 가이Family Guy〉, 〈킹 오브 힐King of Hill〉 등이 있다. 만화 시트콤은 미학적, 경제적 측면에서 이점이 많다. 현실에서는 불가능한 배경을 이용할 수 있을 뿐 아니라, 등장인물은 세월이 흘러도 나이 들지 않고 불가능한 연기도 없다. 인기에 따른 개런티를 요구하지도 않는다. 참고로 〈프렌즈〉의 배역은 첫 시즌에 에피소드당 2만 2,000달러를 받았다가 시즌 5에는 10만 달러, 시즌 9~10에는 100만 달러를 받았다. 이와 함께 시즌 5부터 신디케이션에 따른 로열티도 받기 시작했다.

1990년대 초 개국한 SBS는 기존 프로그램과 다른 장르로 승부하기 위

〈프렌즈〉, NBC, 1994~2004   〈남자 셋 여자 셋〉, MBC, 1996~1999

해 시트콤 제작에 적극적으로 나섰다. 1993년 배우 오지명을 중심으로
한 〈오 박사네 사람들〉 제작을 시작으로 〈오 경장〉, 〈순풍산부인과〉 등
을 제작했다. 그중 1998년 3월부터 2000년 12월까지 방송한 〈순풍산부
인과〉는 평균 시청률이 25%를 넘었다. MBC는 1996년 10월부터 미국의
〈프렌즈〉를 우리 정서에 맞게 각색한 〈남자 셋 여자 셋〉을 방송했다. 최
초의 청춘 시트콤으로 최고 시청률 36%를 기록하며 큰 인기를 끌었다.
최초의 성인 시트콤으로는 MBC가 2000년 2월부터 방송한 〈세 친구〉가
있다. 이 시트콤은 〈남자 셋 여자 셋〉의 후속 버전으로 30대의 이야기를
다뤘다. 한국 시트콤은 가족 시트콤에서 청춘 시트콤, 성인 시트콤으로
외연을 확대했다.

리얼리티 프로그램

텔레비전 프로그램 가운데 가장 사실적인 장
르를 꼽는다면 다큐멘터리를 들 수 있다. 허구의 인물이나 사건이 아니라

실재하는 사람과 사건을 다룬다는 것이 다큐멘터리의 특징이다. 실제의 모습을 보여 주는 현실성에 매력을 느끼는 시청자 또한 적지 않다. 이러한 다큐멘터리의 힘을 엔터테인먼트 측면으로 활용하려는 시도가 이어져 오다가 1990년대 후반부터 활발해졌다. 다큐멘터리적 요소를 엔터테인먼트에 접목한 프로그램군을 리얼리티 장르라고 한다.

리얼리티 프로그램reality program은 다큐멘터리적 요소와 오락적 요소를 결합하여, 사실적이면서도 대중적인 것을 지향한다. 구미에서 1980년대 초에 등장해 1990년대 후반부터 주 시청 시간대의 주요 장르로 자리 잡았다. 우리나라에서는 1990년대 중반에 편성되었다. 1980년대를 지나며 방송에 대한 규제가 완화 또는 철폐되고 기술의 발전으로 위성 및 케이블방송이 가능해지면서 시청률 경쟁이 심해졌다. 기존의 다큐멘터리로는 시청률을 확보하기 어렵게 되면서 방송사와 다큐멘터리 제작자들은 다큐멘터리를 좀 더 재미있고 오락적인 차원에서 활용하는 방법을 모색하게 됐다.

리얼리티는 하나로 묶어 설명하기 어려울 만큼 성격도 다르고 제작 형태도 다양하다. 시대에 따라서도 다른 특성을 보이고 있다. 구미의 리얼리티 프로그램은 1980년대부터 1990년대 중반까지 그리고 1990년대 후반 이후로 나눌 수 있다. 리얼리티의 초기와 제2의 전성기로 구분하기도 한다.(이종수, 2004) 초기 리얼리티 프로그램이 주로 재연을 통해 범죄, 구조 등의 사건을 재구성하거나 충격적인 영상을 중심으로 했다면, 제2의 전성기에는 관음증적 성격이 강한 오락적 게임의 성격이 강하다.

1987년 미국 NBC가 방송한 〈풀리지 않는 미스터리Unsolved Mysteries〉

를 리얼리티 프로그램의 시작으로 본다. 이후 미국의 다른 네트워크 방송사들도 이런 형태의 프로그램을 제작하여, CBS에서 〈긴급 구조 911 Rescue 911〉, 〈영웅들의 삶 Real Life Heroes〉, FOX에서 〈경찰 Cops〉, 〈미국의 지명 수배자 America's Most Wanted〉를 방송했다. 영국 BBC도 1984년 〈범죄 감시 Crimewatch UK〉를 제작했고 1992년 미국의 〈긴급 구조 911〉을 본떠 〈긴급 상황 999 999〉를 방송했다. 우리나라에서는 1993년 〈공개수배 사건 25시〉(KBS, 1998~2001), 〈경찰청 사람들〉(MBC, 1993~1999), 1994년 〈긴급 구조 119〉(KBS, 1994~2003)가 편성됐다. 나라에 관계없이 범죄의 경위 설명과 범죄자에 대한 수배, 사고의 발생과 이후의 구조 활동에 중점을 두고 CCTV 또는 현장을 기록한 영상, 재연을 통해 당시 상황을 재구성한 장면, 목격자와 당사자 인터뷰가 주 내용이다.

초기 리얼리티 프로그램이 주로 공적 영역에 관한 것이라면 1990년대 후반의 리얼리티 프로그램은 사적 영역에 관한 것이라고 할 수 있다. 곳곳에 카메라를 설치해 참가자들의 일상과 행동을 지켜볼 수 있게 하고 그 안에서 참가자들은 생각과 느낌을 토로한다. 주요 프로그램을 살펴보면, 십여 명의 참가자가 팀으로 나뉘어 경쟁을 벌이고 최종 승리자가 상금을 받는 게임 쇼 〈생존자 Survivor〉(CBS, 2000), 세상과 격리된 큰 집에서 생활하며 매주 미션 수행을 통해 한 사람씩 퇴거시켜 마지막에 남는 사람이 상금을 갖는 게임 쇼 〈빅 브라더 Big Brother〉(CBS, 2000), 아티스트를 꿈꾸는 일반인이 공연을 하면 시청자들이 전화와 인터넷, SMS를 통해 투표하는 오디션 프로그램 〈아메리칸 아이돌 American Idol〉(Fox, 2002), 여러 명의 남자 또는 여자가 한 명의 이성을 놓고 경쟁하여 선택받는 〈템테이

〈무한도전〉, MBC, 2005〜현재

션 아일랜드Temptation Island〉(Fox, 2001) 등이 있다. 1990년대 말 이후의 리
얼리티 프로그램은 이전보다 오락에 중점을 두고 엿보기 욕구를 부추기
는 방향으로 제작되고 있다.

리얼리티의 한 갈래로 '리얼 버라이어티'라는 장르가 있다. 이 프로그램은 연예인들로
이루어진 출연진이 매회 주어진 과제를 수행하는 형태로 전개되는데 스튜디오보다는
현지촬영을 통해 제작된다.

　MBC에서 매주 토요일 오후에 방송되는 〈무한도전〉은 무정형의 엔터테인먼트 프로
그램이다. 2005년 4월 버라이어티 프로그램 〈토요일〉의 한 코너 '무(모)한 도전'으로
시작해, 이후 '무리한 도전', '무한도전-퀴즈의 달인'으로 이어지다가 2006년 5월부
터 〈무한도전〉이라는 프로그램으로 독립했다.

　유재석을 비롯한 7명의 출연자는 매회 다른 과제에 도전한다. 〈나는 가수다〉를 패러

〈1박 2일〉, KBS, 2007~현재

디해 출연자들이 노래를 편곡해 불러 평가받는 '나름 가수다', 봅슬레이 국가대표 선발전 출전, 프로레슬링 대회 참여 등 다소 엉뚱하면서도 수행하기 어려운 다양한 과제가 마련되었다. 피겨스케이팅의 김연아, 축구의 앙리, 골프의 미셸 위 등 과제와 관련된 각 분야의 스타가 게스트로 출연하기도 한다.

〈무한도전〉이 마니아층을 형성할 만큼 인기를 끌고 있는 이유 중 하나는 주요 출연자 7명의 성격이 독특하게 형성되어 있다는 점이다. 그런 성격들의 조합이 만들어 내는 모습이 특별한 재미를 유발한다. 못난이로 분한 출연자들의 연기가 뛰어나고 그들의 관계를 오밀조밀하게 엮어 낸 연출도 예사롭지 않다. 적극적인 자막 사용도 이 프로그램의 특징 중 하나다. 연출자는 자막을 통해 상황을 설명하거나 의미를 부여하면서 프로그램에 활기를 불어넣는다.

KBS가 2007년 8월부터 방송하고 있는 〈1박 2일〉은 '리얼 야생 로드 버라이어티'를 표방한다. 출연진이 우리나라 곳곳으로 여행을 떠나 1박 2일 동안 겪는 다양한 일들을 다채로운 풍경과 함께 구성했다. 일상에서 접하기 힘든 산과 강, 바다 등 아름다운 자연과 그 속에서 살고 있는 사람들의 생활 면면이 출연진의 과제 수행이나 게임 중에 녹아 있다. '복불복' 게임을 통해 승패를 갈라 실내 취침과 야외 취침 할 사람을 정하고, '기상 미션'을 수행한 순서에 따라 아침 식사 제공 여부를 정한다. '퇴근 미션'에서는 과제 수행을 먼저 한 사람이 조기 퇴근한다. 시즌 1에서는 '대장' 강호동을 주축으로 출연진을 구성했고 2012년 3월부터는 김승우를 중심으로, 2013년 12월부터는 김주혁을 중심으로 하는 등 시즌마다 주요 출연진들이 교체되었다.

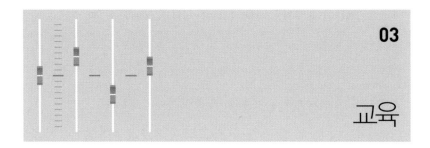

03

교육

텔레비전 시청에 있어 중요한 기준이 바로 '교육'이다. 로퍼 스타치Roper Starch Worldwide가 1995년에 실시한 글로벌 소비자 조사에 따르면 텔레비전 시청의 첫 번째 기준은 재미, 그다음이 교육이었다. '어떤 것이 교육적인가'에 대한 개념이 명확하게 정립되어 있지는 않지만 텔레비전방송이 시작되면서부터 텔레비전이 교육의 도구로 일정 부분 사회적 역할을 수행해야 한다는 생각이 있어 왔다. 이 흐름은 상업적 압력이 심해지고 있는 요즘도 지속되고 있다.

어린이 프로그램

공영방송에서 교육은 중요한 부문이다. 영국 BBC는 라디오 시절부터 교육을 방송의 주목적으로 삼았고, 2개의 지상파 채널(BBC1, BBC2)을 운용한 1990년대 후반까지 상당 시간을 교육 프로그램, 특히 어린이 프로그램에 할애했다.

보통 4세부터 15세까지를 어린이로 간주한다. 때문에 어린이라는 범주 안에서도 연령에 따라 차이가 있다. 프로그램 차원에서는 취학을 기준으로 5세 이하의 미취학 어린이를 위한 유아 프로그램과 이후 연령대를 위한 어린이 프로그램으로 구분하고 있다.

현재 BBC는 미취학 어린이를 위한 채널 'CBeebies'와 취학 어린이를 대상으로 하는 채널 'BBC Knowledge'를 운용하고 있다. 예전 유아 프로그램은 방에 혼자 있는 아이를 상정하고 제작되었는데, 요즘에는 유치원에서 지내거나 보모와 같이 지낸다는 가정하에 제작되고 있다. BBC의 〈플레이 스쿨Play School〉은 1964년부터 방송되다가 1985년 〈플레이 데이스Play Days〉로 개편되었고 1997년에 〈텔레토비Teletubbies〉로 대체되었다.

〈텔레토비〉는 유아 프로그램의 기본 전제를 흔들었다. 전통적으로 유아 프로그램은 말하고 들을 수 있는 4세 이상의 어린이를 대상으로, 정확한 언어를 사용하고 사물에 대해 인식할 수 있도록 하는 내용으로 제작되었다. 그런데 〈텔레토비〉에서는 등장인물들이 말을 제대로 못하고 몇몇 감탄사와 웃음으로 감정과 의사를 표현한다. 팅키윙키, 딥시, 라라, 포라는 이름을 가진 보라, 초록, 노랑, 빨강의 곰 넷은 배에 텔레비전 스크린을 달고 주제와 관련된 영상을 보여 준다. 텔레토비들의 배에 달린 스크린 영상에는 다문화적 생활과 관련된 내용, 전에는 간과되던 가정과 사회 문화에 관한 것들이다. 등장인물들이 의사 표현을 떠듬거리며 하는 것을 보고 어린이들이 이것을 흉내 내는 일이 늘면서 비판을 받기도 했지만,

BBC의 역대 유아 프로그램 가운데 가장 높은 시청률을 기록했고 BBC의 어느 프로그램보다 수출 실적이 높았다.

미국 텔레비전에서 교육은 상업적 목적에 비해 부차적이다. 그래서 공공서비스로서의 역할은 주로 공영채널 PBS의 몫이다. PBS가 방송하고 있는 〈세서미 스트리트Sesame Street〉는 1966년 텔레비전 프로듀서 쿠니Joan Ganz Cooney와 카네기 재단의 부회장 모리셋Lloyd Morrisett이 텔레비전의 중독성을 이용해 어린이들의 학교생활 준비에 도움을 주는 프로그램을 만들자는 의도로 기획되었다. 이 프로그램은 취학 전 어린이를 대상으로 인형과 만화, 단편영화 등을 통해 미국의 대중문화와 고급문화를 재미있게 다루고 있다. 〈세서미 스트리트〉는 유아 프로그램의 대명사가 되었고 세계 전역에서 시청하고 있다. 40주년을 맞은 2009년에 실시된 조사에 따르면 〈세서미 스트리트〉는 미국 어린이 프로그램 가운데 15번째로 높은 시청률을 올렸다는 결과가 나왔다. 1996년 조사에서는 미국의 취학 전 어린이 95%가 3세까지 이 프로그램을 시청하고 있는 것으로 나타났다.

1969년부터 방송된 〈세서미 스트리트〉는 세월에 따라 많은 변화가 있었다. 프로듀서와 작가, 교육자, 조사원 들의 협업으로 미국 문화 및 시청 형태의 변화를 반영하고, 텔레비전 기술과 제작 환경에 따라 그 포맷을 달리해 왔다. 프로듀서와 작가가 내용 구성에 교육적 목표와 커리큘럼을 반영한 첫 번째 프로그램으로 어린이들에게 교육 효과가 실제 나타난다는 조사 결과가 있었다. 방송 초기에는 어린이는 오래 집중하지 못한다는 생각을 전제로 '거리 장면street scenes(세트에서 이루어지는 액션)'을 캐릭터들이 대화나 행동을 주고받는 장면으로만 구성하고 이야기가 이어지는 형태로는 만들지 않았다. 대신, 커리큘럼에 기초한 짧은 이야기와 그 사이사이 개별적인 인형극과 만화, 짧은 영화를 배치하는 형태로 구성했다. 그러나 후에 어린이들도 이야기를 파악하는 능력이 있다는 연구 결과가 나오면서, 기존의 단편적인 이야기 형태를 그대로 유지하는 한편 스토리 형태로도 제작되었다.

한국의 대표적 어린이 프로그램으로는 〈뽀뽀뽀〉와 〈TV 유치원〉이 있다. 〈뽀뽀뽀〉는 MBC에서 제작·방송한 유아교육 프로그램이다. 1981년 5월 〈뽀뽀뽀〉로 시작해 2007년 4월부터 〈뽀뽀뽀 아이 조아〉로 바뀌었다. 1993년 봄에 시청률 하락으로 종영되었다가 시청자들의 요청으로 3주 만에 부활했지만 시대적 변화에 부응하지 못하고 있다는 이유로 2013년 여름 폐지되었다. '뽀미 언니'가 프로그램을 진행하는데 총 24명이 이 역할을 맡았다. 매일 새로운 수수께끼를 풀며 그와 관계된 이야기를 전하는 내용이며, "아빠가 출근할 때 뽀뽀뽀"로 시작하는 주제가가 큰 인기를 끌었다.

KBS는 1982년 9월부터 어린이 프로그램 〈TV 유치원 하나 둘 셋〉을 방송했다. 여기서는 '하나 언니'로 불리는 진행자가 있었다. 2007년 4월부터 〈TV 유치원 파니파니〉로 제목을 바꾸고 팜팜, 또나, 해바바, 깔깔 마녀 등의 캐릭터가 진행했다. 주 단위로 '지, 덕, 체, 예'를 주제로 잡아 그림 그리기, 글자 놀이, 노래 배우기 등의 코너로 구성했다. 2014년 1월에는 〈TV 유치원 콩다콩〉으로 새롭게 단장했다.

다큐멘터리

　　　　　다큐멘터리documentary는 보도·시사 프로그램 뿐 아니라 교육 프로그램에서도 자주 쓰이는 양식이다. 교육을 위해 다큐멘터리를 활용하고 있는 대표적인 예가 EBS의 〈다큐 프라임〉이다. 다큐멘터리에 관한 정의는 다양하지만 보통 교육 또는 역사적 기록을 현실의 측면에서 담는 사실적 영상물을 이른다. '다큐멘터리'란 말은 그리어슨John Grierson이 만든 것으로 알려져 있다. 그리어슨은 다큐멘터리 제작자이자 최초의 다큐멘터리 이론가이다. 1926년 2월 8일 플래어티Robert Flaherty의 영화 〈모아나Moana〉에 대한 비평을 하면서 다큐멘터리란 말을 처음 썼다. 그는 "삶을 관찰할 수 있는 영화의 잠재력이 계발되어야 하며 현대 세계를 이해하는 데는 연기나 연출된 상황보다 실제 인물과 실제 모습이 더 낫다."라고 말했다. 가공되지 않은 원료에서 추출한 재료가 보다 사실적이라는 주장이었다. 그리어슨은 다큐멘터리가 "현실의 창의적 처리creative treatment of actuality"여야 한다고 했다. 미국의 영화 비평가 로렌츠Pare Lorentz는 다큐멘터리 영화를 "극적인 사실적 영화"라고 정의했다. 다큐멘터리가 여타의 논픽션 영화와 다른 점은 의견을 제시하고 또 사실을 진술하면서 특정한 메시지를 내놓는 것이라고 보는 견해도 있다.

　　다큐멘터리는 어떤 사실에 대해 설명하거나 사안에 대한 의견을 제시하는 데 효과적이다. 역사 다큐멘터리, 문화 다큐멘터리 또는 환경 다큐멘터리 등 분야가 다양한데, 무엇인가 전하고자 하는 메시지를 갖고 있는 것이 공통된 특징이다. 대개 영상과 내레이션으로 전개된다. 3인칭 시점

《다큐프라임》 '자본주의' 편, EBS, 2012

의 내레이션을 통해 영상에 의미를 부여하고, 객관적인 흐름 속에서 주장하는 바의 타당성을 논리적으로 증명한다. 그런데 이는 사실 주관적일 소지가 많다. 관점과 세계관에 따라 같은 사안을 다루더라도 전혀 다른 결론에 이르기도 한다. 때문에 제작자의 건전한 의식, 관련 부문에 대한 충분한 이해와 분별이 필요하다.

다큐멘터리는 당시 통용되는 시청각 기술과 연동하며 발전해 왔다. 다큐멘터리는 1920년대에 필름에 담는 영화로 시작해 1980년대부터는 U매틱U-matic 및 베타 테이프beta tape를 사용하는 전자식 카메라로 제작되었다. 요즘은 6mm 테이프나 디지털 저장장치를 이용하는 카메라로 제작되고 있다. 시청각 기술의 발전은 다큐멘터리의 제작 형식뿐 아니라 내용 측면도 변화시켰다. 촬영 장비가 작고 가벼워지면서 소재의 범위가 넓어졌고 주제는 더욱 다양해졌다.

한편 디지털 기술의 발달은 기록 영상에 대한 신빙성을 축소시켰다. 영상과 음향의 조작이 얼마든지 가능해졌기 때문이다.

'벽에 앉은 파리fly on the wall'는 관찰적 다큐멘터리를 일컫는 말이다.

일어나는 현실 모습을 있는 그대로 담으려는 노력은 다큐멘터리 역사상 여러 형태로 나타났다. 이동이 가능한 카메라와 촬영하면서 소리를 녹음할 수 있는 장비가 도입되면서, 1960년대 미국의 다큐멘터리 감독들은 '다이렉트 시네마Direct Cinema' 흐름을 만들었다. 이들은 사전 구성을 인정하지 않고 이슈의 현장을 있는 그대로 보여 주고자, 사건이 일어날 만한 곳에 카메라를 미리 설치하고 기다리는 식으로 촬영했다. 같은 시기 프랑스에서 일어난 '시네마 베리테cinéma vérité'는 제작의 주체가 현실에 개입하는 것을 인정하는 방식이었는데, 이 점에서 다이렉트 시네마와는 차이가 있다. 시네마 베리테는 제작 주체가 촉매 역할을 하여 일상 속 감춰진 진실을 드러내고자 했다.

참고문헌

남명희(2010), 『미치도록 드라마틱한 세계, 미드』, 서울: 현실문화.

박인규(2009), 미국 텔레비전산업의 지형 변화에 따른 지상 네트워크의 변화, 『현상과 인식』, 제33권 1/2호, 254-75쪽, 한국인문사회과학회.

박인규(2010), 조직문화의 관점에서 본 KBS PD저널리즘의 퇴행 원인, 『현상과 인식』, 제35권 3호, 서울: 한국인문사회과학회.

박인규(2011), 정부 의제에 갇힌 KBS, 『현상과 인식』, 제35권 3호, 159~81쪽, 한국인문사회과학회.

스티브 닐·프랭크 크루트니크 지음, 강현두 옮김(2002), 『세상의 모든 코미디Popular Film and Television Comedy』, 서울: 커뮤니케이션북스.

신경민(2009), 『뉴스데스크 앵커 387일의 기록: 신경민, 클로징을 말하다』, 서울: 참나무.

원성윤(2008. 5. 12), 탐사보도의 기본은 문서추적에서 시작한다: [인터뷰] 김용진 KBS 탐사보도 팀장, 『PD저널』.

원용진(2010), 「PD 저널리즘의 사회적 가치」, KBS PD협회 토론회 발표문.

원용진·주혜정(2002), 텔레비전 장르의 중첩적 공진화dual co-evolution, 『한국방송학보』, 통권 제16-1호, 300-32쪽, 한국방송학회.

이종수(2004), 『TV 리얼리티: 다큐멘터리, 뉴스, 리얼리티 쇼의 현실 구성』, 서울: 한나래.

임정수(2010), 『미드: 할리우드 텔레비전드라마 생산 이야기』, 서울: 한울.

장해랑 외(2004), 『TV다큐멘터리 세상을 말하다』, 서울: 샘터.

주창윤·최영묵(2008), 『텔레비전 화면 깨기』, 서울: 한울.

크리버 클렌 지음, 박인규 옮김(2001), 『텔레비전 장르의 이해The Television Genre Book』, 서울: 신해.

최경영(2010), 『9시의 거짓말』, 서울: 시사IN북.

ABC(2009. 7. 18), "Cronkite Remembered as 'Gold Standard' for News", ABC News.

Altman, Rick(1999), *Film/Genre*, London: British Film Institute.

Amanda, Lotz(2007), *The Television Will Be Revolutionized*, New York: NYU Press.

Creeber, Glen(2001), *The Television Genre Book*, London: BFI.

EBS(2012. 12. 5), '앵커, 월터 크롱카이트', 〈지식채널e〉.

York: Clarkson Potter.

Feuer, Jane(1992), 'Genre and Television', in R. Allen(ed.), Channels of Discourse, Reassembled: Television and Contemporary Criticism, London and New York: Routledge.

Friedman, Diana(2005), *Sitcom Style: Inside America's Favorite TV Homes*, New Herman, Edward(1996), "The Propaganda Model Revisited", *Monthly Review*, Vol. 48.

Herman, Edward & Chomsky, Avram Noam(2002), *Manufacturing, Consent: the Political Economy of the Mass Media*, New York: Pantheon.

Hill, Annette(2005), *Reality TV*, London: Routledge.

Morris, Peter(1987), O'Regan, T. & Shoesmith, B.(eds.), *Re-thinking Grierson: The Ideology of John Grierson*, History on/and/in Film. pp. 20−30. Perth: History & Film Association of Australia.

_____(1991), *Re-thinking Grierson: The Ideology of John Nicholas, Bill, Representing Reality*, Bloomingdale and Indianapolis: Indiana University Press.

McCombs, Maxwell & Shaw, Donald(1972), "The Agenda-Setting Function of Mass Media", Neale, Steve(1980), *Genre*, London: British Film Institute.

Public Opinion Quarterly, Vol. 36.

3장 미디어와 기술

※이 장은 『창의적인 콘텐츠기획의 8가지 비밀』(홍경수, 2010)의 제1장 '미디어란 무엇인가?'의 일부를 수정한 것이다.

위키디피아에 따르면 미디어의 정의는 "Media, tools used to store and deliver information or data"이다. 즉 정보를 저장하고 전달하는 데 사용되는 도구가 바로 미디어라는 것이다. 따라서 미디어는 생래적으로 도구적 특성을 띤다. 도구는 과학 기술의 발달에 따라 변화할 수밖에 없는 기술 종속성을 띤다.

01

미디어,
저장 혹은 전달?

　　　　　2006년 독일 월드컵 중계방송 후 KBS 게시판
에 여러 의견이 올라왔다. 그중 가장 지배적인 의견은 '같은 국제 신호를
중계하는데 왜 KBS의 화면이나 오디오가 다른 방송사보다 세련되지 못
하냐'는 것이었다. KBS가 공영방송사로서 규정된 색상과 음높이를 지키
는 데 반해, 타 방송사들은 색깔을 화사하게 변조하거나 음성 출력을 규
정 이상으로 높일 수 있기 때문에 상대적으로 KBS 화면이 그렇게 보인다
는 것이 엔지니어들의 답변이었다.

　위의 경우는 방송의 내용과 미디어의 관계를 잘 보여 준다. 같은 내용
이라도 어떤 채널을 통해 방송되느냐에 따라 화면의 색이나 음질이 달라
지고 이것이 결과적으로 시청률에 영향을 준다. 2006년 독일 월드컵 토
고전 시청률의 총합은 73.7%(TNS미디어코리아 조사)였는데, MBC가 31.4%
로 KBS 1TV와 SBS의 시청률 26.2%와 16.1%를 앞섰다.(연합뉴스, 2006년
6월 14일) 또 잉글랜드와 포르투갈 중계방송에서는 MBC가 전국 시청률

14.9%, KBS 2TV가 5.5%, SBS가 4.2%를 각각 기록했다.(AGB닐슨미디어리서치 조사) '한국 축구는 인기 없어도 MBC 축구 중계는 인기'라는 말이 나올 정도로 MBC가 우세한 시청률을 확실하게 보여 줬다.(OSEN, 2006년 7월 2일) MBC의 선전에 차범근, 차두리 부자의 맛깔난 중계가 한몫하긴 했지만, 같은 경기임에도 상대적으로 선명한 화질과 음질이 MBC의 중계에 프리미엄 시청률을 붙게 한 것도 사실이었다.

시청률은 방송사의 수입은 물론이고 방송사의 사회적 평판이나 지위에도 영향을 준다. 따라서 같은 내용도 텔레비전 채널에 따라 판이하게 달라진다는 사실은 미디어가 무엇인지 곰곰이 생각해 보게 한다.

그렇다면 미디어는 무엇인가? 위키피디아에는 미디어의 사례들이 다음과 같이 나열되어 있다. 광고미디어, 방송미디어, 디지털미디어, 전자미디어, 하이퍼미디어, 매스미디어, 멀티미디어, 뉴미디어, 뉴스미디어, 인쇄미디어, 출판미디어, 녹음녹화미디어, 소셜미디어…. 각각의 뜻은 다음과 같다.

Advertising media, various media, content, buying and placement for advertising

Broadcast media, communications delivered over mass electronic communication networks

Digital media, electronic media used to store, transmit, and receive digitized information

Electronic media, communications delivered via electronic or electromechanical energy

Hypermedia, media with hyperlinks

Mass media, all means of mass communications

Multimedia, communications that incorporate multiple forms of information content and processing

New media, a broad term encompassing the amalgamation of traditional media with the interactive power of computer and communications technology

News media, mass media focused on communicating news

Print media, communications delivered via paper or canvas

Published media, any media made available to the public

Recording medium, devices used to store information

Social media, media disseminated through social interaction

이 정의들은 우리의 일상 언어를 지배하는 것이 바로 미디어라는 것을 보여 준다. 표준국어대사전은 미디어를 "어떤 작용을 한쪽에서 다른 쪽으로 전달하는 역할을 하는 것"이라고 정의하고 있다. 저장보다는 전달에 초점이 맞춰져 있다.

신문방송학 관련 학과에서 신입생을 대상으로 하는 강의에서 종종 볼 수 있는 풍경이 있다. 바로 종이컵과 실을 이용해 실전화기를 만드는 모습이다. 초등학교 때 한 번씩 실전화기를 만들어 본 경험이 있을 것이다. 학생들은 전화기로 서로 이야기를 주고받느라 들뜬 분위기가 된다. 이 실습을 하는 이유는 학생들이 직접 만들고 의사소통을 해 봄으로써 미디어라는 것을 체감하게 하기 위해서다. 미디어의 원초적인 형태가 바로 이실전화기이기 때문이다. 종이컵과 실은 소리의 파동을 전달하여 의사소통을 가능하게 하지만, 실이 느슨해지거나 종이컵이 파손되면 소리는 제대로 전달되지 않는다. 오디오 마니아들은 전기저항이 소리의 품질에 영향을 미친다고 하여 비싼 전선을 구하는 데 열을 올린다. 돈을 들여 고가의 전선을 구입한다고 그들을 이상하게 볼 것 없다. '전달'에 있어 중요하게 생각하는 요소는 사람마다 다르기 때문이다. 오디오 마니아에게는 음원이 아무런 왜곡 없이 자신에게 전달되는 게 가장 중요한 것이다. 표준국어대사전의 정의에 따르면 '전기를 흘려서 전달해 주는 전선'이 미디어의 본뜻에 가깝다. 하지만 미디어가 단순히 저장하고 전달하는 역할만하는 것은 아니다.

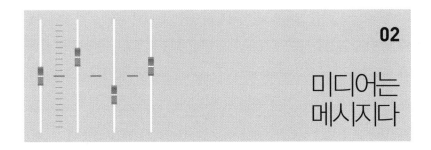

미디어는
메시지다

미디어에 대한 정의에서 정보를 '저장'하는 수
단이라는 데 초점을 둔다면, 미디어를 그릇에 비춰 볼 수도 있겠다. 메시
지, 즉 콘텐츠를 담는 그릇을 미디어라고 생각하면 쉽다. 같은 물이라도
어떤 용기에 담아 얼리느냐에 따라 다른 형태의 얼음이 된다. 같은 원두
로 커피를 만들어도 어떤 머그컵에 담아 파느냐에 따라 스타벅스 커피가
되기도 하고 커피빈, 할리스 커피가 되기도 한다. 콘텐츠 역시 어떤 미디
어에 담기느냐에 따라 다른 메시지가 된다. 커피가 담기는 종이컵이 바로
미디어인 셈이다. 물론 원두의 종류나 로스팅, 그라인딩, 물의 온도 등이
다르겠지만 만약 같다고 해도 컵에 따라 다른 커피가 되고 값도 달라진
다. 그렇다면 커피 값을 결정하는 데에는 커피(콘텐츠)보다 컵(미디어)의 영
향력이 더 큰 셈이다. 이런 의미에서 미디어는 콘텐츠를 결정한다.

물론 다른 견해도 있다. 마시는 커피 내용물이 중요하지 컵은 부차적이
라는 것이다. 아무리 컵이 좋아도 담긴 물이 나쁘면 무슨 소용이냐는 의

미다. 정말 그럴까? 그러면 왜 사람들은 값이 몇 배나 비싼 브랜드 커피를 사 먹을까? 사람들이 구입하는 것은 커피가 아니라, 어쩌면 브랜드가 갖고 있는 기호일지도 모른다. 커피 이전에 스타벅스의 이국적이며 따뜻한 분위기를 구입하는 것이다. 이런 의미에서 매클루언Herbert Marshal Mcluhan 은 "내용이 중요한 것이 아니라, 미디어가 중요하다."라고 말했다.

2008년 2월 10일 숭례문이 화재로 타 버렸다. 사람들은 각기 다른 미디어를 통해 그 사건을 접했을 것이다. 어떤 미디어를 통해 전달받았느냐에 따라 그 사실에 대해 수용된 메시지는 달라진다. 라디오를 통해 화재 소식을 들은 사람은 TV를 통해 접한 사람과는 다른 메시지를 받는 것이다. TV로 뉴스를 접한 사람일 경우, 한민족의 상징인 국보 1호가 거대한 화마에 할퀴는 것을 눈으로 보며 민족적 자긍심에 상처를 입는 듯한 느낌을 받았을 것이다. 또 라디오를 통해 뉴스를 접한 사람은 숭례문이 불에 탔다는 사실을 귀로 듣고, 그 광경을 상상으로 그려 보았을 것이다. 반면, 인터넷 기사를 통해 접한 사람은 다양한 가십 기사 중 하나로 인식했을지도 모른다. 미디어에 따라 수용하는 정보의 양이 같을 수 없고 정보가 담고 있는 미묘한 정서나 이데올로기도 다를 수밖에 없다.

매클루언은 이런 통찰을 통해 "미디어는 메시지다."라고 말했다. 같은 사실도 어떤 미디어로 접하느냐에 따라 다른 정보가 된다는 것이다. 물론 메시지가 메시지지 왜 미디어가 메시지냐는 반론도 있었다. 실제로 메시지가 중요한 것도 사실이다. 하지만 매클루언은 미디어 자체가 메시지 역할을 한다고 주장했고, 심지어 메시지의 내용은 수용자를 끌기 위한 도구일 뿐이라고까지 말했다.

"미디어의 '내용'이란 실제로는 정신의 집을 지키는 개의 주의를 끌기 위해 강도가 손에 들고 있는, 피가 뚝뚝 떨어지는 살코기와 같은 것이다."
(Mcluhan, 1964)

도둑이 집 지키는 개를 꼬드기기 위해 피가 뚝뚝 떨어지는 살코기를 미끼로 주듯, 메시지는 그저 미끼일 뿐이며 정말 중요한 것은 도둑이고 이 도둑이 바로 미디어라는 것이다. 다양한 프로그램도 결국 TV라는 미디어의 메시지를 전달하기 위한 미끼일 뿐, 중요한 것은 미디어라는 의미이다. 이러한 주장은 그가 기술결정론자라는 비판을 받게 했지만, 미디어에서 기술이 왜 중요한지 환기시키기도 한다.

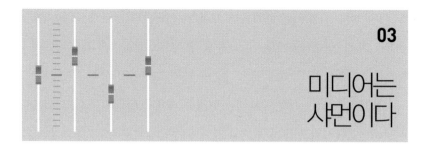

미디어는
샤먼이다

미디어는 중개자, 매개자로서 일방적으로 전달하는 것에 그치지 않고 두 사물을 연결해 주는 역할을 한다. 신 내림을 받은 무당shaman이 신과 인간을 연결해 줄 때, 무당을 미디어로 볼 수 있다. 홍수, 가뭄, 천둥, 번개 등의 위협적인 자연 현상을 예상하지 못했던 사람들은 하늘의 뜻을 궁금해했다. 이 궁금증이 모이는 지점이 바로 샤먼이었다. 사람들은 샤먼을 통해 하늘의 뜻에 다가갈 수 있다고 생각한 것이다.

현대의 미디어는 메시지나 콘텐츠를 담아 전달하는 도구로서의 '매체'이다. PD들은 어떤 연예인을 두고, '저 사람은 신기가 있다'거나 '저 사람은 전생에 무당이었을 거야' 등의 말을 자주 한다. 사람의 기를 끌어모으는 흡인력 있는 연기력의 소유자나, 정신을 잃은 듯이 절규하며 노래하는 가수의 모습에서 신의 경지를 느끼는 것이다. 실제로 연기자나 가수 들이 하는 일은 원시시대 샤먼이 하는 일과 매우 흡사하다. 연예인은 대중의 생각과 느낌 등을 대신 표출하고 대중은 연예인에게 자신의 감정을 이입한다. 과거의 사람들이 미래에 대한 불안감과 중요한 일에 대한 결론을 알고 싶을 때 샤먼에게 의존했듯, 하루하루 살아가는 현실이 고달프고 미래가 막막할 때 현대판 샤먼이라 할 수 있는 연예인에게 자신의 감정을 이입하는 것은 아닐까?

미디어의 이런 속성을 간파한 MBC의 토크쇼 〈무릎팍 도사〉는 큰 인기를 끌었다. 강호동이 도사로 분장하여 연예인의 고민을 들어 주고 해결책을 제시해 주는 형식이다. 유머 감각이 없다는 배우의 고민에 '개그맨들 일자리 위협하지 말고 연기나 열심히 해라' 등의 다소 우스꽝스런 해결책을 내놓지만, 무릎팍 도사를 찾아와 이런저런 이야기를 늘어놓는 것만으로 이미 게스트의 심적 불안은 어느 정도 해소된다. 이것은 미디어의 특성과 밀접하게 연관되어 있다. 즉 사람들이 명쾌하게 규정되는 정보만을 얻기 위해서 미디어를 접하는 것은 아니라는 뜻이다.

1945년 6월 30일 뉴욕 8개 메이저 신문의 배달부가 파업에 들어갔다. 17일의 파업 기간 동안 뉴욕 시민은 메이저 신문을 볼 수 없었다. 이후 3개 단체에서 뉴욕 시민을 대상으로 설문 조사를 실시했는데, 그중 한 설문을 바탕으로 베럴슨Bernard Berelson은 '신문이라는 미디어가 없다는 것이 사람들에게 무엇을 뜻하는지'에 대해 조사했다. 이 조사를 통해, 베럴슨은 대부분의 사람이 정보를 받고 있다는 느낌을 중요시한다는 것, 그리고 일부 사람들은 공적인 세계에 대한 해석에서 신문의 가치를 인정하고 있다는 것을 알아냈다. 한편 공적인 해석의 가치를 인정하는 사람 중 3분의 1만이 새로운 정보 습득을 위해 신문을 본다고 대답했다. 베럴슨은 사람들이 공적 세계에 대한 해석과 더불어, 일상생활의 수단, 사회적 특권, 사회적 계약 등 비이성적인 목적을 위해 신문을 구독한다는 것을 확인했다. 즉 '친구가 아는 것을 나만 모르는 것은 매우 화나는 일이다', '만난 친구가 뉴스를 읽지 않고 있다면 당황스럽다' 등 사회적 용도를 위해 신문을 찾기도 하는 것이다. 또한 '세상이 어떻게 돌아가는지 모르겠다', '길을 잃은 느낌'과 같은 반응은 신문이 없을 때 사람들이 느끼는 불안감을 드러냈다. '물 밖으로 나온 물고기 같다', '옆집에서 어떤 일이 일어나는지 모르는 것은 고통스럽다', '신문을 안 보니 감옥에 있는 것 같다', '세상으로부터 단절된 듯하다' 등의 응답들도 있었는데 이는 신문을 보지 못함으로 인한 극도의 불안감과 고독을 말하고 있었다. 이렇게 보았을 때, 신문은 사회에서 불안감과 아노미를 치유하며 안전 요원의 기능을 하고 있다고 볼 수 있다.

결국 신문은 혼란스러운 사회에서 안정감을 주는 역할을 하기 때문에 사람들이 그리워한다는 것이다. 또한 신문 읽기 역시 일종의 의례이며 의식이고 필수적인 습관이 되었다는 것이 베럴슨의 결론이다. 따라서 신문을 봄으로써 독자들은 움직이고 있는 세계에 참여하는 느낌을 받는다.

2012년 KBS는 〈인간의 조건〉이라는 새로운 예능 프로그램을 선보였다. 〈개그콘서트〉 출신 개그맨들이 현대 문명의 이기 중 한 가지가 없는 채로 공동생활을 하면서 겪는 에피소드를 담았다. 휴대전화 없이 공동생활을 하게 된 그들은 그동안 자신이 가족의 휴대전화 번호조차 외우지 않고 있었으며, 휴대전화 없이는 매니저도 찾기 어려운 현실에 직면한다. 〈인간의 조건〉은 현대인에게 미디어가 어떤 존재인지를 여실히 보여 줌으로써 의미와 재미를 확보했다. 〈인간의 조건〉에서 제시되는 환경들은 베럴슨이 관찰했던 신문 없는 현대인의 환경과 매우 유사하고 사람들이 보이는 반응 역시 비슷하다는 점에서 흥미롭다.

쉽고 빠른 편리함을 위해 만들어진 현대 문명의 이기들. 하지만 편리하고 풍요로워진 만큼 인간은 더욱 인간다운 삶을 살고 있는 것일까? 빠르게 변해 가는 속도에 맞춰 사느라 혹시 놓치고 있는 것은 없는지, 진짜 소중한 것은 무엇인지 현대인의 필수 조건을 하나씩 가감해 봄으로써 인간답게 살기 위한 조건에 대해 고민해 보고자 한다. 대한민국 대표 개그맨 6명이 시청자를 대신하여 일주일 동안 체험하면서 의식주 등 생활 패턴과 의식들이 어떻게 변화되는지 전달한다.

— KBS 2TV 〈인간의 조건〉 기획 의도 중

약 70년 전에 베럴슨은 미디어가 사회적 연결의 수단이며 집단적 의식의 양상을 띤다는 것을 이미 간파했다. 이 지점은 현재 한국의 미디어 환경을 이해하는 가이드로도 부족함이 없다. 사람들이 (비교적 이성적 매체라고 생각되는) 신문에도 비이성적인 목적으로 의존하듯이, 인터넷이나 소셜미디어 등의 미디어에서도 사회적인 목적이나 안정감을 갈망할 것이라고 쉽게 예상할 수 있다.

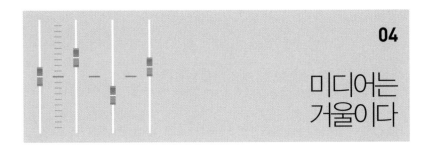

04

미디어는
거울이다

　　　　　　미디어에 대한 좋은 비유 중 하나는 미디어가
현실을 비추는 '거울'이라는 것이다. 좋은 거울은 현실을 있는 그대로 비
추지만 왜곡된 거울은 현실을 비틀어 보여 준다. 거울이라는 비유와 관
련된 중요한 논쟁은 '미디어가 현실을 비추기만 할까? 아니면 현실을 새
롭게 만들어 낼까?'라는 것이다. 대통령 선거 전에 발표된 여론조사 결과
는 그것이 얼마나 정확하게 현실을 반영했는지 여부와 관계없이 현실을
새롭게 구성하는 힘을 가진다. 선거 6일 전부터 여론조사 공표를 금지하
는 현행 선거법의 조항은 미디어의 현실 구성 능력을 방증한다. 여론조
사의 결과가 실제 여론에 영향을 미치는 아이러니한 현상 때문에 권력을
쥔 사람은 미디어를 장악하고자 한다. '권력은 총구가 아니라 미디어에
서 나온다'는 말이나, '독재자들이 가장 먼저 메이저 언론을 장악한다'는
말도 모두 이 때문에 나온 말이다.

　　앞서 말한 숭례문 화재 사건을 미디어마다 똑같이 보도할 수는 없다.

미디어는 사건의 수많은 측면 중 아주 일부분을 선택할 수밖에 없기 때문이다. 신문은 지면의 제약, 라디오와 TV는 시간의 제약이 있다. 설령 시간의 제약이 없다 하더라도 그 사건을 보는 기자나 PD의 시각은 분명히 반영된다. 여러 가지 뉴스 생산의 원인들(기자의 배경, 취향, 성격, 회사의 편집 방침, 상사의 특성, 조직 문화, 정치, 사회, 경제적 원인 등)이 뉴스 제작에 반영되는, 이른바 게이트키핑 이론이다.

일반적인 용례로는 어떤 메시지가 선택 또는 거부되는 현상을 말하나, 매스 커뮤니케이션 연구에서 게이트키핑gatekeeping은 뉴스 미디어 조직 내에서 기자나 편집자와 같은 뉴스 결정권자에 의해 뉴스가 취사선택되는 과정을 의미한다. 어떤 메시지라도 목표에 도달하기 위해서는 많은 문을 통과해야만 한다. 모든 메시지가 이 문을 통과할 수 없다면 필연적으로 어떤 메시지는 선택되고 어떤 메시지는 거부되는 과정이 따를 것이다. 이처럼 메시지의 취사, 선택이 이루어지는 것을 게이트키핑이라 하고, 게이트키핑을 하는 사람을 게이트키퍼gatekeeper라고 한다. 어떤 메시지 또는 뉴스의 선택과 거부는 수많은 요인에 의해 결정된다. 그러한 요인의 예로는 게이트키퍼의 계급적 배경, 성장 배경, 교육 배경, 가치관, 세계관, 그리고 게이트키퍼가 일하는 조직의 가치, 규범, 전통 등을 들 수 있다. 후드Stuart Hood에 의하면, 오늘날 매스미디어의 게이트키퍼는 과반수가 중산층 의식을 소유하며 갈등보다는 합의의 정치를 지향하고 있는데, 바로 이것이 그들의 뉴스관을 결정짓고 또 뉴스 선택 과정에 영향을 미친다.(Hood, 1972) 게다가 텔레비전 종사자들의 경우 사회적 배경이 동질적인 데다 팀워크를 중요시하는 조직적 성격으로 인해 합의 정치의 근본 규칙이 쉽사리 깨어지지 않는다는 것이다.

— 『매스컴 대사전』(1993)

따라서 미디어는 현실만을 반영하는 것이 아니다. 현실을 일부분 반영하면서 훨씬 더 많은 부분을 자신의 스타일대로 만들어 낸다. 10명의 친구들로부터 들은 이야기의 내용이 똑같지 않은 것은 당연하다. 모두 다 자기 식대로 첨삭, 가공하기 때문이다. 따라서 미디어가 거울이라면, 각 거울의 특성에 따라 다양한 메시지가 만들어지는 것은 자연스러운 결론이다. 이것을 두고 미디어가 새로운 환경, 즉 '의사 환경'을 구성한다고 한다. 뉴스 프로그램 중 '진실을 밝히는 창window'이라는 개념을 사용하는 곳이 많다. 집 안에서 창을 통해 세상을 바라볼 때, 창의 모양과 유리의 종류에 따라 세상의 풍경이 달라지듯이 어느 미디어를 통해 뉴스를 접하느냐에 따라 세상의 풍경이 달라진다. 미디어가 거울인 것과 마찬가지로 세상을 바라보는 창문이며 필터이기도 하다. 따라서 미디어가 반영하는 것은 일어난 사건의 조각으로 진실의 한 조각을 담을 수밖에 없다. 미디어가 추구하는 것은 진실로서, 미디어의 보도는 진실을 추구하는 과정이라고 말할 수 있다.

05

미디어는
인간의 확장이다

『미디어의 이해Understanding Media』(1964)에서
매클루언은 "미디어는 인간의 확장"이라고 주장했다. 옷은 피부의 확장,
TV는 눈의 확장, 라디오와 전화는 귀의 확장, 바퀴나 교통수단은 발의 확
장이라는 것이다. 컴퓨터는 뇌의 확장이고 리모컨은 손 혹은 발의 확장이
다. 자가용으로 출퇴근하는 직장인이 예전처럼 두꺼운 외투를 입지 않는
이유는 무엇일까? 자가용이 외투의 구실을 하기 때문이다. 자가용은 발
의 확장이면서 동시에 피부의 확장인 셈이다. 매클루언의 『미디어의 이
해』는 다양한 은유로 가득하고 조금 이해하기 어려울 수 있지만, TV라는
미디어의 특성을 이해하는 데 큰 도움을 준다. 새로운 미디어의 등장은
그 자체만으로 우리의 몸을 확장하고, 또한 감각의 마비를 야기하기도 한
다. 왜냐하면 몸의 감각은 일정한 한계가 있어서 한 분야가 확장되면 대
신에 다른 부분의 감각은 폐쇄되거나 마비되거나 자기 절단되기 때문이
라고 책은 말한다.

"어떤 발명이나 기술도 모두 우리 육체의 확장 또는 자기 절단이며, 이 확장은 신체의 다른 여러 기관과 확장된 신체에 대하여 새로운 비율 관계와 새로운 균형을 요구한다. 청각적, 촉각적인 유럽에서 TV는 시각을 강화하여 미국식 패키지와 의상에 흥미를 느끼도록 하였다. 시각 문화가 발달된 미국에서는 TV가 말과 음식물과 조형미술로 대표되는 청각적, 촉각적 지각에 대하여 문을 열고 받아들였다."

—『미디어의 이해』, 77쪽

사람이 TV를 접하게 되면 TV는 사람의 감각 비율을 조정한다. 외부에서의 자극은 계속해서 커져가고 우리의 중추신경은 확장, 노출되고 있는데 감각 비율을 조정하지 않는다면, 신경은 마비될 지도 모른다. 그래서 감각의 절단이라는 신체의 작동 원리가 생겨난다. TV를 보지 않은 사람과 오랫동안 본 사람의 감각이 같을 리가 없다. TV를 본 사람은 책을 본 사람과 다른 감각 구조를 갖게 될 것이다. 또한 새로운 기술이 한 사회에 들어오게 되면 사회 내에도 새로운 배분 비율이 생겨난다. 고층 건물이라는 기술이 등장하자, 한 사회 안에서 높이에 대한 감각이 새롭게 조정되었다. 고층 타워는 '하늘로 난 다리'라고 누군가가 비유했다. 고층 아파트가 들어서면서 우리 사회에 부와 권력에 대한 새로운 지표가 생겼고 높이에 대한 감각이 재조정되었다. 비행기나 KTX가 등장한 뒤, 실제적인 거리와 교통상의 거리 그리고 심리적 거리 사이의 괴리가 생겼다. 서울 사람에게 뉴욕이나 도쿄, 파리, 런던, 홍콩은 전라남도 신안군 가거도나 경상북도 울릉도보다 가까울 수도 있다. 제주도가 충청남도 서천보다 가깝게 느껴지기도 한다. 미디어 하나의 등장은 사회뿐 아니라 다른 미디어에도 조정을 요구한다.

> "오관의 확장인 미디어가 서로 작용할 때, 우리 감각의 내부뿐만 아니라 미디어의 내부에도 새로운 배분 비율이 만들어진다. 토키로 인해 영화의 화면이 바뀐 것처럼, 라디오의 출현으로 신문의 보도 형식이 바뀌었다. TV에 의해 라디오의 프로그램 편성이 크게 바뀌고 현재 유행하는 다큐소설의 형식도 바뀌게 되었다."
>
> ―『미디어의 이해』, 88쪽

이는 한국의 미디어 상황에도 그대로 적용된다. 웹 메일이 등장하자 신문기자들은 기사 끝에 이름과 더불어 메일 주소를 적고, 메일을 통해 기사 제보를 받기 시작했다. 요즘은 트위터 주소를 적기도 한다. TV에 자막이 활발히 등장하게 되자 이제 출연자들은 자막이 놓일 위치를 염두에 두고 멘트를 한다.

"지금, 아래에 전화번호 나가고 있죠? 이곳으로 신청하시면 됩니다."

카메라맨은 자막의 위치를 염두에 두고 출연자를 화면에 배치한다. 새로운 기술이 미디어 내의 감각 비율도 조정한다.

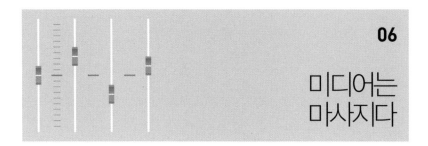

06

미디어는
마사지다

매클루언은 미디어가 메시지라는 명제에서 한 발 더 나아가, 피오리Quentin Fiore와 함께 쓴 『미디어는 마사지다The Medium is the Massage』(1967)라는 책에서 "이 책은 하나의 미디어와도 같다."라고 주장했다. 책에는 다양한 사진들이 파격적으로 편집되어 있고 글도 색다르게 배열되어 있다. 『미디어의 이해』에서 주장한 내용을 실제로 책이라는 미디어를 통해 생생하게 보여 주고 있다.

매클루언은 어떤 의미에서 미디어는 마사지라고 주장했을까? 사람이 한 미디어에 노출되면 몸 안의 감각 비율이 바뀌는데, 이는 미디어가 신체를 마사지하기 때문이다. 엄지로 핸드폰의 문자를 쓰거나 터치 폰을 만지는 우리는 인류 역사상 엄지손가락을 가장 왕성하게 사용하는 세대일 것이다. 몇십 년 전만 해도 엄지는 지폐를 세거나 손도장을 찍을 때나 주로 사용했다. 하지만 핸드폰이 도입된 뒤에 우리 몸에서 엄지의 비중은 매우 높아졌다. 노트북으로 글을 쓰는 습관이 있는 사람이라면 노트북 자

154 방송학의 이해

판에 손을 얹어야 글이 써진다. 노트북을 쓰니 손의 촉각이 마사지되어 몸의 감각 배열이 바뀐 것이다. 노트북 자판에 열 손가락을 올려놓으면, 따뜻한 노트북의 온기가 생각을 자극한다. 노트북으로 글을 써 온 감각이 그것을 가능하게 하는 것이다. 이처럼 미디어는 감각의 어깨를 주물러 준다. 이것이 바로 미디어가 마사지라고 하는 이유다.

TV는 비디오와 오디오를 함께 전달하면서 오랫동안 잊고 있던 원시사회의 구어적 감각을 마사지하여 되살려 주었다. 매클루언은 인류의 역사를 구어의 시대, 문어의 시대, 인쇄의 시대, 전자미디어의 시대로 구분하고, 라디오와 TV 등 전자미디어의 시대에 예전 원시시대의 구어가 되살아났다고 주장한다. TV와 라디오의 소리가 원시시대의 북소리처럼 '둥둥' 울린다는 것이다. 이런 점에서 그는 전자미디어가 인류를 재부족화한다고 말한다. 구어를 썼던 원시시대 부족민으로 돌아가게 한다는 것이다. 전자미디어는 전 세계적 네트워크를 통해, 전 세계를 정보로 연결하고 따라서 지구는 세계가 아니라 하나의 마을이 되었다. 그것이 바로 지구촌이다. 영화 〈E.T. E.T. the Extra-Terrestrial〉(1982)의 주인공 E.T.를 떠올려 보자. E.T.는 어쩌면 인간의 미래 모습일지도 모른다. 컴퓨터 자판을 열심히 두드리다 보니 손가락은 가늘고 길게 발달하고 야외 활동보다는 의자에 앉아 있는 일이 많아 다리는 점점 짧아진다. 모니터를 통해 영상을 오랜 시간 보니 눈은 점점 커지고, 운동 부족으로 배가 나온다. 이것이 바로 E.T.의 모습이다.

시각 중심의 영상 시대를 살고 있는 우리는 눈을 혹사하고 있다. 피트니스센터에서 가장 많이 하는 운동 중 하나가 '걷기'인데, 심지어 이 걷기 운동 중에도 사람들은 어찌할 바를 몰라 한다. TV가 달린 워킹머신은 운동하기를 꺼리는 현대인을 위한 배려라지만 운동기계에 눈을 붙여 놓은 것 같아 씁쓸하다. 현대인은 시각적 자극에 매우 취약하고 자본은 이를 미끼로 소비자들을 유인한다.

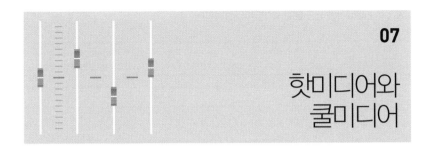

07

핫미디어와
쿨미디어

　　매클루언은 미디어를 핫미디어와 쿨미디어로
구분했다. 핫미디어는 말 그대로 뜨거운 미디어이고 쿨미디어는 반대로
차가운 미디어이다. 이 두 매체의 구분은 미디어에 담기는 내용보다 기
술적 속성을 염두에 둔 것이다. 즉 미디어의 기술적 속성에 따른 정세도
definition의 차이에 따른 것이다. 정세도란 '데이터가 충만한 정도', 즉 특
정 미디어가 담아낼 수 있는 정보의 양을 의미한다. 핫미디어는 정세도가
높은 미디어이고 쿨미디어는 정세도가 낮은 미디어다. 정세도가 높은 미
디어는 수용자가 받아들일 때 깊이 관여하지 않아도 되지만, 정세도가 낮
은 미디어는 관여도가 높아야 수용이 가능하다. 텔레비전은 거친 화소가
연결되어 영상을 만드는 데 비해 영화는 텔레비전보다 영상의 정세도가
훨씬 높다. 텔레비전을 볼 때는 수많은 점을 이어서 하나의 그림으로 이
해해야 하기 때문에 집중과 관여가 크게 필요하다. 반면에 영화는 상대적
으로 덜 관여해도 해석이 가능하다. 이것이 핫미디어와 쿨미디어의 차이

표 3-1 | 매클루언이 구분한 핫미디어·쿨미디어

핫		쿨
영화	←————————→	텔레비전
라디오	←————————→	전화
사진	←————————→	만화
안경 쓴 사람	←————————→	선글라스 쓴 사람
천 스타킹 신은 여성	←————————→	망사 스타킹 신은 여성
신문	←————————→	경구, 시
왈츠	←————————→	재즈

※ 핫과 쿨은 비교 대상 미디어 간의 상대적인 척도다.

점이다.

매클루언은 다양한 사례를 들어 핫미디어와 쿨미디어를 구분했다. 라디오가 핫미디어라면 전화는 쿨미디어이고, 사진이 핫미디어라면 만화는 쿨미디어라고 구분했다. 안경이 핫미디어라면 선글라스는 쿨미디어고 천 스타킹이 핫미디어면 망사 스타킹은 쿨미디어라는 것이다. 신문은 핫미디어이고 경구나 시는 쿨미디어이며, 왈츠가 핫미디어이면 재즈는 쿨미디어라고 다양한 예들이 제시됐다.

라디오는 청각적 정보가 비교적 완성되어 전달되는 데 비해 전화는 잘 들리지도 않고 상대적으로 정보량도 적다. 따라서 전화할 때는 라디오 들을 때보다 훨씬 더 신경을 써야 한다. 사진은 만화보다 해상도가 높으므로 핫미디어이다. 신체에서 사람의 정보를 가장 많이 담고 있는 부분은 얼굴인데, 안경을 쓰지 않은 사람은 안경을 쓴 사람보다, 안경을 쓴 사람은 선글라스를 쓴 사람보다 정보가 많이 드러나게 되어 있다. 선글라스를 쓰면, 얼굴 표정을 자세히 알기가 어려운 것도 마찬가지다. 정보량이 적기 때문이다. 따라서 선글라스를 낀 사람의 표정을 읽기 위해서는 더 많은 참여가 요구된다. 망사 스타킹 역시 선글라스와 마찬가지로 적은 정보량으로 읽어 내기 위해 더 많은 참여와 관여가 요구된다. 따라서 안경 쓰고 천 스타킹 신은 여성보다 선글라스에 망사 스타킹을 착용한 여성이 더욱 신비롭고 매력적으로 느껴지는 것이다. 산문 역시 내용이 길고 정보량이 많다. 반면에 시나 경구는 짧고 압축되어 있어 정보량이 적다. 왈츠가 많은 규칙으로 가득한 것에 비해 재즈는 규칙이 적고 애드리브가 허용된다. 이처럼 수용자의 참여도와 관여도가 높은 것이 쿨미디어다.

매클루언은 이 구분이 구성원의 감각 비율을 조정하며 새로운 사회적 질서로 연결된다고 주장했다. 매체의 종류를 나누는 의미가 여기에 있는 것이다. 매클루언은 무엇보다도 텔레비전이 촉각을 확장시키는 매체라고 했다. 시각 중심적인 표음문자와 인쇄 매체에 비해 이 두 매체가 출현하기 전 주된 미디어였던 구어는 청각 중심적이었다. 또 시각은 순차적인데 비해, 청각은 총합적이라고 말한다. 눈으로 보는 것은 차례대로 보아야만 하지만, 듣는 것은 한꺼번에 들어도 총합적으로 인식되기 때문이다. 매클루언은 표음문자와 인쇄 매체 뒤에 생겨난 텔레비전이 인간의 촉각을 확장시켰다고 말한다. 그가 말한 촉각이란 피부와 대상 간의 접촉만을 의미하는 것이 아니라 감각들 간의 상호작용을 의미한다. 텔레비전을 통한 경험은 단편적인 데이터들에 대한 지각을 통해 이루어지는 것이 아니라 모든 감각이 동시에 개입하는 하나의 게슈탈트Gestalt(형태form라는 의미.
'전체는 부분의 합 이상'이라는 형태심리학의 중요한 개념을 나타내는 용어)로서의 인식
이라는 것이다. 텔레비전이 촉각적 매체라는 주장은 텔레비전의 전 감각
적 지각 양식을 염두에 두고 있다.

　핫미디어와 쿨미디어의 구분은 상대적이기 때문에 애매하다. 텔레비
전은 영화에 비해 쿨미디어인 것이지 절대적으로 쿨미디어인 것은 아니
다. 텔레비전이 아날로그 브라운관에서 디지털 SD나 HD 텔레비전으로
바뀌어 감에 따라 현재의 텔레비전이 예전보다 훨씬 더 핫해지고 있음이
분명하다. 매클루언은 영화관에서 보는 영화와 텔레비전으로 보는 영화
가 같지 않다고 말한다. 텔레비전으로 보는 영화는 영화가 아니라 텔레비
전 프로그램인 것이다. 이는 앞서 "미디어는 메시지다"라는 주장을 뒷받
침하는 것이기도 하다. 우리 경험의 본질적 성격을 좌우하는 것은 내용이
아니라, 미디어라는 이야기가 성립되는 것이다.

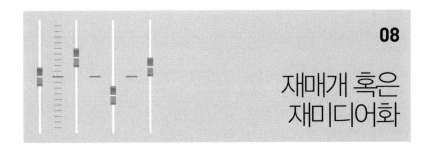

08

재매개 혹은
재미디어화

매클루언이 『미디어의 이해』를 통해 미디어에 대해 설명했다면, 볼터 Jay David Bolter와 그루신Richard Grusin이라는 두 학자는 '뉴미디어의 이해'라는 부제가 달린 『재매개Remediation』(1999)라는 책을 통해 재매개를 설명했다. 이들이 정의한 재매개란 다른 미디어를 참조하여 더 나은, 새로운 미디어를 만드는 것을 말한다. 즉 미디어의 미디어화, 재미디어화라고 할 수 있겠다. 이는 매클루언의 논의에 뿌리를 두고 있다. 매클루언의 지적대로 모든 미디어가 인간의 신체를 확장한 것이라면, 미디어는 결국 신체를 본뜬 것이라 할 수 있다. 최초의 미디어 역시 '사람'이라는 미디어를 참조하여 다른 형태의 미디어를 만들었다고 볼 수 있다. 재매개라는 개념은 미디어의 역사를 계보학적으로 설명하는 데 유용할 뿐 아니라 앞으로 무궁무진하게 생겨날 새로운 미디어를 예측하고 새로운 콘텐츠를 기획하는 데도 유용하다.

재매개의 개념은 디지털 미디어를 설명하는 데도 유용하다. 디지털

미디어는 투명성과 비매개를 추구하면서도 한편으로 과잉 매개를 하기도 한다. 먼저, '투명성'이라는 개념은 매개 과정이 투명 유리처럼 맑게 보이는 것이다. 즉 실제로는 매개하고 있으면서도 겉으로는 매개되고 있지 않는 것처럼 보이는 것으로 비매개라고도 말한다. 3D영화 〈아바타Avatar〉(2009)는 매개의 과정이 더 투명하다고 할 수 있다. 우리가 영화를 보고 있다는 느낌(매개)을 잊을 만큼 실재적인 영상을 제공함으로써, 관객은 영화를 보고 있다기보다는 그 안에 들어가 있다는 느낌을 받는다. 이것이 바로 투명성과 비매개의 개념이다. 투명한 디지털 응용 체계들은 매개 사실을 적극적으로 부정함으로써 실재적인 것에 도달하고자 한다.

반면에 '과잉 매개' 혹은 '하이퍼 매개'는 투명성과 비매개에 반대되는 개념이다. 하이퍼 매개는 말 그대로 매개 과정이 과잉되어 넘쳐 나는 미디어를 통한 경험이다. 컴퓨터 작업을 할 때 여러 문서 파일을 열어 놓고 창을 넘나들 때마다 우리는 미디어의 존재감을 확인한다. '그래 이제 다른 창으로 건너가야지. 그래 내가 지금 컴퓨터로 작업하고 있는 중이지?'라며 매개되고 있는 것을 자각시키는 것이 바로 과잉 매개, 즉 하이퍼 매개다. 이런 과잉된 매개의 경험에서도 몰입되는 경험을 하게 되는데, 볼터와 그루신은 매개를 다중화함으로써 실재적인 것을 추구한다고 설명한다. 다중화를 통해 충만감, 즉 경험의 포만감이 창출되며 이것은 실재라고 간주될 수 있다는 것이다. 이때의 미디어 경험은 투명하지 않고 과잉되어 있으나 이 하이퍼 매개의 경우에도 실재적인 것을 느낄 수 있다. 이 두 가지 매개가 모두 재매개의 전략이다.

재매개에 대한 두 가지 정의만 다시 알아보자. 볼터와 그루신은 우선, 재매개는 '매개의 매개'라고 정의한다. 말 그대로 매개를 다시 매개하는 것이 재매개다. MBC 〈라디오 스타〉는 사람들의 토크를 라디오로 매개한 것을 다시 TV적으로 매개한 것으로 이른바 재매개의 결과이다. 디즈니랜드를 예로 들어 보면 이 테마파크는 어드벤처랜드, 뉴올리언스 스퀘어, 프런티어랜드, 크리터컨트리, 판타지랜드, 투모로랜드 등으로 구역이 나뉜다. 이 구역 이름들은 영화의 장르와 겹쳐진다. 어드벤처랜드는 탐험 영화, 프런티어랜드는 서부 개척 영화, 판타지랜드와 투모로랜드는 SF 영화이다. 테마파크가 영화라는 장르를 재매개 한 것으로 볼 수 있다. 영화 역시 테마파크를 재매개하여 놀이기구를 타는 신 나는 경험을 영상으로 제공하기도 한다.

재매개에 대한 또 하나의 정의는 재매개는 개혁이라는 것이다. 재매개라는 말은 복구, 치료, 회복이라는 라틴어 'remederi'에서 유래한다. 재매개는 하나의 미디어가 다른 미디어를 개혁하거나 개선한다고 간주된다. 즉 사진은 기존의 회화보다, 영화는 사진보다, TV는 영화보다 더 개혁되거나 개선되었다고 여겨진다. 3DTV가 오감 TV로 개선되리라는 것도 예측할 수 있다. 앞으로 등장하게 될 방송의 포맷은 지금까지의 포맷이 주지 못하는 개혁적인 요소를 포함할 것이다. 일방적인 대중매체의 한계를 극복한 쌍방향 미디어가 대표적이다. 이제 방송을 보면서 시청자들이 참여할 수 있는 기술적 근거는 충분하다. 시간적·공간적 한계를 극복하게 만든 인터넷TV나 인터넷라디오 역시 개혁이라고 볼 수 있다. 국내에서도 산속이나 오지에서는 잘 들을 수 없었던 라디오 음악 방송을 이제는 전 세계 어디서나 들으며 소감과 사연을 남길 수 있다. '보이는 라디오'는 소리로만 듣는 한계를 없애고 시각적인 확장을 가능하게 했다. 또한 재매개는 사회적, 정치적 의미에서 개혁을 의미할 수 있는데, 인터넷이 의사 결정 과정에 비매개성을 제공하기 때문에 민주주의를 개혁할 수 있다고 여겨졌다. 현재의 관점에서 비교적 많은 단계의 재매개를 거친 인터넷의 발달로 인해, 원격 전자 투표나 인터넷 공론장 등 디지털 민주주의가 융성하게 되었다는 것이다. 노무현 대통령의 등장은 인터넷 민주주의의 대표적인 사례로 주목을 받았다.

매클루언은 "모든 미디어의 내용은 또 하나의 미디어"라는 명제를 제시했다. 예를 들면, TV의 내용은 라디오라는 미디어이며 라디오의 내용은 실제 토크라는 미디어, 토크의 내용은 문어라는 미디어다. 또한 문어의 내용은 구어라는 미디어이며, 구어의 내용은 이야기라는 미디어이고 이야기의 내용은 생각이라는 미디어인 것이다. 매클루언이 제시한 명제의 방향을 바꿔보자.

즉 "모든 미디어의 내용은 또 하나의 미디어다." → "미디어는 또 다른 미디어의 내용이 될 수 있다!"

미디어가 또 다른 미디어의 내용이 될 수 있다는 것이 바로 재매개인 것이다. 볼터와 그루신은 매클루언의 명제에서 힌트를 얻은 것은 아닐까? 그래서 『재매개』의 부제는 '뉴미디어의 이해'이다.

각각의 방송 프로그램들이 재매개한 미디어를 살펴보자.

다큐멘터리 ➡ 문서, 기록 영화

텔레비전 쇼 프로그램 ➡ 서커스, 극장 쇼

열린 음악회 ➡ 야외 공연

드라마 ➡ 연극 ➡ 소설 ➡ 이야기 ➡ 삶

토크 프로그램 ➡ 인터뷰, 대담 ➡ 빨래터 이야기, 노변정담

연예 정보 프로그램 ➡ 텔레비전 뉴스

〈PD수첩〉 ➡ 수첩

〈감성 매거진 행복한 오후〉, 〈경제 매거진 M〉 ➡ 잡지

〈TV 책을 말하다〉 ➡ 세미나

〈낭독의 발견〉 ➡ 낭독회, 문학의 밤

〈영상 포엠〉 ➡ 그림 있는 시집

〈TV 동화 행복한 세상〉 ➡ 동화책, 이야기책

〈무엇이든 물어보세요〉 ➡ 백과사전

〈아침마당〉 ➡ 빨래터, 동네 정자

〈우주 방송국 따따〉 ➡ 방송국

〈TV 유치원〉 ➡ 유치원

〈잉글리시 카페〉 ➡ 카페

〈상상플러스〉 ➡ 인터넷을 재매개 한 방송 프로그램

핸드폰 ➡ 카메라, 수첩, 손목시계, 오디오, MP3, 편지, 텔레비전

블로그 ➡ 일기

인터넷 카페 ➡ 찻집(카페)

이처럼 재매개는 수많은 은유의 덩어리이다. 현재의 미디어는 과거의 미디어 혹은 과거의 기술을 차용해서 이루어진 것이다. 만유인력을 발견한 뉴턴Isaac Newton은 "만약 내가 더 멀리 볼 수 있었다면, 그것은 바로 거인들의 어깨 위에 올라섰기 때문이다."라고 했다. 이 말은 미디어의 역사에도 적용된다. 현재의 미디어는 과거의 미디어들에서부터 시작되었으며, 미래의 미디어는 현재의 미디어에서 시작될 것이다. 방송기술의 역사를 알아야 하는 이유도 여기에 있다. 앞으로의 방송기술 역시 현재까지의 방송기술의 축적에서 시작될 것이기 때문이다.

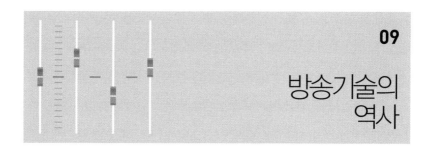

09

방송기술의 역사

텔레비전 기술의 발달은 라디오 기술에 의존하고 있으며, 라디오 기술은 무선전신 기술에 의존하고 있다. 무선전신 기술 역시 유선전신 기술에 의존했음에는 의문의 여지가 없다. 이처럼 방송기술의 역사는 기존의 기술을 토대로 무수한 진화를 거듭해 왔다. 라디오와 텔레비전 기술의 발달을 간략히 살펴보기로 하자.

라디오방송

라디오는 전파의 변조를 통해서 신호를 전달하는 기술을 두루 일컫는 말이다. 라디오가 정보를 실어 보내기 위해서는 저주파의 음향신호를 고주파의 전파로 변조modulation해야 한다. 변조 방식에 따라 AM과 FM으로 나뉘며 중파, 단파, 초단파를 사용한다.

전파는 주파수에 의해 정해지며 전파의 주파수는 파장과 관련 있다.

파동의 골과 골 사이 또는 마루와 마루 사이의 거리를 파장이라고 하며, 중심에서 높은 마루까지의 거리를 진폭이라고 한다. 주파수는 1초에 발생하는 파동의 개수를 의미하며, 단위는 전파를 처음으로 실험한 헤르츠Heinrich Rudolf Hertz의 이름을 따서 헤르츠Hz(Hertz)로 표기한다. 한국의 220V 교류 전원의 주파수는 60Hz로 1초에 60번의 파동을 일으키며 전자 제품에 전원을 공급한다.(한진만 외, 2011)

대화와 음악 등의 음성신호를 전파를 통해 불특정 다수를 위해 방송하는 방법으로 가장 역사가 긴 것은 AM방송이다. AM은 진폭변조Amplitude Modulation에 의한 중파 방송이다. 또한 주파수변조Frequency Modulation에 의한 초단파 라디오 방송은 FM방송으로 불린다.

변조 방식의 차이에 따라 몇 가지 라디오 방송 방식이 존재한다.

아날로그 방식 진폭변조AM: 주로 장파, 중파와 단파 라디오방송에서 사용된다.

주파수변조FM: 주로 초단파 이상의 주파수에서 사용된다. 주파수변조는 진폭변조에 비해 점유 주파수 대역 폭이 넓다.

디지털 방식 위성(BS/CS 등)**디지털오디오방송**: 대한민국에서는 스카이라이프 위성방송을 통한 전용 오디오방송이 실시되고 있다.

지상파 디지털오디오방송(지상파 디지털라디오): 영국에서는 1995년 시험 방송을 시작하여 2015년에는 라디오의 전면 디지털 전환(지역 단위 소규모 FM방송을 제외한 전국 단위 주요 FM 방송 송출 중단)이 계획되어 있다. 또한 UHF디지털지상파TV인 프리뷰Free view를 통한 라디오 방송 송출도 이루어지고 있다.

ー위키피디아

또한 각각의 라디오 방송 주파수 대역은 다음과 같다.

장파LF, LW : 30kHz~300kHz

중파MF, MW : AM 라디오(300kHz~3MHz)

단파HF, SW : 단파 라디오(3MHz~30MHz)

초단파VHF : FM방송 및 VHF 텔레비전(30MHz~300MHz)

극초단파UHF : UHF-텔레비전(300MHz~3GHz)

텔레비전방송

기계식 텔레비전

1817년 스웨덴의 화학자 베르셀리우스Jöns Jacob Berzelius가 원자번호
34번 셀레늄을 발견했다. 56년 후인 1873년, 아일랜드의 전신 기사 메
이Joseph May가 셀레늄이 빛을 받으면 전기의 성질을 띠는 광전효과Photo
Electric Effect를 갖고 있음을 발견했다. 이를 알게 된 발명가들은 이 물질의
성질을 전신(텔레그래프) 기술과 결합하면 움직이는 그림을 볼 수 있는 뭔
가를 만들어 낼 수 있겠다고 생각하기 시작했다. 이후 셀레늄은 초기 텔
레비전 발명가들의 기계식 텔레비전 발명에 사용되기 시작했다. 2년 후
인 1875년 미국의 케리George Kerry가 이를 이용하여 물체의 영상을 전기
신호로 바꾸는 데 성공했다. 셀레늄으로 수많은 광전지를 만들어 각각을
전구에 연결한 뒤 셀레늄 판 앞에 물체를 두자 전구가 물체의 윤곽을 나
타낸 것이다.

그러나 케리의 텔레비전은 좋은 화상을 얻기 위해 무수히 많은 전구와 전선이 필요하다는 단점이 있었다. 1884년 이러한 단점을 개선한 사람이 독일의 전기 기술자 닙코Paul Gottlieb Nipkow였다. 닙코는 셀레늄 판 앞에 24개의 구멍이 뚫린 원판을 세우고 이를 모터로 회전시켜 빛을 순차적으로 전달하도록 했다. 이를 이용하여 수많은 광전지에서 나온 전기신호를 하나의 전선으로 전달할 수 있었다. 신호를 전달받은 수상기는 전구를 켜서 이미지를 재생했다. 닙코는 빛이 순차적으로 이미지를 재현하더라도 잔상 효과 때문에 사람들은 전체의 이미지로 파악한다는 것을 이용했다. 이러한 방식은 텔레비전의 화상 표현 방법에 큰 영향을 주었다. 닙코의 장치는 '전기 망원경'이라 불렸다.

1926년 영국의 사업가 베어드John Logie Baird는 닙코의 '전기 망원경'을 이용한 사업을 시작했다. 베어드가 '텔레바이저televisor'라 부른 이 기계는 이후의 음극선관을 이용한 텔레비전과 구분하여 기계식 텔레비전이라 부른다. 1929년 BBC는 세계 최초로 기계식 텔레비전을 이용한 방송을 시작했다.

전자식 브라운관 텔레비전

1897년 브라운Karl Ferdinand Braun이 음극선관을 발명했다. 브라운관이라고 널리 알려진 음극선관은 진공관과 같은 원리에 의해 전자총에서 발사된 전자가 형광물질을 입힌 화면에 부딪혀 나는 빛을 이용하여 화상을 재현했다. 이후 LCD와 LED가 발명될 때까지 브라운관은 텔레비전 수상기를 비롯한 컴퓨터 모니터 등에 두루 쓰였다. 기계식 텔레비전에 대비된 음극선 방식의 텔레비전은 전자식 텔레비전이라 불렸다.

1953년 RCA는 흑백 텔레비전에서도 호환 가능한 컬러 텔레비전 기술 표준 NTSCNational Television System Committee(전국 텔레비전 시스템 위원회) 규격을 발표했다. 유럽에서는 1956년 프랑스가 SECAMSequentiel Couleur Memoire 방식을 컬러 텔레비전 기술 표준으로 삼았고 독일은 1962년 PAL Phase Alternating Line을 컬러 텔레비전 기술 표준으로 삼았다.

이후 아날로그 컬러 텔레비전방송은 이 세 규격 가운데 한 가지를 사용하고 있다.

디지털 텔레비전

디지털 텔레비전은 동영상을 디지털 방식으로 변조하여 송출하는 텔레비전 기술이다. 기존의 아날로그 방식으로 송출되던 텔레비전 신호와 변조 방식이 다르기 때문에 시청을 위해서는 디지털 신호의 복조demodulation 과정을 거쳐야 한다. 따라서 복조가 가능한 수상기나 별도의 복조 장치인 셋톱박스가 필요하다.

디지털 텔레비전의 기술 표준은 대륙별로 나라별로 차이가 있다. 미국에서 개발하여 북미 지역과 우리나라에서 쓰이는 ATSCAdvanced Television System Committee 방식, 유럽, 아프리카, 오스트레일리아의 DVBDigital Video Broadcasting 방식, 일본에서 개발하여 일본, 필리핀, 남미에서 쓰이는 ISDBIntegrated Service Digital Broadcasting 방식, 그리고 중국의 독자적 표준 DTMBDigital Terrestrial Multimedia Broadcasting 방식 등이 있다. 우리나라의 경우 10여 년 전 디지털 기술 방식을 둘러싸고 치열한 논쟁을 벌였으나,

결국 ATSC 방식으로 결정한 바 있다.

디지털의 전환은 아날로그방송으로 송출되던 것을 디지털로 바꾸어 송출하는 것이다. 디지털 전환에서는 송출이 중요한 요소이다. 송출이란 제작을 모두 끝낸 프로그램을 전파에 실어 보내는 것을 말한다. 이 전파는 주파수에 따라 나뉘고 방송을 실어 나르기 위한 공간을 위해 일정 대역의 주파수가 각 방송 채널에 할당된다.

방송 프로그램의 정보량에 따라 필요한 전파 넓이가 다르다. 음성에 비해 영상이 정보량이 많고 흑백에 비해 컬러 텔레비전이 정보량이 많다. 따라서 고음질과 고화질의 프로그램을 송출하기 위해서는 더 넓은 대역의 주파수가 필요하게 된다. 디지털은 압축이라는 기술로 정보량을 줄일 수 있고 송출 시에 보다 적은 주파수 대역으로 고음질, 고화질을 보낼 수 있다. 한정된 전파 자원을 효율적으로 이용할 수 있는 것이다. 이것이 디지털 전환의 당위인 셈이다.

SD Standard Definition는 디지털 화면으로 가로 720개, 세로 480개, 즉 약 35만 화소이고 HD는 가로 1,920, 세로 1,080개 즉 약 200만 화소를 자랑한다.(고찬수, 2011)

텔레비전은 세상에 모습을 드러낸 이후부터 지금까지 2번의 변혁을 만들어냈다. 첫 번째는 흑백에서 컬러로, 두 번째는 아날로그에서 디지털로 변신한 것이다. 앞으로 다가올 세 번째 변혁은 그동안과 전혀 다른 새로운 방송 시대를 만들어 갈 것이다. 새로운 방송은 스마트 텔레비전으로 불릴 것이며 이것이 가져다줄 산업적 충격은 우리가 겪은 두 번의 변혁과는 다른 차원이 될 것이다. 1세대인 흑백 텔레비전, 2세대인 컬러 텔레비전, 3세대인 디지털 텔레비전, 4세대인 스마트 텔레비전의 시대로 무한한 변화가 이루어질 것이다.(고찬수, 2011)

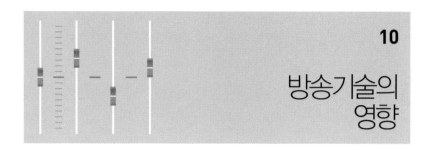

10

방송기술의
영향

　　　　　우리나라 방송법에서는 방송을 "방송 프로그램을 기획·편성 또는 제작하여 이를 공중에게 전기통신설비에 의하여 송신하는 것"으로 정의하고 있다. 방송법에 따르면, 프로그램의 기획, 편성, 제작이라는 단계와 송신이라는 단계로 구분하고 있으나, 방송기술이 적용되는 부분은 제작과 송신으로 나눌 수 있겠다. 여기에서는 제작 기술 부분을 살펴본다.

　　최근 방송계에 가장 두드러진 제작 기술의 변화는 방송제작의 디지털화이다. 아날로그 방식이 디지털 방식으로 바뀌어 가고 있는 것이다. 필자가 방송사에 입사한 1995년에 〈열린음악회〉는 아날로그 텔레비전에 아날로그 테이프로 녹화했다. 본방송은 헬리컬 테이프라고 하는 큰 원반형 필름 테이프로 제작했다. 편집감독은 묵직한 헬리컬 테이프를 편집기에 걸고 테이프가 잘 풀리도록 되감기와 감기를 반복한 다음 편집에 들어갔다. 예전에 음악을 테이프로 듣던 것과 똑같다. 아날로그방송의 특징은 노이즈에 무척 취약하다는 것이다. 시간이 흐르면 테이프의 자기 배열이 달라지거나 테이프의 노화로 인해 신호 열화가 일어난다.

기술의 디지털화가 진행되면서 카메라도 디지털 카메라로 바뀌고 녹화도 테이프 방식에서 파일 방식으로 바뀌었다. 프로그램 편집도 1:1 테이프 기반 편집 방식에서 비선형 편집Non-Linear Editing 이른바, NLE 방식으로 바뀌었다. 편집 방식이 디지털화되면서 방송사 내에는 흥미로운 일이 생겨나고 있다. 예전에는 방송사에 입사한 뒤 새롭게 방송제작 방식을 습득해 나갔지만, 요즘은 최근에 입사한 직원들이 디지털 기기에 더 익숙하기 때문에 편집 등에서 선배들보다 탁월성을 보이기도 한다. 선배들은 편집 기사를 통해 편집을 완성한다면, 후배들은 스스로 모든 것을 다 처리하는 1인 제작 시스템이 가능하기 때문이다. 따라서 조직 관리 방식에 큰 변화가 생길 수밖에 없다.

NLE 편집 기술의 발달은 촬영과 편집 등 제작 과정에 막대한 영향을 미쳤다. 테이프에 찍힌 영상을 다른 테이프로 옮겨 담는 1:1 아날로그 편집 방식에서 파일 기반의 편집 방식으로 바뀌면서 촬영 분량이 크게 늘어났다. NLE가 도입되기 전, 버라이어티 프로그램은 ENG 카메라 2대로 촬영했으며, 테이프의 양은 30분짜리 10개 안팎 정도였다. 하지만 지금은 용이해진 편집과 6mm 카메라의 등장으로 촬영 테이프의 양도 크게 늘었다. 주말 버라이어티 프로그램의 경우 출연자 1명에 6mm 카메라가 한 대씩 따라붙고 ENG 카메라가 6대 등 총 20여 대의 카메라가 동원된다. 스튜디오 녹화와 야외 녹화가 섞여 있던 예전과는 달리, 100% 야외 녹화로 바뀌어 촬영한 테이프 양은 더욱 늘었다. 제작 체계 변화로 인해 프로그램 제작에서의 변화 역시 예상할 수 있다. 한 예능 CP는 이러한 변화를 다음과 같이 전한다.

"아날로그 시절에는 선배가 모든 편집을 결정했다. 조연출은 시간을 체크하는 정도의 역할을 하고 모든 편집 준비를 마치고 기다려야 했고, 의사 결정은 개별 PD가 전부 다 하는 시스템이었다. 그런데 이제 방송 환경에 기술 변화가 있고 촬영 기법 자체가 많이 변했다. 편집이 굉장히 복잡해져서, 옛날에는 보통 연출자 2명이 붙었지만 요즘은 최소 4명 이상 붙어야 편집 분량을 채운다. 그러다 보니 개별 현장에서 CP와 PD가 점점 분리되고 있다. 지금 CP들은 아날로그와 디지털 사이에 걸려 있고, 후배들은 다 NLE 밑에 가 있다. 그래서 전체가 모여서 일하는 것보다 개별 파트로 쪼개져 일하게 된다. 그러다 보니 점점 통제하기 힘들고 관리가 좀 약해지기도 한다."

NLE 편집 기술의 도입으로 제작 단위가 분화되면서 CP 입장에서는 프로그램에 대한 전체적인 통제가 약해졌고 담당 PD들은 더 자율적인 환경에서 제작에 임하게 되었다는 것이다. 2010년 KBS의 새 노조가 파업했을 때 가장 큰 타격을 입은 장르는 예능국 소속의 버라이어티 프로그램이다. 경영진이 〈1박 2일〉, 〈남자의 자격〉의 편집을 위해 외주PD를 임시 채용해서 편집·방송한 것이다. 경영진은 정상 방송이라고 주장했지만, 시청자들은 평상시의 프로그램에서 얻을 수 있었던 더 큰 재미를 잃어버렸다. MBC 〈무한도전〉 역시 2008년 미디어법 관련 파업으로 '유앤미 콘서트'가 외부 인력에 의해 편집되고 방송된 적이 있었다. 이에 대해 시청자들은 자신들이 직접 편집한 내용을 올리는 등 대체 인력을 통한 프로

그램 방송을 맹렬히 비난했다.(황정현, 2010)

　이 두 사건의 공통점은 버라이어티 프로그램의 노동이 내부 인력으로 대체되지 못하고 외부 프리랜서의 힘에 의지했다는 것이다. 교양, 드라마, 다큐멘터리, 시사, 뉴스 등 대부분의 프로그램은 평직원이 모두 제작에 참여를 하지 않더라도 내부 인력으로 어느 정도 대체되지만, 버라이어티 프로그램은 비선형 편집이 아니면 제작하기 어렵기 때문이었다. 특히 다양한 카메라에서 찍은 화면을 동시에 띄우고 편집 과정에서 선택할 수 있는 멀티캠 기능은 버라이어티 프로그램의 재미를 극대화하는 데 필수적이다. 20여 대의 카메라를 사용하여 찍은 분량도 방대하여 프리뷰와 편집에 많은 시간이 소요되기 때문에 버라이어티 편집PD는 대체되기 어려운 속성이 생긴 것이다. 입사 15년 이상 된 PD들 역시 비선형 편집 기술을 익히긴 했지만 디지털 인터페이스가 체화되지 않았기 때문에 내부에서 대체 인력을 찾기 어렵다. 많은 예능PD들이 파업에 적극적으로 참여할 수 있었던 것은 대체할 수 없는 디지털 편집이라는 기술 발전과 밀접하게 관련된다. 이와 관련해 한 예능PD는 다음과 같이 증언했다.

　"편집이 복잡하기보다 굉장히 세밀해졌다. 아주 섬세한 편집을 하는 게 당연해졌는데, 이를 NLE가 아니고 일반 편집 기술로는 할 수 없는 상황이 된 것이다. 선배들이 NLE를 건드린다고 해도 그 정도 수준이 안 되고 외부 사람을 데리고 와도 그렇게까지는 잘할 수 없는 상황이다. PD들이 실제로 파업하게 되면 편집 수준이 낮아지게 될 수밖에 없는 기술적인 장벽이 존재하는 것이다. 왜냐면 파일을 얘기하면 잘 못 알아듣기 때문에 전체적인 얘기만 할 뿐 자세한 얘기는 하기 어려운 상황이다. 전에는 다 알기 때문에 직접 해 보고 테이프 부분은 '이렇게 하면 되는데 왜 안 돼? 이렇게 해!'라는 것이 가능했는데 지금은 그게 안 되는 상황인 것이다."

PD들의 증언에 따르면, 예능PD들의 파업 참여가 적극적이지 않았음에도 방송사에 큰 타격을 주었던 이유는 바로 제작 체계의 기술화에 따른 결과였다. 예능PD들은 2010년 파업 참여 후 자신들의 능력에 대한 재확인과 더불어 프로그램의 자율성을 담보할 수 있다는 자신감을 확보했다고 한다. 자신의 경쟁력이 결코 적지 않다는 것을 확인한 것이다.

디지털 리터러시literacy의 차이에 따라 프로그램의 자율성에 영향을 받는 장르는 편집의 미묘한 차이에 따라 결과물이 크게 달라지는 버라이어티 프로그램이다. 교양, 시사, 다큐멘터리, 음악 프로그램이나 코미디 프로그램 등 편집이 용이한 장르의 경우 디지털 기술의 지렛대 역할은 작아질 수밖에 없다. 2012년 3월 담당 PD가 파업에 들어간 〈개그콘서트〉의 경우 프로그램 방영에 전혀 차질이 없었던 반면, 〈1박 2일〉 등 버라이어티 프로그램은 PD의 파업에 따른 영향이 상대적으로 컸다.

반면 디지털 편집의 확산으로 PD들의 편집에 대한 업무 강도는 더욱 커졌다. 예전에 종합편집실에서 기술 스태프의 도움을 받아 진행하던 편집을 PD 혼자 NLE 편집을 통해서 완수해야 하기 때문이다. 화면 전환 효과는 물론이고 자막 입력까지 NLE 편집으로 끝낼 수 있기 때문에 PD들이 편집에 들여야 하는 공력이 배가 되고 업무 부담으로 이어졌다. 이러한 상황 역시 예능국에만 해당하는 상황으로, 편집의 미묘한 맛이 프로그

램의 성패를 좌우하는 장르 속성과 밀접한 연관을 갖는다.(홍경수, 2012)

또한 고성능 카메라로 인한 카메라와 스태프 수의 증가, 비선형 편집 등의 기술적 변화로 인해 리얼 예능 프로그램 제작에 복잡적응 시스템이 생겨났다는 주장도 있다. 복잡적응 시스템complex adaptive system이란, 다수의 행위자가 독자적인 의사결정에 따라 다른 행위자와 역동적으로 상호작용하면서 학습하고 진화함으로써 특정한 구조와 규칙을 만들어 가는 시스템을 말한다. 인체의 신경계, 경제 시스템, 도시나 지역사회와 같은 시스템이 여기에 해당한다.(장용호/노동렬, 2010) 〈무한도전〉이나 〈1박 2일〉 같은 리얼 예능 프로그램의 생산 방식은 복잡적응 시스템으로, 이를 구성하는 요소는 자율성을 가진 다수의 행위자, 독자적인 행동 방식, 행위자들 간의 자발적인 상호작용이다. 리얼 예능 프로그램은 이러한 복잡적응 시스템의 기본 법칙인 자기조직화 과정을 통해 창발성을 증폭시켜 나간다는 것이다. 복잡적응 시스템인 리얼 예능 프로그램의 자기조직화 과정에는 양(+)의 되먹임이 작동하는 반면, 기존의 예능 프로그램에는 음(-)의 되먹임이 작동한다는 것이다. 리얼 예능 프로그램의 생산 방식은 행위자들의 높은 자율성과 규칙의 최소화, 우연의 극대화, 높은 친밀감, 교류적 상호작용을 통해 시간 경과에 따라 행위자들의 행동을 차별화하고 선택하고 증폭하는 진화의 과정을 거친다. 반면, 기존의 예능 프로그램은 폐쇄적인 구성, 세심한 규칙 체계, 우연 발생의 제한, 순차적 상호작용을 통해 작가와 연출자에 의해 미리 디자인되어 있는 기준의 생산 체계다. 기존의 예능 프로그램이 미리 디자인된 통제pre-designed control를 통해 창의성을 생산하는 반면, 리얼 예능 프로그램은 행위자들 간에 자발적이고 적극적인 상호작용을 통해 자기강화되고 자기조직화하며 창발적 질서emerged order를 만들어 낸다. 결국 자기조직화 과정은 바로 조직의 변화에 스스로 적응하며 창발성을 극대화해 가는 복잡적응 시스템의 내적 메커니즘이라고 할 수 있다. 이처럼 기존의 예능 프로그램과 리얼 예능 프로그램은 제작 방식에서 큰 차이를 보이고 있고 여기에 기술적인 변화로 인한 영향이 큰 역할을 한다는 것을 확인할 수 있다.

참고문헌

고찬수(2011), 『스마트 TV 혁명』, 서울: 21세기북스.

김균·정연교(2006), 『맥루언을 읽는다』, 서울: 궁리출판.

마셜 매클루언 지음, 임상원 옮김(2001). 『구텐베르크 은하계Gutenberg galaxy』, 서울: 커뮤니케이션북스.

_____, 박정규 옮김(1997), 『미디어의 이해Understanding Media』, 서울: 커뮤니케이션북스.

_____, 김진홍 옮김(2001), 『미디어는 마사지다The Medium is the Massage』, 서울: 커뮤니케이션북스.

장용호·노동렬(2010), 「리얼리티 예능 프로그램의 자기조직화에 관한 연구: 〈1박2일〉과 〈무한도전〉의 창의적 생산 방식을 중심으로」, 『방송과 커뮤니케이션』, 서울: 문화방송.

한진만 외(2011), 『방송학개론』, 서울: 커뮤니케이션북스.

홍경수(2010), 『창의적인 콘텐츠 기획의 8가지 비밀』, 서울: 한국콘텐츠진흥원.

홍경수(2012), 「공영방송사 제작체계의 변화가 피디 전문직주의에 미치는 영향」, 서울대학교 대학원 박사학위 논문.

황정현(2010. 7. 13), KBS 주말예능 '정상' 방송, 과연 무엇이 '정상'인가, 『미디어오늘』. 통권 11권, 39-90쪽.

Berelson, Bernard(1949), in Paul Lazarsfeld and Frank Station (eds.), "What missing the newspaper means", *Communication Research*. New York: Harper and Brothers.

매스 커뮤니케이션 상황에서 수용자는 매스미디어에 노출되거나 이를 이용하는 사람들 모두를 말한다. 이 때 수용자의 범위는 매우 넓고 특정 장소에 국한되지 않은 채, 각지에 분산되어 있다. 또 어느 미디어를 이용하느냐에 따라 독자(신문 등 인쇄매체 수용자), 청취자(라디오 수용자), 시청자(TV 수용자), 가입자(케이블TV 수용자) 등의 다양한 이름으로 불린다. 매스미디어의 기술적 발명이 계속 새로운 형태의 수용자를 만들어 온 것이다. 이 가운데 가장 대중적인 수용자는 현대사회에서 가장 인기 있는 미디어로 군림해 온 TV방송의 수용자, 즉 시청자일 것이다. 이번 장에서는 TV방송 매체를 중심으로 수용자에 대해 알아보고자 한다. 아울러 일반적인 수용자 관련 이론을 정리해 본다.

01

방송 수용자와
시청률

방송 수용자의 개념은 세 가지로 분류할 수 있다. 첫째, '잠재적 수용자potential audience'의 개념으로, 국적, 인종, 성별, 연령, 직업 등 모든 계층을 포괄하여 텔레비전 수상기를 가진 가정의 구성원 전원을 의미한다. 이는 원칙적으로 전파가 송출되는 해당 지역의 모든 사람들로, 모든 국민이 잠재적 수용자에 포함된다고 할 수 있다. 이러한 수용자 개념은 시간대에 따라 실제 시청 가능한 시청자에 대한 정보가 전혀 포함되지 않는다는 한계를 지닌다.

둘째, '가시청 수용자available audience' 개념이다. 현재 텔레비전을 시청하고 있지 않더라도, 마음만 먹으면 언제든지 텔레비전을 시청할 수 있는 사람들을 말한다. 이 개념은 특정 시간대에 존재하는 수용자와 그들이 어떠한 사람들로 구성되는가에 중점을 둔다. 가시청 수용자는 실제로 프로그램을 시청할 수 있는 사람들이기 때문에 해당 채널을 시청하고 있지 않으면 경쟁 채널을 시청할 가능성이 있는 집단이다. 이러한 이유로 가시청 수용자는 방송사, 기획자, 작가, 같은 프로그램 생산자들에게 가장 중요한 수용자 개념이다.

셋째, '실제 수용자actual audience'이다. 이들은 가시청 수용자 중에서 텔레비전을 시청하지 않는 사람들을 제외하고, 각 채널별로 분산되어 현재 텔레비전을 시청하고 있는 집단을 뜻한다.

이 중 가장 중요한 개념은 앞서 말했듯 가시청 수용자다. 프로그램을 기획하거나 편성 실무를 하는 전문 인력은 가시청 수용자의 크기와 구성에 대해 분석할 필요가 있다. 가시청 수용자의 크기는 특정 시간대에 수면이나 노동 등으로 텔레비전을 시청할 수 없는 사람들을 제외하고 측정한다. 대개 텔레비전 시청을 포함한 여가 활동을 즐기는 사람들이 이에 속한다. 이때 수용자 크기는 시간, 요일, 계절, 나아가 시대에 따라 변화할 수 있다. 특히 하루 24시간의 생활 패턴 변화는 수용자 크기에 절대적인 영향을 미친다. 한편 가시청 수용자의 구성은 성별, 연령별, 소득별, 계층별, 인종별로 분포해 있고 이 또한 시간, 요일, 계절 등에 따라 변화한다.

TV 수용자인 시청자는 시청률로 환산된다. 높은 시청률은 곧 인기 있는 프로그램이라는 뜻이므로 제작자들은 그것을 프로그램에 대한 평가로 받아들이는 경향이 있다. 방송사 입장에서 시청률을 민감하게 받아들이는 것도 역시 시청자를 고려하는 행위라고 볼 수 있다. 하지만 TV 시청률은 무엇보다 광고 비용 산정 시 근거 자료로 매우 중요하다. 시청률 측정은 시청률 조사 회사가 선정한 전국의 패널 가구 중, TV를 시청하는 가구 가운데 몇 가구(또는 구성원)가 어느 시간대에 어느 방송 프로그램을 시청했는지를 통해 이뤄진다. 이렇게 측정된 수치를 PUTPeople Using

Television라고 한다. 이것은 전체 수용자 중 텔레비전을 현재 시청하고 있는 수용자의 비율을 계산하는 것으로 TV의 전반적 이용 정도를 보여 주는 지표이다. 이는 각 방송 프로그램에 대한 시청자의 실제 선호도가 어떠한가를 보여 주는 적나라한 양적 자료로, 시청자의 실제 이용 행태를 직접적으로 나타낸다. 시청자가 방송 프로그램에 대해 어떻게 생각하고 평가하는지와 관계없이 시청 시간 수치만을 객관적으로 제시함으로써 얼마나 많은 사람이 특정 방송 프로그램을 시청했는지 근사치로 알려 주기 때문이다. 광고주는 이 자료를 바탕으로 광고비를 지불한다. 바로 이 점 때문에 '수용자 상품론(많은 시청자를 확보하는 것이 결국 높은 광고료 책정으로 이어지기 때문에 시청자가 광고주에게 상품으로 인식된다는 의미)'을 둘러싼 비판이 일고 있다.

시청률과 달리 수용자의 만족도를 보여 주는 자료로는 '수용자 평가지수KI'가 있다. 수용자 평가지수는 프로그램 평가지수와 채널 평가지수로 구분된다. 프로그램 평가지수는 개별 프로그램에 대한 만족도 평가 SI(Satisfaction Index)와 품질 평가QI(Quality Index)로 구분된다. 구체적 질문 내용은 다음과 같다.

수용자 평가지수를 측정하는 평가자는 총 TV 시청 시간의 반 이상을 시청한 프로그램에 한해 설문에 응한다. 이 결과는 개별 방송 프로그램 또는 채널에 대한 수용자의 평가를 보여 준다. 하지만 실제로 평가자가 프로그램을 얼마나 시청했는지에 대한 객관적 자료는 될 수 없다. 따라서 실제 시청 선호도와 괴리가 발생할 수 있다.

지금까지 조사에서 수용자 평가지수KI와 만족도 평가SI, 품질 평가QI의

표 4-1 | 프로그램 평가지수 측정 내용

구분	내용 및 측정 방식	설문 문항
SI	프로그램 만족도 평가 11점 척도 (0~10점)	귀하께서 시청하신 ○○○ 프로그램에 대해 얼마나 만족하십니까?
QI	프로그램 질적 수준 평가 11점 척도 (0~10점)	귀하께서 시청하신 ○○○ 프로그램이 질적으로 얼마나 우수하다고 생각하십니까?

출처: 정용찬·신호철(2010), 「2010년 KI 시청자평가 조사보고서」

상관관계는 높은 것으로 나타났지만, 수용자 평가지수와 시청률 간에는 특별한 관련이 없는 것으로 드러났다. 높은 시청률을 나타낸 프로그램의 수용자 평가지수가 오히려 낮게 나타나는 경우가 적지 않기 때문이다. 시청률이 높다고 해서 그 프로그램을 수용한 시청자들이 품질의 우수성까지 높게 평가하지는 않는 것이다. 흥미와 재미를 위해 제작 혹은 편성된 프로그램에 대한 수용자의 평가는 낮게 나타나기 마련이다.

다만 뉴스의 경우엔 시청률이 높아지면 수용자 평가도 높게 나타난다. 즉 뉴스 프로그램의 품질과 만족도가 시청률을 결정하는 요인이 될 수 있다는 것이다. 오락 장르는 시청률과 수용자 평가지수 간에 상관관계가 없으나, 만족도를 측정하는 SI와는 상관관계를 보이는 경우가 많다. 이 경우 시청 만족도가 시청률 상승의 요인이 될 수 있다. 그러나 다른 장르에선 이러한 관련성이 나타나지 않는 것이 일반적이다.

최근 방송사 채널 간 시청률 경쟁이 심화되면서 프로그램 품질의 하향 평준화에 대한 우려가 높아지고 있다. 때문에 단순한 시청률 차원을 넘어 수용자 평가지수에 대한 관심이 요구되고 있다. 오락 장르 편중을 벗어나 리얼 다큐, 시사 토론, 생활 정보 장르 등 교양 장르 분야 편성에 대한 정책적 고려가 필요한 시점인 것이다. 물론 특정 장르에 대한 편성 비율 규제가 바람직한 것은 아니지만 시청률 면에서 경쟁력이 떨어지는 교양 분야 편성에 대한 지원이 있어야 하는 것은 사실이다.

방송이 수용자에 미치는 영향

방송 수용자는 라디오방송 시절부터 적극적인 모습을 보여 왔다. 특히 영상을 통해 전달되는 TV의 현실 묘사는 실제 현실과 가장 유사한 경험을 제공하는 '사회적 실재감social presence'을 느끼게 하면서 수용자의 몰입을 이끌어 냈다. TV의 영상 이미지는 브라운관 속 인물을 매혹적으로 보이게 하여, 스타덤stardom 현상을 낳았고 이것이 팬덤fandom 현상으로 이어졌다. TV는 영상매체가 가지는 특성으로 수용자의 심리적 관여를 유발한다. 이는 TV가 보여 주는 대상과 수용자가 마치 상호작용하는 듯한, 이른바 '유사 사회적 상호작용parasocial interaction'으로 이어지면서 TV의 경험을 수용자 자신의 경험처럼 받아들이게 만든다.

스타덤 현상과 팬덤 현상은 영화를 통해 본격적으로 시작되었다. 할리우드 영화산업 체제가 스타의 이미지를 계획적으로 생산하고 선전과 광고, 기사, 인터뷰 등을 통해 스타덤을 구축하는 과정에서 수용자들은 몰입하고 열광하게 되었고 이것이 팬덤 현상으로 나타났다. 영화에 비해 TV는 각 가정의 일상과 함께하는 편재성과 범용성을 지닌 매체인데, 팬덤 현상이 여기까지 확산되었다는 점이 중요하다.

TV가 갖는 '일상성'은 모든 사회 현상과 문제를 수용자가 쉽게 현실로 받아들이고 이해할 수 있도록 도와주었다. 이로써 수용자들은 TV 속 현실로 실제 현실을 대체하게 되었다. 때문에 리얼리티 수용 전반에 관해 많은 문제점을 야기해 왔고, 수용자에 대한 연구 또한 활발히 이루어져 왔다. TV방송 프로그램은 기획과 촬영, 편집 그리고 편집 후 작업을 통해 수많은 사실들이 축소되고 강조, 변화된다. 그러한 결과물이 수용자에게 다수의 표상과 함께 어떠한 리얼리티 체험을 불러일으키는가는 호기심의 대상인 것이다. 이 때문에 매체의 현실 재구성reconstruction of reality을 포함해 TV가 묘사하는 폭력적 장면과 선정적 장면, 광고 등이 수용자에게 어떤 영향을 미치는가에 대한 논의가 끊임없이 이어지고 있다.

이를 보다 자세히 알아보자.

팬덤 현상

팬덤은 단지 문화 활동을 열렬히 하는 차원이 아니다. 스타덤과 팬덤은 서로를 규정하는 불가분의 관계다. 상업적 목적을 지닌 미디어에 의해 조장되는 팬의 활동(스타들과의 유대 강화와 홍보 촉진 등)으로 정의되기도 한다. 팬덤은 미디어 조작에 의한 대중문화나 스타에 열성적인 사람들이 만들어 낸 사회적 현상이다. 부정적 수용자 인식론을 대표하는 젠슨Joli Jenson의 '병리적 팬pathological fan 모델'에 따르면, 팬덤이란 수용자의 미숙함과 무지를 보여 주는 것이고 통제당하기 쉬운 '대중'을 상대로 하는 대중문화의 결과이다.

반면, 팬덤은 미디어의 조작에 의한 것이 아닌 수용자의 생산적 힘을 보여 주는 것이라는 긍정적 관점도 존재한다. 젱킨스Hennry Jenkins는 이와 관련해 다음의 다섯 가지 측면을 들어 긍정적 수용자 인식론을 강조했다.

첫째, 팬의 수용 양식이 능동적이다.

둘째, 비판적 실천과 해석적 실천의 특징을 지니고 있기 때문에 능동적이다.

셋째, 팬덤은 소비자 행동주의에 기반을 두고, 제작자의 제작 방향에 영향을 미치기 위해 조직되기도 한다는 점에서 능동적이다.

넷째, 팬은 그들의 대안적인 텍스트를 생산하고 기존의 시리즈로부터 새로운 상황과 새로운 세계로 캐릭터를 위치시킴으로써 능동적이다.

다섯째, 팬은 대안적인 사회적 공동체를 만든다는 점에서 능동적이다.

요컨대 팬덤은 스타의 매력을 의식적으로 공유하는 집단 형태로 존재하며 미디어와의 관계는 만족스러운 편이다. 그러나 팬덤은 변덕스러워서 스타를 가십, 질투, 혐오의 대상으로 취급하는 등 상처를 입힐 수 있으며, 이러한 내용은 미디어를 통해 확산되는 과정을 거친다. 자신이 좋아하는 연예인과 교제설이 나도는 다른 연예인을 인터넷이나 SNS에서 무차별적으로 공격하는 행위 등이 이러한 예이다.

한편 팬덤에서 스타와 팬의 관계는 친밀도와 몰입 정도에 따라 규정된다. 친밀도의 강도가 높은 팬들은 스타와 자신을 동일시self-identification 하기에 이르고, 친밀도가 그리 높지 않은 팬들에게서는 감정적 친화 emotional affinity가 일어난다고 본다. 또한 몰입의 정도가 강하면 스타와 자신의 삶을 일치시키려는 투사에 이르기도 한다. 하지만 그리 강하지 않으면 스타의 행위나 의상, 장신구, 머리 모양 등을 추종하는 단순 모방에 그친다. 스타에 대해 자기동일시를 하고 삶을 투사하는 단계의 팬덤은 스타가 사망했을 때 동반자살을 하는 등의 사회적 문제를 낳을 수도 있다.

우리나라에서도 최근 팬덤 현상이 자주 거론되고 있다. 그 가운데 연예인을 밤낮 없이 쫓아다니는 극성팬 등 팬덤이 야기하는 부정적인 현상이 적지 않다. 세계적으로 불고 있는 한류와 함께 해외 팬들이 만들어 내는 팬덤 현상도 새롭게 나타나고 있다(〈관련 기사 1〉 참조). 이러한 팬덤 현상을 어디까지 능동적인 수용자의 모습으로 해석할 수 있는지는 논란거리이다.

관련 기사 1

(…) 아이돌 스타들이 집보다 더 많이 생활하는 소속사 근처에는 늘 팬들이 몰린다. 스타의 일거수일투족을 쫓는 '사생팬'부터 외국에서 스타를 보기 위해 한국을 찾은 해외팬까지 대형 소속사가 밀집된 강남구 일대에 덩달아 많은 팬들이 몰려들고 있다.

지난해 한국문화관광연구원이 한국 방문 후 출국하는 외국인 관광객 979만 명을 대상으로 실시한 '외래 관광객 실태 조사'에 따르면 한류 스타를 보기 위해 한국을 찾은 외국인이 관광객 전체의 8.2%를 차지했다. 같은 해 서울시에 따르면 서울을 방문한 외국인 1,000명 중 40.6%가 K-POP 등 한국 문화 체험이 목적이라고 답했고 이들의 소비는 일반 관광객보다 1.5배 이상 많은 것으로 조사됐다. (…) 해외팬들의 유입에 따라 강남구청은 소속사들과 손을 잡고 강남구를 한류 관광의 메카로 만든다는 청사진을 그리고 있다. 연내에 SM엔터테인먼트부터 큐브엔터테인먼트에 이르는 거리를 이른바 '한류 스타 거리'로 지정하고 의욕적으로 관광객 유치에 나선다. 올해 말까지 1차적으로 한류 거리에 아티스트의 조형물을 설치할 예정이다. (…)

— 스포츠서울닷컴, 2012년 9월 7일, 김은정 기자

현실의 재구성과 수용자

언론이 제시하는 왜곡된 현실, 즉 재구성된 현실에 사람들이 의존한다는 리프먼Walter Lippmann의 지적은 영상매체 TV 시대에 이르러 한층 유용하게 되었다. TV는 수용자의 인지 형성 측면에서 그 어떠한 매체보다 강력한 힘을 지니고 있으며, 가장 흔하고 지속적인 학습 환경을 제공하기 때문이다. 물론 TV의 현실 재구성이 고의적으로 수용자를 속이기 위한 것은 아니다. 실제로 일어나는 현실의 사건을 언제나 본래의 영상과 소리로 완벽하게 전달하는 것은 매우 힘든 일이기 때문에 이미 과거가 된 사건을 재연을 통해 현재화하는 방법을 자주 사용하게 되는 것이다. 사건 관련자가 동일한 상황에서 그 장면을 재연하는 방식 등이다. 그러나 사건 발생이 너무 오래되었거나 관련된 사람들을 접촉할 수 없다면 그마저 불가능하다. 이 경우 증명된 자료와 배우의 연기를 바탕으로 재연이 이루어진다. 이 과정에는 당연히 수많은 중간 단계와 변형이 따르기 마련이다. 이를 그림으로 나타내면 다음과 같다.

그림 4-1 | 현실과 재구성된 현실: 리얼리티 상황에서의 시청각 사건

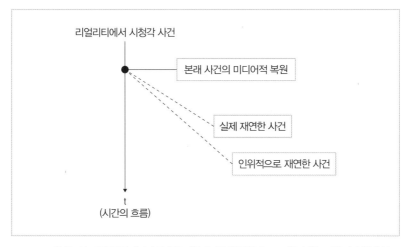

출처: 이도경(2002), 『미디어에서 리얼리티란 무엇인가』, 114쪽, 서울: 커뮤니케이션북스.

 현실 재구성은 제한된 시간이라는 조건 안에서 제작자의 필연적인 선택이기도 하다. 전체 사건 기사에 비해 매우 적은 숫자의 기사만 뉴스화되는 뉴스 프로그램의 경우도 그렇다. 뉴스가 지니는 이야기 구조 자체가 재구성 포맷을 필요로 한다. TV 뉴스는 내용뿐 아니라 형식과도 관련이 있으며, 그러한 형식이 수용자 사이에서도 관례화되어 있기 때문이다. 다큐멘터리 또한 수용자의 학습된 관행을 기반에 두고 만들어진다. 대부분의 다큐멘터리는 실제라는 환상을 일으키기 위해 실제 장소와 사회적 배경에 의존한다. 그러나 미디어의 리얼리즘에는 '실제 생활에 관한 것이라는 믿음'이 깔려 있다. 이 때문에 허구의 이야기조차도 사실적 설정과 사회적 배경을 두고 그럴듯한 논리로 구성하면 현실로 느껴질 수 있다. 최근에는 어떤 장면이 실제이고 어떤 장면이 연출된 것인지 혼란을 주는

'페이크다큐fake+documentary(다큐멘터리에 드라마 같은 극적 요소를 혼합한 방송 프로그램 장르)'까지 등장하고 있다.

사람들이 주변 세계에 대한 의미를 수립하고 수정하며 강화해 나가는 데 매체가 어떤 역할을 하는가는 TV 시대 이전부터 지속적인 관심 대상이었다. 현실 세계를 모두 직접 경험할 수 없는 인간은, 매체를 통해 소통하는 주관적 방식을 수용하여 세상에 대한 적응과 인식을 구성하기 때문이다. 매체는 끊임없는 현실 묘사를 통해 수용자에게 의미 형성의 경험을 제공하고, 수용자는 매체가 제시하는 현실을 통해 의미 세계를 창조하게 된다는 것이 '의미 이론'의 골자이다. 그 가운데 매체가 수용자로 하여금 특정 쟁점에 주목하게 만든다고 보는 것이 '의제 설정 이론'이며 매체의 현실 재구성이 수용자들의 현실 지각에 영향을 미친다고 보는 것이 '계발(혹은 배양) 이론'이다. 한편 '틀짓기 이론'은 매체가 현실의 한 측면을 선택해 강조하여 현실을 재구성함으로써 수용자에게 영향을 미친다는 이론이다. 이에 대해 자세히 알아보자.

의제 설정 이론

매체는 수용자가 무엇에 대해 생각하고 알고 느껴야 하는지를 계속 제시함으로써 수용자의 현실 인식에 영향을 미친다. 1963년 정치학자 코언Bernard Cohen의 "대부분의 언론은 사람들이 무엇을 생각하도록 하는 데는 성공적이지 않지만, 무엇에 대해 생각해야 하는지를 말하는 데는 놀랄 만큼 성공적이다."라는 말은 이를 잘 표현한 것이다.

매체의 주된 언론 활동은 환경을 감시하는 것이다. 그러나 수용자들은 뉴스를 통해 그 가운데 일부를 접할 뿐이다. 때문에 매체가 크게 주목하는 사건은 곧 수용자도 중요한 사건으로 인식하게 되는데, 이를 '의제 설정 효과'라고 부른다. 매콤스와 쇼는 의제 설정과 관련해 "수용자는 매체가 강조하는 사건으로부터 어떤 쟁점이나 주제가 중요한지 배우게 된다."라고 했다.

의제 설정은 선거 쟁점의 중요성에 대한 응답자의 태도에 선거 캠페인이 미치는 영향을 연구하는 것으로부터 시작되었다. 연구 결과, 매체가 특정 쟁점을 강조할 경우 투표자들이 그에 대해 중요하게 인식한다는 사실이 입증되었다. 즉 매체가 캠페인 주제를 강조하는 것에 따라 투표자들이 주요 쟁점의 중요성과 현저성salience을 달리 판단할 수 있다는 것이다. 이후 연구 결과에서도 미디어가 중요하게 다룬 이슈의 순서와 공중이 중요하게 생각하는 이슈의 순서가 비슷한 경향이 나타났다. 의제 설정 이론의 가설에 따르면 정치집단이나 이익집단이 중요하게 여기는 이슈가 뉴스미디어의 의제 선택에 영향을 미치고, 나아가 공중의 의견에 영향을 미치게 된다. 하지만 이러한 영향력의 흐름은 뒤바뀔 수 있다. 공중의 관심사가 정치집단의 이슈 선택에 영향을 미치고 이를 다시 미디어가 받아들일 수도 있기 때문이다.

의제 설정과 관련된 개념으로 '점화 이론priming theory'이 있다. 이는 매체가 특정 쟁점에 주목하고 다른 쟁점을 무시함으로써 선거 후보자들에 대한 유권자의 평가 기준이 바뀌는 것을 말한다. 점화 효과를 주창한 아이옝거Shanto Iyengar와 킨더Donald Kinder에 따르면 미디어에서 특별히 주목받는 정치적 이슈는 수용자가 정치 행위자의 성과를 평가하는 데 가장 중요하게 고려된다. 즉 정당이나 정치인에 대한 일반적 평가는 미디어의 가장 현저한 이슈와 관련해 그들이 어떻게 행동하는지에 좌우된다는 것이다.

'점화'는 사회적 학습과 공격성을 다루는 미디어 효과에 대한 연구에서 처음 사용된 개념이다. 이는 본질적으로 특정한 평가 기준을 부각시키는 문제나 뉴스 보도를 조종하려는 시도와 관련이 있다. 예컨대 전 미국 대통령이 자신의 성추문 이슈를 잠재우기 위해 대외 정책에 매진함으로써 국민의 관심을 돌리고자 한 것은 점화 효과 유발을 기대한 경우이다.

계발 이론

1960년대 후반, 당시 미국에서는 TV가 가장 보편화된 문화적 상징이자 문화 전파 도구라는 관점 아래 TV라는 매체를 연구하기 시작했다. 초기 연구에서는 TV에 묘사된 폭력과 범죄의 유형과 양, 여성 및 노인층의 존재와 지위를 주로 다루었으며 이후 연구는 TV 시청이 수용자의 현실 인식과 행동에 미치는 영향을 조사했다.

거브너George Gerbner가 수행한 계발 효과 연구에서 TV는 현실과 다른 세상을 보여 주고 있음이 확인되었다. 드라마 주인공은 항상 남성의 수가 훨씬 많으며(〈관련 기사 2〉 참조) 전문직 또는 치안 담당자나 수사관의 등장 비율이 너무 높다. 그리고 조사 대상 프로그램의 70~80%에 적어도 한 차례 이상의 폭력 장면이 있었다. 이에 중시청자heavy viewer(하루 4시간 이상 시청자 집단)들은 TV가 묘사하는 폭력을 현실적인 것으로 받아들이게 되어 사람들을 믿지 못하고 현실 세계를 더럽고 야비한 곳mean world으로 인식하고 있었다.

계발 이론cultivation theory의 중요한 개념 가운데 하나는 '주류화main-streaming'이다. 이는 사회 현실에 대한 다양한 인식이 하나의 사회 주류 안으로 수렴되는 동질화 효과를 말한다. 즉 사회집단의 생활환경이나 세계관이 각기 다름에도 TV는 현대사회 주류를 우선적으로 전달하고 드러 냄으로써 시청자들을 일관된 방식으로 결부시킨다는 것이다. 주류화는 사회 소속이나 성격 차이에서 비롯되는 개인적 견해, 가치, 습관의 차이가 TV 사이에서 흡수되고 극복되고 있음을 보여 주는 것이다. 이러한 주류화 개념은 TV가 사회 구성원의 다양한 견해를 흡수하여 공통의 견해와 지각을 계발하는 것을 의미하며 TV가 재구성한 세계에 의해 점점 더 많은 사람들이 동화된다는 것을 보여 준다.

그런데 TV는 장르에 따라 사회 현실을 보는 시각을 달리한다. 루빈Alan Rubin과 퍼스Elizabeth Perse에 따르면 경찰 드라마와 뉴스, 심층 보도물은 사회질서와 공공 생활에 초점을 두고 공적 사회 역할을 강조한다. 이에 비해 연속극, 시트콤, 가족 드라마는 사적인 친교를 강조하고 친구 관계나 가족 관계를 중시한다. 뉴스, 경찰, 액션물은 사건을 강조하고 이야기의 일관성을 유지하며 행동의 동기나 문맥을 제시하기 위해 인물을 사용한다. 이에 반해 드라마는 주인공을 제시하고 그 관계를 탐구하는 방식으로 사건을 사용한다. 따라서 한 가지 장르만 보는 수용자는 다른 장르를 보는 수용자와는 다른 세계에 노출되어 현실 세계를 달리 인식하게 된다고 볼 수 있다. 수용자들은 TV를 보면서 기억과 이미지를 축적하고 이를 바탕으로 현실 세계에 대한 신념을 형성한다. 이때 구성된 세계와 실제 세계가 일치하면 반향resonance이 일어나고 TV 시청 효과는 더욱 커진다.

사회학에서는 계발 효과가 일어나는 심리 과정을 '학습'으로 압축하여 설명한다. 수용자들은 TV의 행동과 특성을 배운다. TV 시청 분량이 많은 중시청자의 경우, TV 이미지를 현실 세계의 대표로 받아들이기도 한다. 이러한 학습의 과정에는 첫째 정보 처리, 둘째 TV에 대한 비판적 주목, 셋째 직접 경험 또는 매체의 메시지를 확인하거나 부인하는 다른 정보원, 넷째 사회구조적 영향력, 다섯째 일반적인 내용의 습관적 시청 대신 특정한 내용의 선택적 시청이라는 다섯 가지 요소가 관련한다.

관련 기사 2

할리우드 여배우 지나 데이비스Geena Davis가 여성 단체 행사장에서 영화 속 젠더 고정관념에 대한 자신의 신념을 밝혀 화제를 모았다. (…) 데이비스는 "영화 속 남녀 캐릭터 비율은 4 대 1 또는 5 대 1이고 이러한 수치는 1946년 이후 거의 변하지 않았다."면서 "우리 사회에 성 불평등이 깊이 자리 잡고 있다."고 주장했다. 지나 데이비스는 비정부기구NGO '지나 데이비스 연구소'를 설립하고 TV 및 영화 프로듀서들과 함께 어린이 대상 작품의 여성 캐릭터 비율을 높이고 젠더 고정관념을 없애기 위한 활동에 전념하고 있다.

― 여성신문, 2012년 9월 28일, 박윤수 기자

틀짓기 이론

틀짓기 이론framing theory이란, 수용자가 언론에서 제공하는 틀에 따라 뉴스를 학습한다는 내용이다. 이는 수용자가 언론에서 제공하는 틀 자체를 배우게 된다는 가정에서 출발한다. 사회심리학자 고프먼Erving Goffman에 따르면 틀은 단편적인 경험이나 정보들을 조직화하는 데 필요한 것이다. 따라서 언론 행위에서의 틀은 다른 용어로 시각 또는 관점, 혹은 주제라고 하며 저널리스트가 어떠한 사실에 대해 특정한 해석을 부여하는 행위를 말한다. 이러한 틀짓기 과정에서는 객관성이 상실되고 편향성을 지니게 되는데, 이것이 뉴스를 접하는 수용자에게 학습 효과를 발생시킨다고 보는 틀짓기 이론이다. 흔히 뉴스는 현실의 사건을 있는 그대로 보도하는 것이라고 생각하지만 그렇지 않다는 것이다.

1978년 터크먼Gaye Tuchman은 편집국 '참여 관찰 연구'에서 뉴스 생산자인 뉴스 조직이 현실의 사건을 선택·가공·편집하여 수용자에게 '현실을 바라보는 틀'을 제공하고 있다고 주장했다. 이 연구에 따르면 기자들은 주어진 이슈를 사회적 규범과 가치, 뉴스 조직의 압력과 강제, 이익 집단의 영향력, 편집국의 일상, 그리고 기자들의 이념적 혹은 정치적 성향에 따라 틀짓기를 한다. 예컨대 언론의 국제 사건 뉴스 보도는 주로 자국 정부의 틀을 반영하는 경향을 지닌다. 엔트먼Robert Entman은 군사 행위로 민간인의 목숨을 앗아 간 두 가지 유사한 비행기 격추 사건에 대해 각기 다른 틀로 기술한 미국 언론 보도를 지적한 바 있다. 미국 언론들은 1983년 소련 군사 비행기에 의해 격추된 KAL기 사고와 1988년 미국 해군 함대에 의해 격추된 이란 민간 항공기 사건에 대해 단어, 논조, 문제화 등에 있어 매우 다르게 보도해 다른 틀을 만들어 냈다. 영국 미디어는 북아일랜드 상황을 놓고 영국은 단지 희생자이며 IRA가 유일한 갈등 제공자라는 관점으로 보도하여 자민족 중심주의 틀을 보여 주었다. 오늘날 서방 언론들이 중동에서 일어나는 위기 상황을 주로 테러에 대한 전쟁이나 이슬람 원리주의 관점으로 규정짓고 있는 것도 이러한 틀짓기 사례에 속한다.

 뉴스에서의 틀짓기는 중요한 사건 또는 이슈와 관련된 내용을 이해하기 위해 구성되는 핵심 아이디어를 의미한다. 언론은 틀짓기 과정을 통해 특정한 측면(화면)을 선택하여 부각하는 한편 다른 측면(화면)은 배제하거나 왜곡하여 사회적 현실을 구성한다. 언론을 통해 보도되는 뉴스 틀은 강조된 키워드, 은유, 상징, 시각적 이미지 등의 활용을 통해 수용자 인식에 영향을 미친다. 예컨대 뉴스 기사는 단어나 문구를 배열하는 패턴, 이야기 구조, 주제 구조, 수사적 구조 등을 통해 뉴스의 일정한 틀을 만들어 낸다. 뉴스를 읽을 때 제목이 가장 크게 작용하는 역피라미드형 기사나 하나의 이야기(또는 에피소드)로 전개되는 기사, 구체적 사례나 인용, 통계 자료와 함께 뉴스화된 기사 그리고 은유, 비유, 상황 묘사 등을 사용하는 기사의 문장 스타일 등이 수용자의 사건 인식을 다르게 형성한다는 것이다. 즉 언론의 틀짓기 방식에 따라 뉴스 수용자는 현실에 대한 인식과 판단, 의견을 달리할 수 있다.

 언론이 틀을 사용하는 목적은 사건이나 이슈에 대해 언론이 내린 정의, 곧 틀이 사회에서 지배적인 해석으로 수용되도록 하여 영향력을 발휘하고자 함에 있다. 그러므로 언론의 틀짓기는 사회적 갈등 문제를 보도하는 데 있어 매우 중요하다. 갈등 사안을 다루는 언론의 틀이 이를 접하는 수용자에게 특정한 판단이나 의견을 유발하기 때문이다. 그런데 언론의 관행적인 틀짓기 가운데 하나는 권력집단을 체계적으로 옹호하는 것이다. 노동자보다 고용주, 시위대보다 경찰, 새로운 사고보다 이미 보편화된 가치관을 선호하는 이른바 '법과 질서의 프레임'을 따르는 경우가 많기 때문이다. 때문에 뉴스의 틀에 따라 수용자나 희생자를 비난하는 일이 발생할 수도 있다.

집단이나 조직 간 갈등을 최소화하고 사회의 균형적인 발전을 이끌어야 하는 것이 언론의 역할이다. 그럼에도 사회적 이슈의 본질을 보도하기보다 갈등적 측면을 크게 보도하여 이를 입장 차이가 극명한 집단 간 대립으로 단순화하는 경우가 종종 있다. 갈등 사안은 갈등이 표면화되기 이전에 이미 여러 단계를 거치기 마련인데, 갈등이 공중의 시야에 명확하게 드러나는 단계(파업, 시위, 소송 등)에나 이르러 언론은 이를 조명하고, 이미 확립되어 있는 소수의 뉴스 틀만을 사용하고 있다.

한편 카펠라Joseph Cappella와 제이미슨Kathleen Hall Jamieson은 "뉴스 틀 짓기는 수용자 인식과 판단에 미치는 미디어의 영향이 크다는 측면에서 중요한 효과로 간주되지만, 언론의 뉴스를 틀짓는 방식과 수용자가 뉴스를 틀짓는 방식이 반드시 일치하지 않을 수 있다."라고 주장했다. 이들은 특히 효과적으로 캠페인을 수행하기 위해 계획되는 정치 뉴스의 경우, 객관적이지 않은 갈등 지향적 틀짓기 방식이 수용자의 냉소주의를 유발할 수 있다는 점에 주목했다.

폭력성 · 선정성과 청소년 수용자

TV에 묘사되는 폭력성과 선정성은 언제나 학부모와 교육자 들에게 우려의 대상이다. 감수성이 예민한 청소년에게 TV

가 주는 자극은 강렬하여 폭력성을 비롯한 비도덕적 가치관을 무의식중에 배울 가능성이 있기 때문이다. 실제로 대부분 학교에서 많은 시간을 보내는 청소년들은 많지 않은 여가 시간의 대부분을 매체를 이용하며 보낸다. 이 때문에 청소년들은 어떤 집단보다 대중문화의 영향을 받기 쉽다. 또한 청소년들은 각종 사회적 규제에 대한 불만을 어른 세계에 대한 접촉 욕망, 참가 욕망, 지위에 대한 동경 등으로 표출한다. TV 시청은 이를 충족시키는 손쉬운 방법 중 하나이다.

TV가 청소년에게 미치는 부정적 영향 중 하나는 폭력성을 배우거나 혹은 타인의 폭력적인 행동을 간과하는 사고방식을 형성할 수 있다는 것이다. 특히 폭력적 성 표현물의 시청은 여성에 대한 폭력과 강간을 쉽게 수용하고 성폭력에 둔감하게 만든다. 성폭력 피해자가 폭력적인 성행위를 즐기는 것으로 묘사된다면, 더 심각한 영향력을 미칠 수 있다. 청소년들이 뉴스 프로그램을 통해 범죄 등 나쁜 뉴스를 많이 접하면서 비뚤어진 사회관을 형성할 수도 있다. 또한 상업성에 편중된 영상매체, 광고 등을 통해 개성이 상실되어 문화 획일화가 유도될 수도 있다. 수동적인 TV 시청은 스스로 즐기거나 창조적인 삶을 훈련하는 능력을 발달시키지 못하게 한다. TV방송이 청소년에게 미치는 영향을 장르별로 살펴보면 〈표 4-2〉와 같다.

많은 현대인들은 최근의 청소년 범죄 증가가 매스미디어, 특히 TV의 폭력성, 선정성과 관련이 있다고 믿고 있다. 하지만 이에 대한 연구 결과는 하나로 모아지지 않는다. TV의 폭력성이나 선정성이 반드시 수용자에게 직접적으로 강력한 영향을 미친다는 것이 입증되지 않았기 때문이

표 4-2 | TV방송이 청소년에게 미치는 영향의 유형

프로그램 구분	방송 내용	영향력 요인	심리 과정	행동의 종류	행동의 특성
만화, 코미디	표정, 몸짓, 말씨	자극성	조건화	무의식적	즉흥적
쇼, 영화, 드라마	음악, 의상, 머리 모양	매력	동일시	표출적	감성적
뉴스, 특집, 시사물	정보, 해석, 판단	신뢰도	내면화	합리적	이성적

출처: 김수정(2000), 청소년 TV시청의 형태와 영향에 관한 연구,
『단국대학교 정책과학연구』, Vol.10, 120쪽, 단국대학교 정책과학연구소.

다. 지금까지 도출된 결론들은 다음과 같다.

카타르시스 이론

시청자들이 이미 지니고 있던 스트레스와 욕구를 TV의 폭력성과 선정성이 정화시켜 오히려 그러한 성향이 감소한다는 이론이다. 평소 좌절감에 빠져 폭력 행위를 저지르기 쉬운 청소년이 TV의 폭력 장면을 시청하면 마치 자신이 폭력을 행사한 듯한 대리만족을 느끼고 좌절감을 해소할 수 있다고 보는 시각이다.

자극적 효과 이론

TV가 제공하는 폭력과 선정성을 자극으로 간주한 시청자는 그 자극에 반응을 보여 유사 행위를 할 가능성이 높다는 이론이다. 예를 들면, TV에

서 격투기를 본 어린이가 아무 이유 없이 곧장 친구를 때릴 수 있다는 것이다. 카타르시스 이론과 정반대되는 이론이며, TV가 보여 주는 세계와 현실 세계를 구분할 능력이 부족한 어린이들이 자극에 의해 쉽게 반응하는 경향이 있다는 연구 결과를 토대로 한다.

모방 이론

자극적 효과 이론과 달리, 어린이들이 폭력적인 장면에 즉각적으로 반응하여 영향을 받는 것이 아니라 모방함으로써 행위가 일어날 수 있다는 이론이다. 어린이들이 가정에서 부모의 행동을 모방하는 것처럼 TV에 등장한 행위자의 폭력 행동을 관찰하면서 학습하게 되고, 현실에서 비슷한 상황을 접하면 자신이 본 행동을 그대로 따라 한다는 것이다. '관찰 학습 이론'이라고도 부른다. 폭력 행위자가 우상화된 인기 스타거나 극중에서 폭력에 대한 보상이 이루어지는 경우 더욱 큰 모방 효과를 낳으므로 내용에 대한 규제가 필요하다는 주장이다.

강화 이론

TV 폭력물이 어느 경우나 청소년에게 나쁜 영향을 미치는 것이 아니라, 개인적으로 친구 또는 가족 관계가 소원하여 통제가 어려운 상황이거나 개인에게 이미 폭력적 기질이 내재되어 있을 때 폭력 성향이 한층 더 강화된다는 이론이다. 이 이론에 따르면 폭력적 행동을 정당화하거나 장려하는 집단의 규범을 받아들인 청소년은 그렇지 않은 청소년보다 TV 폭력물에 더 쉽게 영향을 받는다. 즉 상황이 중요하다는 얘기이다. 따라서 동일한 TV 폭력물이라도 폭력 지향적인 또래와 함께 시청하는 경우 폭력적 행동 유발 가능성이 더 높다고 주장한다.

흥분 전이 이론

인간은 대인관계 갈등이 큰 상황, 혹은 주변 환경이 짜증을 유발하는 상황에서 흥분하기 쉽다. 흥분 전이 이론에 따르면 어떤 자극에 의해 생긴 흥분이 채 가라앉기 전에 다른 새로운 자극을 받으면 흥분이 전이되어 더 흥분하게 되고 공격 행위에 영향을 준다. 특히 공격 행위를 정당화시킬 수 있는 상황—예컨대 타인으로부터 부당한 대우나 모욕을 받았을 경우—에서 새로운 흥분이 가해지면 공격 행위 가능성이 더 높아진다는 것이다. 그러나 자신이 흥분한 이유가 타인의 도발이나 모욕이 아니라는 사실이 명백한 경우 공격 행위는 나타나지 않는다고 보았다. 이는 단순히 TV 시청만으로 폭력 행위가 유발된다기보다는 개인의 흥분 상태에 따라 다른 결과가 나타난다는 것을 의미한다.

이 밖에 TV의 폭력성과 선정성 효과를 언급할 때 유용한 모델 가운데 하나가 콤스탁George Comstock의 모델이다. 이 모델의 핵심 명제는 특정 행위에 대한 TV 묘사가 이에 대한 학습을 유발하는 경향이 있다는 데서 출발한다. 특히 TV 묘사 내용이 개인에게 심리적으로 중요한 것일수록 정서적 각성이 높아져 그가 할 수 있는 여러 가지 행위 가운데 TV에서 본 행위가 현저한 것으로 자리를 잡게 된다는 것이다. 그리고 개인이 택할 수 있는 행위의 가짓수가 적을 경우, 즉 TV 묘사 내용에 대한 대안적 행

그림 4-2 | 콤스탁의 TV 행동 모델

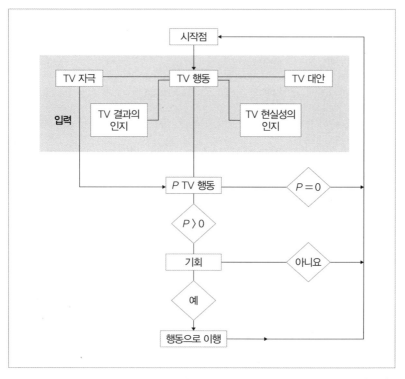

출처: 데니스 맥퀘일 지음, 임상원·유종원 옮김(2001),
『커뮤니케이션 모델: 매스 커뮤니케이션의 이해』, 서울: 나남출판.

위가 적을 경우에도 그것을 채택할 가능성이 높다고 가정한다. 하지만 이 모델은 현실 세계에서 기회가 주어질 경우에만 학습된 행위가 실제로 적용된다고 보고 있다. 이를 그림으로 설명하면 〈그림 4-2〉와 같다. 이 그림에서 P는 TV 행동 즉 TV에서 보인 행동표현에 대한 학습을 말한다. 이 P가 '0'과 같을 경우 행위로 나타날 조건이 만족되지 않은 경우이고, P가 0보다 클 경우 행위로 나타날 가능성이 존재함을 뜻한다.

TV방송 환경과
수용자

뉴미디어의 출현은 수용자들의 기존 매체 이용에 영향을 미친다. 다양한 뉴미디어의 출현과 더불어 본격적인 '다매체 다채널' 시대를 맞고 있는 오늘날, 기존 매체에 대한 수용자의 소비 패턴과 매체 간 영향력에 커다란 변화가 일고 있다. 1995년 케이블 TV 개국 이후 위성방송, DMB, IPTV 등의 유료방송 매체가 등장한 TV방송업계 역시 시장과 이용 환경이 크게 변화하고 있다. 가장 눈에 띄는 현상은 지상파TV가 오랜 기간 행사해 온 독점적 시장 지배력과 강력한 사회문화적 영향력이 지속적으로 감소하고 있다는 것이다. 2000년대 이후 유료 TV방송 매체가 본격적으로 정착된 이래 지상파TV의 평균 시청률과 광고 수익성은 지속적인 하락 추세를 보이고 있다.

방송업계에서는 다양한 뉴미디어의 등장이 수용자의 TV 시청 행위를 감소시킬 수 있다는 우려가 있다. 신규 매체 이용이 기존 매체 이용 시간에 영향을 미치게 되는데, 채널 수의 증가로 각 매체별 이용 시간이 줄어들 수밖에 없기 때문이다. 그러나 케이블 TV와 위성 TV가 프로그램의 다양성을 제공함으로써 오히려 매체 이용 총량, 즉 전체 TV 시청률은 증가한 모습이 나타나고 있다. 다만, 이러한 가운데 지상파 채널의 시청률만큼은 감소 추세가 뚜렷하다.

최근 지상파TV의 시청률은 보도, 교양, 오락 프로그램 모두 감소하고 있으며 그 가운데서도 교양 프로그램, 특히 주중에 방영되는 교양 프로그램 시청률이 큰 폭으로 감소하는 추세이다. 이에 비해 주말 지상파TV의 시청량은 많은 편이지만 오락을 제외한 보도와 교양 프로그램 시청률은 모두 낮아지는 문제가 나타나고 있다. 각 방송사들은 한류 붐 이래 드라마 제작 편수를 크게 늘렸으나 크게 호응을 얻지 못하자, 제작비 대비 시청률 유지에 유리한 오락 편수를 늘리는 편성 정책으로 전환했다. 이 때문에 주말 편성에서 오락 프로그램이 차지하는 비중이 늘고, 따라서 시청점유율이 지속적으로 높아지는 추세가 이어지고 있는 것이다. 일반적으로 오락 프로그램 장르의 평균 연속 시청 시간(채널을 옮기지 않고 지속적으로 시청하는 시간)은 여타 장르의 시청 시간에 비해 길게 나타난다. 이에 각 방송사 제작자들 사이에서는 오락 프로그램을 통해 충성도 높은 수용자를 확보하기 위한 치열한 경쟁이 벌어지고 있다. 오락 프로그램의 화면전환 속도가 빨라지고 자극적 요소가 가미되는 것도 이러한 점에서 기인한다고 볼 수 있다.

이러한 현상은 과거 지상파TV의 막강한 영향력을 대표하던 보도 프로그램 영역이 위축되는 것과도 관련이 있다. TV 뉴스가 속보 경쟁에서 인터넷 뉴스에 뒤처지고 2003년 이후 언론사 닷컴 뉴스와 인터넷 뉴스 서비스 방문자 숫자가 급증하면서 20~30대가 이탈한 것이 보도 프로그램 시청률 저하의 주원인으로 꼽힌다. 최근 모든 프로그램 장르에서 TV 시청자의 평균 연령이 상승하고 있는 가운데 특히 보도 프로그램 시청자 연령이 가장 많이 상승하고 있다.

지상파TV 시청자 집단을 성별과 연령으로 나누어 살피면 남성은 주로 뉴스와 스포츠, 여성은 드라마와 뉴스를 선호하는 것으로 나타나고 있다. 연령대가 높을수록 뉴스를, 낮을수록 버라이어티와 음악 쇼를 자주 시청하는 것으로 확인되었다. 이러한 가운데 최근 지상파TV의 주 시청 시간대에도 변화 양상이 나타나고 있다. 현행 방송법에 따르면 평일 주 시청 시간대는 저녁 7시부터 밤 11시까지이지만, 실제 조사 결과에 따르면 저녁 8시부터 자정까지로 1시간 정도 차이가 있다.(주말 주 시청 시간대는 현행 법정 주말 주 시청 시간대와 동일한 저녁 6시부터 밤 11시까지로 확인된 바 있다.) 주 시청 시간대가 중요한 이유는 현행 방송법이 이 시간대 지상파 채널에 대해 외주제작 편성 비율과 특정 방송 분야 편중 편성 금지 등의 규제를 적용하고 있기 때문이다. 예컨대 KBS와 MBC는 이러한 규제에 따라 오락 프로그램은 매월 전체 방송 시간의 50% 이하로 편성해야 한다. 지상파 계열의 드라마, 스포츠를 방영하는 케이블 채널은 다른 채널에 비해 높은 시청률을 보인다. 지상파 자체 시청률은 감소하고 있지만 지상파가 제작하는 콘텐츠의 영향력은 여전히 크게 나타나고 있으며, 이 가운데 드라마는 '킬러 콘텐츠'로서의 역할을 하고 있다. 최근에는 다양한 채널을 통해 콘텐츠를 제공받을 수 있다는 점에서 지상파방송만 시청하는 집단보다 유료방송 가입 집단에서의 시청 정도와 만족도가 높게 나타나고 있다.

전통적으로 TV 시청은 단독이 아닌 가족 공동 시청 형태가 대부분이었다. 그런 이유로 가족 시청은 구성원 간 역학 관계를 보여 주는 것이기도 했다. '누가 채널 결정을 주도하는가'가 중요했던 것이다. 채널 결정권은 보통 시간대별로 다르게 나타난다. 낮 시간에는 개인이 결정하되 저녁은 가족의 결정, 특히 아이들의 선호가 더 고려되는 경향이 있다. 그러나 오늘날은 개인용 미디어 보급으로 거실에서의 가족 단위 TV 시청이 아닌 개인별 시청 형태로 변화 중이다. 이 때문에 최근에는 야외 활동이 많은 주말, 활동량이 많은 오전과 낮 시간대 감소율이 크게 나타나고 있다. 그러나 수용자들이 TV를 매일 혹은 거의 매일 시청하는 비율은 여전히 높은 편이며 연령이 높을수록 비율이 높다. 지역별로는 도시보다 읍·면 지역에서의 시청 빈도가 높게 나타난다.

한편 수용자들의 TV 시청 행태는 시간대와 요일에 따라 다른데 이는 TV 시청이 생활 습관과 밀접한 관련이 있기 때문이다. 심지어 채널을 자주 변경하는 '재핑 zapping 현상' 역시 시간대, 요일, 프로그램 길이, 유형 그리고 수용자의 인구통계학적 요인에 따라 다르게 나타난다. 재핑 현상은 일반적으로 수용자에게 많은 선택 기회가 주어지는 황금 시간대에 가장 많이 발생한다. 또 프로그램 길이가 길수록, 프로그램 전반부보다 후반부에 그리고 프로그램 전에 위치한 광고보다 후에 위치한 광고에서 많이 나타나는 것으로 보고된 바 있다. 재핑 현상은 스포츠, 드라마, 오락 및 어린이 프로그램에서 많이 일어나고 여자보다 남자, 어른보다 젊은이들에게서 더 많이 나타난다. 오늘날과 같은 다채널 시대에는 취미, 학습, 운동과 같은 젊은 세대 취향의 프로그램이 증가하고 있으며, 이러한 가운데 젊은이들의 재핑이 함께 늘고 있다는 것을 알 수 있다.

TV는 여전히 다른 주요 매체 가운데 접촉률과 관심도가 가장 높은 매체이지만 최근에는 경쟁적으로 출시되는 신매체들로 인해 광고매체로서의 매력이 점차 감소하고 있다. 오늘날에는 모바일 기기까지 광고매체로 등장하고 있다. 이 때문에 수용자들이 광고에 노출되는 빈도는 엄청나게 늘어났고, 대부분의 광고는 수용자의 주의를 획득하는 데 실패하고 있다. 수많은 광고가 등장하는 TV에서의 광고 효과는 낮아질 수밖에 없는 것이다. 또한 여러 채널에서 다양한 프로그램이 제공되면서 시청자가 분산되어 채널별 시청률이 불가피하게 감소하고 있다. 이 모든 여건은 광고주의 광고 효과에 대한 기대감을 저하시키고 있다.

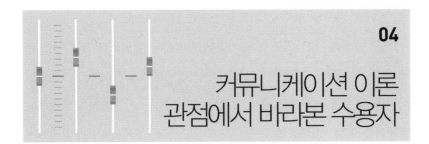

커뮤니케이션 이론 관점에서 바라본 수용자

수용자 개념의 등장과 변화

최초의 수용자라는 용어는 '특정 장소에 물리적으로 모이는 사람들의 무리'를 의미하는 것이었다. 이후에는 '연극, 음악 등 공연 예술의 청중 또는 관중'의 뜻으로 사용되었다. 이미 오래 전부터 인류 역사에서 수용자는 대중 행사와 관련한 관중의 집합체 형태로 존재해 온 것이다. 대중 행사는 공적인 특징을 지니기 때문에 행사에 참여하는 수용자 행위는 본질적으로 감시와 사회적 통제 대상이 되어 왔다.

커뮤니케이션 연구에 등장하는 수용자 개념 가운데 가장 유명한 것은 라스웰Harold Dwight Lasswell의 Ssender-Mmessage-Cchannel-Rreceiver-Eeffect 모델이다. 이 중 수신자를 지칭하는 것이 'R'이다. 그러나 오늘날의 수용자 개념은 단순히 라스웰의 모델에 머무르지 않는다. 과거에 수용자가 미디어로부터 메시지를 수동적으로 전달받는 존재로 한정되어 있었다면, 오늘날의 수용자는 훨씬 넓게 다뤄지고 있으며 능동적이고 실질적인 주체자로서의 의미를 포함한다. 이처럼 확장된 수용자 개념과 정의는 연구 목적에 따라 매우 다양한 양상으로 나타나고 있다.

수용자 개념에 대한 이해를 보다 명확히 하기 위해 우리는 먼저 수용자 연구의 기원이자 상위 개념이라고 할 수 있는 커뮤니케이션 연구에 대해 살펴볼 필요가 있다. 커뮤니케이션 연구에서 수용자 관련 연구가 어떻게 변화되어 오늘날에 이르게 되었는지를 살피는 것이 수용자 개념을 정립할 수 있는 하나의 방법이기 때문이다.

커뮤니케이션 연구 전통은 유럽식과 미국식으로 나뉜다. 유럽식 연구 전통은 지식에 대한 사회적 근원을 규명하며 '지식과 사상이 사회구조에 의해 어떻게 영향을 받는가'에 중점을 두어 왔다. 이는 이데올로기의 지적 생산에 대한 관심으로 이어졌으며, 매스미디어와 커뮤니케이터 또는 체계와의 관계에 대한 연구가 주를 이루게 되었다. 프랑크푸르트학파의 비판론적 접근, 구조주의적 접근, 탈구조주의 혹은 포스트모던 접근, 문화론적 접근, 정치·경제적 접근 등이 이에 속한다. 반면 미국식 커뮤니케이션 연구의 맥락은 대중 의견에 대한 사회학적 연구에 관심을 두는 것이다. 이는 행동과학적, 실증주의적, 기능주의적 접근을 통해 대중을 연구 대상으로 삼기 때문에 매스미디어와 수용자 관계에 대한 연구가 주를 이룬다. 〈표 4-1〉은 이를 정리한 것이다.

그동안 많은 매스 커뮤니케이션 관련 책에서 다뤄 왔던 수용자 분석에 관한 초기 연구는 미국식 연구 전통인 '효과 이론'에 뿌리를 두고 있다고

표 4-3 | 유럽식, 미국식 커뮤니케이션 연구 비교

유럽식	미국식
이데올로기적 접근	행동과학적, 실증주의적, 기능주의적 접근
매스미디어와 커뮤니케이터 또는 체계의 관계에 대한 연구	매스미디어와 수용자의 관계에 대한 연구

할 수 있다. 매스 커뮤니케이션 학문의 근간을 이루는 효과 이론은 미국 중심의 수용자 연구에서 발달했다. 미디어 분야에서 산업화가 이루어지면서 미디어 기업은 회계와 광고 목적을 위해 실질적이고 잠재적인 도달 범위를 측정하고자 했고, 이를 위해 미국 내 많은 커뮤니케이션 연구자들이 수용자에 대한 매스 커뮤니케이션 효과에 관심을 가져 왔기 때문이다. 라디오와 TV 같은 대중성이 강한 방송미디어의 등장이 수용자에게 미치는 효과와 영향은 연구자들의 커다란 관심사가 되었다. 특히 TV방송은 중독성, 편재성, 침투성, 여가 활동의 수동성과 무의미성 등이 거론되면서 그 효과가 주목되었다.

　매스 커뮤니케이션 효과에 관한 초기 연구들은 수용자를 사회심리학적으로 유사성을 지닌 존재로 인식했다. 수용자를 대중사회의 몰개성적 일원인 '대중mass'의 개념으로 파악하여, 메시지를 수동적으로 받아들이는 존재로 인식하는 데 그친 것이다. 매퀘일Denis McQuail은 매스미디어 수용자를 대중으로 파악하는 시각에서 본 수용자의 특징을 다음과 같이 정리했다.

1. 규모가 크고 광범위하게 분산되어 있다.

2. 서로 알지 못하고 알 수도 없다.

3. 특성이 변하고 분산되며 이질성으로 인해 자기 정체성이 부족하다.

4. 어떤 규범이나 규칙에 의해 지배받지 않는다.

5. 스스로 행동하지 않으며 외부적인 것에 의해 행동하려 한다.

6. 매스미디어와의 관계는 비인격적이다.

이러한 시각은 수용자가 수동적이고 무기력하다는 것을 전제로, 매스미디어의 힘과 영향력을 크게 인식한다는 점에서 초기 매스 커뮤니케이션 연구의 방향을 결정지었다. 이는 대중을 군중의 개념에서 바라보는 부정적이고 비관론적인 시각에서 비롯되었다. 대중을 비합리적, 비이성적, 충동적 무리라고 여기는 '군중 개념'에 뿌리를 둔 것이다. 대중은 속기 쉽고 강력한 선전자에 무방비하게 노출되어 있으며 행동이 동질적이라는 전제였다.

그러나 이후 사회가 점차 다양화, 세분화되면서 수용자는 '자신의 취향과 특성을 나타내는 존재'로 인식되기 시작했다. 이에 따라 '능동적으로 메시지를 선택하는 존재'로서 수용자에 대한 관심이 증대됐다. 즉 메시지 또는 서비스를 받아들이는 '객체로서의 수용자'인가, 메시지 또는 서비스를 이용하는 '주체로서의 수용자'인가 등 수용자를 바라보는 시각에 따라 그 개념이 달리 논의되기 시작했다. 능동적 수용자를 강조하는 관점에 따르면 수용자는 미디어를 선별적으로 이용하며 미디어 내용에 대해서도 인지적, 감정적으로 판단하고 평가하는 존재이다. 이러한 시각은 매스 커뮤니케이션의 효과를 상대적으로 낮게 인식한다. 방송사들이 수용자 조사를 활성화하고 수용자 중심으로 프로그램을 편성, 제작하는 등 수용자 반응을 적극적으로 수렴하는 것은 이 같은 맥락에서다.

수용자 연구는 매스 커뮤니케이션 효과 이론이 지닌 한계에 대한 비판으로 시작하여, 근대에서 탈근대로 패러다임의 변화를 겪는 등 역사와 함께하며 오늘날에 이르고 있다. 미디어 수용자 개념이 이론적으로 체계화된 데는 근대사회 이후 삶의 변화가 영향을 미쳤으며 그 뒤로 시대적 사조의 변화, 기술 발달에 따른 미디어의 변화 등 역사적 발전과 더불어 변화하며 오늘날에 이르고 있다.

효과 이론 관점에서 본 수용자

수용자 논의의 출발은 매스 커뮤니케이션이 수용자에게 미치는 효과에 대한 연구였다. 1920년대부터 본격적으로 대두된 효과 이론은 시기에 따라, 연구자들에 따라 각기 다른 주장이 펼쳐졌다. 초기에는 매스 커뮤니케이션 효과를 강력히 지지하는 연구가 많았지만, 얼마 지나지 않아 이에 대한 반론과 회의가 등장하는가 하면 이어 또 다른 주장이 나타나는 식이다. 시기별로 이를 살펴보면 〈표 4-2〉와 같다.

탄환 이론

마치 사람이 탄환을 맞을 때처럼, 매스미디어 메시지가 수용자에게 즉각

표 4-4 | 매스 커뮤니케이션 효과 이론 발전에 따른 수용자 개념의 변화

시기(연도)	이론	수용자 개념
1920~1940	탄환 이론	수용자는 미디어로부터 자극을 받으면 기계적으로 반응한다.
1940~1960	제한 효과 이론	수용자는 태도의 중개 변인에 따라 미디어 자극에 다르게 반응한다.
1960~1970	중효과 이론	수용자가 미디어를 이용한다.
1970~	강력 효과 이론	미디어가 수용자에게 직간접적으로 강력한 영향을 미친다.

적이고 직접적인 영향을 미친다는 것이 탄환magic bullet 이론이다. 영화와 라디오가 대중화되기 시작한 1920년대부터 1940년대에 이르기까지 많은 커뮤니케이션 연구자들은 매스미디어가 수용자의 태도나 의견을 쉽게 변화시킬 정도로 막강한 힘을 지녔다고 주장했다. 당시 제1, 2차 세계대전 기간 동안 영화와 라디오는 유용한 선거 도구로 이용되었으며 실제로 큰 효과를 발휘했다는 것이 근거였다. 수용자들은 매스미디어의 선전 또는 설득 메시지에 획일적으로 반응하여 기존의 태도나 의견을 쉽게 바꾸었다. 이는 매스미디어 효과가 마치 피하주사처럼 즉각적으로 나타난다고 보는 시각으로 '피하주사형hypodermic needle 이론'이라고도 불린다. 이때 수용자는 타인으로부터 고립되어 있고 이성적인 판단을 할 수 없는 무능한 존재로 인식된다. 즉 수용자는 매스미디어 메시지에 속기 쉽고 수동적으로만 받아들인다는 것이다.

실제로 1938년, 미국 CBS 라디오 프로그램 〈우주 전쟁The War of the Worlds〉의 '화성으로부터의 침입' 방송은 이 탄환 이론을 입증한 사례다. 이 프로그램을 연출한 웰스Orson Welles는 핼러윈Halloween에 극적인 효과를 높이기 위해 일상적인 방송 도중 몇 차례 화성인이 침입했다는 뉴스 속보를 냈다. 물론 프로그램 시작과 중간중간 그것이 가상 상황이라는 것을 언급했으나, 청취자들이 이를 실제 상황으로 받아들이면서 공황 상태가 일어났다. 방송국에는 청취자 문의가 빗발쳤으며 거리에는 화성인 침입에 대피하려는 차량들이 넘쳐 났다. 임종 예배를 드리거나 고해성사를 위해 목사나 신부를 찾는 사람들도 있었다. 이 사건은 라디오 메시지를 무방비 상태에서 그대로 받아들인 수용자들의 나약한 모습을 보여 주었다.

제한 효과 이론

제한 효과limited effects 이론은 매스미디어 효과가 초기 예상과는 달리 무차별적이지도, 즉각적이거나 강력하지도 않다는 주장과 함께 시작된 이론으로, '소효과minor effects 이론'이라고도 불린다. 인간은 욕구, 태도, 가치와 기타 성격 요인이 개인마다 다르므로 외부 자극(메시지)에 제각기 독특한 방식으로 지각하고 반응하며, 각 개인이 속한 사회적 위치나 주변 사람과 맺고 있는 관계 유형에 따라 매스미디어 효과가 제한적으로 일어난다는 주장이다.

탄환 효과에서 제한 효과로의 변화는 전쟁이 끝나고 사회적으로 안정기가 도래하면서 수용자가 심리적으로 안정을 되찾았던 시대적 배경과도 관련이 있다. 제한 효과 이론은 탄환 효과 이론과 다르게 수용자 개인의 특성에 주목했고 같은 메시지라도 수용자마다 다르게 해석할 수 있다는 것을 전제로 했다. 대표적인 연구로는 호블런드Carl Hovland의 미군 병사 설득에 관한 연구가 있다. 제2차 세계대전 중 미국 군 당국은 군인들에게 전쟁에 대한 인식을 확립시키고 애국심을 고취시키기 위해 제작한 영화를 관람하게 했다. 결과는 기대와 달랐다. 선전 목적의 영화는 정보 전달에는 효과적이었지만 태도 변화를 유발하는 데는 미약했던 것이다. 또한 라자스펠드Paul Lazarsfeld는 선거 캠페인 연구에서 매스미디어 메시지가 수용자에게 직접적으로 강력한 효과를 미치는 것이 아니라, 의견 지도자를 거친다는 '2단계 정보 흐름two-step flow of communication 가설'을 증명했다. 클래퍼Joseph Klapper 또한 매스미디어 메시지는 중개 변인의 개입(개인의 선유 경향과 선택적 과정, 사회집단의 규범과 압력의 존재, 여론지도력)으로 인해 수용자에게 미치는 효과가 제한적이라고 주장했다. 그러나 제한 효과 이론은 여전히 "What do the media do to people매스미디어가 수용자에게 무엇을 하는가?"의 관점에 입각한 것이어서 탄환 효과 이론과 마찬가지로 송신자 중심의 패러다임으로 수용자를 바라보았다.

중효과 이론

그간 저평가되었던 매스미디어의 효과와 영향력을 다시 생각할 필요성이 대두되었던 1970년대 전후에 등장한 것이 중효과moderate effects 이론이다. 중효과 이론에 따르면 매스미디어 효과는 결코 제한적이지 않으며, 장기간에 걸쳐 인간의 의식 형성에 상당한 영향을 미칠 수 있다. 당시 중효과 이론이 나오게 된 배경에는 '매스미디어 메시지가 효과 없다는 주

장에도 불구하고 왜 정치인들이 선거 캠페인에 미디어를 동원하는가',
'광고주는 왜 비싼 대가를 지불하면서 광고 효과에 주목하는가'와 같은
일반인들의 의문이 존재했다.

중효과 이론은 소효과 이론에서 주장하는 바대로 수용자의 사회적 위
치(연령, 교육, 수입, 직업 등)와 그들이 타인과 맺고 있는 사회적 관계 성격에
따라 매스미디어 효과가 비차별적으로 발생한다면, 그것은 실상 효과가
없는 것이 아니라 오히려 그 효과가 크다는 뜻으로 해석할 수 있다고 주
장한다. 동시에 수용자의 어떤 측면이 그러한 효과와 관련 있는지 알아보
고자 했다. 중효과 이론에서 말하는 미디어 효과란, 단기간에 걸쳐서 일
어나는 변화라기보다 장기간에 걸쳐 누진적으로 나타나는 의식의 변화
를 뜻한다. 이 시기의 대표적인 이론으로는 의제 설정 이론, 이용과 충족
이론 등이 있다.

이 가운데 주목할 것은 '이용과 충족 이론uses and gratifications theory'이
다. 이 이론은 수용자 개인이 사회적·심리적 욕구에 따라 미디어를 이
용하고 충족에 대한 기대를 설정하며 실제로 욕구를 충족시키는 능동적
존재라는 점을 전제로 하고 있다. 이는 수용자에 대한 관점이 기존의 수
동적 대상에서 미디어를 선택하는 능동적 대상으로 변화했음을 보여 준
다. 즉 수용자에 대한 패러다임이 "What do people do with the media
사람들이 미디어를 가지고 무엇을 하는가?"로 크게 변화한 것이다.

강력 효과 이론

강력 효과powerful effects 이론은 탄환 효과처럼 매스미디어가 수용자에게

즉각적이고 강력한 효과를 유발하지는 않더라도, 중효과 이상의 강한 효과를 갖는다고 보는 이론이다. 1970년대 중반 이후, 사회가 보다 분화되고 전문화되면서 다양한 사회적 요구가 분출되기 시작하자 이를 효과적으로 조정할 필요성과 함께 필연적으로 사회적 설득에 대한 관심을 유발했다. 이와 함께 매스미디어 메시지가 계획에 따라 매우 정교하게 작성되어 적절한 환경과 분위기 속에 정해진 목표 수용자target audience에게 적절한 기법과 방식으로 전달되면 매우 강력한 효과를 유발한다는 것이 입증되었다.

이 시기를 대표하는 이론들인 '침묵의 나선 이론', '제3자 효과', '프라이밍 및 프레이밍 효과' 등은 매스미디어가 기본적으로 강력한 효과를 지니고 있음을 보여 준다. 다만 수용자 개념은 초기 효과 이론과 달리 보다 세분화되고 차별화된 대상으로서 인식되었다.(초기 효과 이론은 주로 어린이와 청소년을 대상으로 이뤄졌으며 연구자들은 이들이 매스미디어 자극에 노출되었을 때 일방향적으로 영향을 받는 존재로 간주했다.)

문화 연구 관점에서 본 수용자

앞서 살펴본 미국식 연구 전통인 효과 이론들과 달리 유럽의 연구자들은 거시적 관점에서 수용자를 파악하고자 했다. 초기 연구는 1930~1940년대 진행된 독일 프랑크푸르트학파의 비판 이론이다. 비판 이론은 마르크스주의를 바탕으로 미디어의 정치경제학적 구조가 지배 이데올로기를 강조하는 정보 상품을 생산하고 수용자는 이를 수용함으로써 미디어가 서구 자본주의 사회 계급 체계 유지에 기여하고 있다는 시각을 지닌다. 그러나 1960~1970년대에 이르러 영국의 문화주의 연구자들은 수용자가 단순히 수동적으로 생산된 메시지를 받아들이는 것이 아니라 내용을 주체적으로 해석하면서 받아들이기 때문에 메시지가 애초 생산자의 의도와는 다르게 해석될 수 있다는 시각을 갖게 되었다. 이에 따라 수용자는 미디어가 제공하는 메시지를 능동적으로 해석하는 것뿐 아니라 그들 스스로 메시지를 생산하는 주체가 될 수도 있다는 생각에 도달하게 됨으로써 문화 연구의 토대를 마련했다.

문화 연구cultural studies를 이끈 영국현대문화연구소의 대표 학자는 홀Stuart Hall이다. 그는 매스미디어의 메시지 의미 창출에 대해 '부호화encoding'와 '해독화decoding' 개념을 도입했다. TV프로그램의 예를 들어 본다면, 그것은 한 가지 의미만이 아니라 다양한 사람들에 의한 다양한 해독이 가능한 열린 텍스트라는 것이다. 따라서 TV를 보는 것은 수용자와 텍스트 간 타협의 과정이며 둘 사이에서 발생하는 이해의 상충은 어떤 식으로든 조정된다고 보았다. 이때 수용자는 미디어 텍스트에 내재되어 있는 고정된 의미(송신자의 의도)를 무조건적으로 수용하지 않고, 그로부터 자기만의 독특하고 적극적인 의미를 만들어 내는 존재이다.

문화 연구에 따르면 수용자는 단순한 개인이 아니라 '사회적 개인' 혹은 '사회적 주체'이다. 수용자는 개별적이고 고립된 존재가 아니라 사회적인 위치를 지닌 존재로, 텍스트를 읽는 개인의 집합이라는 것이다. 이 때문에 수용자의 텍스트 해석은 개인의 개별성보다 사회적, 문화적 공유성에 영향을 받게 된다고 보았다. TV 텍스트를 해독하는 과정에서 수용자가 부여하는 의미도 사실상 사회문화적 환경과 요인에 의해 결정된다는 것이다. 이러한 의미에서 수용자 해독은 다양하지만 무한대로 다양한 것이 아니라 일정한 패턴을 지니며 이 패턴은 곧 수용자의 사회적 속성에 따라 결정된다는 얘기이다.

문화 연구는 미디어 이용을 특정한 사회문화적 상황의 반영으로 그리고 문화적 생산물과 경험에 의미를 부여하는 과정으로 간주하면서 대중문화 작품들에 중점적으로 관심을 가졌다. 이는 대중적이고 일상적인 문화에 대한 연구가 처음 시도되었다는 의의를 지닌다. 윌리엄스Raymond Williams는 "문화란 특수하고 다양한 삶의 방식을 창조하는 본질적인 사회화 과정"이라고 정의하면서 '아래로부터의 문화'인 대중의 일상적인 문화에 집중하고 문화 그 자체의 관점에서 사회 변화에 주목했다. 프랑크푸르트학파가 관심을 기울였던 '위로부터의 문화'인 엘리트 문화가 아닌, 하부 문화에 집중하는 시각의 변화는 그동안 사회로부터 관심을 받지 못했던 주제들, 즉 성, 인종, 계층 등에 대한 학문적 연구를 가능하게 했다. 이러한 패러다임의 변화는 근대에서 탈근대로의 변화, 그에 따른 포스트모더니즘적 사조가 만연한 사회적 풍토 또한 그 배경이 되었다.

문화 연구는 효과 이론에서 말하는 미디어 자극과 이에 대한 수용자의 반응 개념을 거부하는 대신, 메시지가 생산자의 의도와 달리 각기 다른 사회문화적 집단들에게 다양하게 읽히거나 해독된다는 것을 증명하고자 했다. 따라서 문화 연구에서 수용자는 미디어 텍스트를 해독하는 독자로서의 중요성을 지닌다. 수용자에게는 매스미디어가 제공하는 지배적, 주도권적 의미에 저항하거나 이를 전복하려는 능동성이 요구된다. 다음은 문화 연구의 특징을 설명하는 내용으로 능동적인 수용자상이 전제되었음을 알 수 있다.

1. 미디어 텍스트는 수용자 인식을 통해 해독되어야 하며 수용자는 제공된 미디어 텍스트로부터 의미와 즐거움을 얻는다.
2. 수용자가 특정한 상황에서 행하는 미디어 이용 과정과 방법은 관심의 대상이 된다.
3. 수용자의 미디어 이용은 해석적 공동체에 참여함으로써 생기는 특정한 상황이자 사회적 임무로 간주될 수 있다.
4. 특정한 미디어 장르에 있어서 수용자는 종종 미디어를 이해하기 위해 동일한 형태의 담론과 틀을 공유하는 개별적인 해석적 공동체를 필요로 한다.
5. 수용자는 결코 수동적이지 않으며 모든 구성원이 동등하지도 않다. 어떤 사람은 다른 사람보다 더 경험이 많거나 능동적인 팬이 될 수 있기 때문이다.

문화 연구가 수용자를 바라보는 이러한 색다른 시각은 페미니즘 연구, 독자 중심 비평 등의 연구 결과와 결합하여 과거와는 다른 '대안적 수용자alternative audience' 개념을 등장시키게 되었다. 대안적 수용자 개념은 수용자의 능동성을 강조하기는 하지만, 이용과 충족 이론에서 말하는 능동성과는 확실한 차이가 있다. 즉 수용자 개인의 미디어 이용에 초점을 맞추기보다, 매스미디어에 대한 수용자의 '의미 창출meaning-making' 과정에서의 적극성을 지칭하는 것이다. 미디어 이용을 적극적으로 하되 전달된 메시지를 그대로 수용하는 존재가 아니라, 수용자의 인간적 활동인 의미 해석을 적극적으로 행하는 것을 뜻한다. 동일한 메시지를 해석하고 수용하는 과정에 수용자들이 적극적으로 개입하면 메시지의 의미도 다양하게 창출될 수 있다고 보는 것이다.

대안적 수용자 개념이 기존의 전통적 수용자 개념과 다른 점은 다음과 같다. 첫째, 커뮤니케이션을 송신자가 수신자에게 메시지를 보내는 일직선의 단순 과정으로 인식하지 않는다. 커뮤니케이션은 현실의 삶이 반영된 것이며 수용자가 현 사회를 유지하기 위해 일종의 의식 행위에 참여하는 것이라고 간주한다. 둘째, 수용자는 '메시지'가 아닌 '텍스트'에 반응한다. 메시지는 매스미디어에 의해 전달되는 것으로 객관적이고 획일적인 의미를 지닌다. 이에 비해 대안적 수용자 개념에서는 수용자와 미디어 내용물이 만나 생성되는 의미를 중시한다. 셋째, 전통적 수용자 연구는 설문 조사를 행하거나 인위적인 실험 연구를 하지만 대안적 수용자 연구에서는 심층 인터뷰, 참여 관찰, 그룹 토론 등을 통해 수용자의 일상 생활에 가까이 다가간다. 수용자의 일상적인 미디어 소비와 접촉이 어떤 의미를 지니며 또 그를 통해 어떤 의미가 생성되는지를 탐구하기 위해서이다.

대표적인 대안적 수용자 연구로는 인종에 따라 수용자가 어떻게 드라마를 달리 해독하는지, 다양한 계급의 수용자들이 동일한 TV 텍스트를 어떻게 달리 해석하는지, 동일한 프로그램을 일부 수용자는 열광하고 일부 수용자는 왜 혐오하는지, 한 가족 내에서 TV 시청 행위가 어떻게 인식되고 활용되는지 등에 대한 연구가 있다.

사회문화적 상황에서 본 수용자

수용자는 다양한 속성을 지닌 존재이기 때문에 수동성과 능동성만으로 수용자 개념을 분류하는 것은 한계가 있다는 비판이 제기되어 왔다. 이에 따라 매퀘일은 사회문화적 상황을 고려하여 네 가지 범주로 수용자를 분류했다. 수용자라는 대상의 어떠한 측면에 초점을 맞추는가에 따라 다른 기준을 적용하는 것으로, 수용자를 자율적 존재 혹은 타율적 존재로 이분법화해온 기존 논의와 차이를 보인다. 그 내용은 다음과 같다.

관객, 독자, 청취자, 시청자 집합체로서의 수용자

특정 매체의 특정 메시지를 전달받은 사람들을 수용자로 보는 개념이다. TV프로그램 시청률, 구독자 수 등을 파악할 때 이 개념이 동원된다. 이때 수용자는 인구통계학적 목적으로 인식된다. 개개인의 속성이나 특징은 관심 사항에서 배제된다. 따라서 수치로 취급된다.

공중으로서의 수용자

수용자를 이성과 비판 능력을 갖춘 존재로 보는 것이다. 이때 수용자는 대화에 대한 의지와 미디어를 선별적으로 접할 수 있는 능력을 갖추고 있다. 또 수용자 사이에 일정한 상호작용과 의견의 공감대 형성이 가능하다고 본다. 한 사회에는 이러한 공중으로서의 특성을 지닌 수용자가 여러 형태로 존재하고 있다. 다양한 정보원을 통해 여론 형성이 가능한 수용자 집단을 일컫는 지식 공중informed public은 하나의 좋은 예이다.

대중으로서의 수용자

대중으로서의 수용자는 크고 넓게 퍼져 있으며 구성원들은 서로 알지 못하고 알 수도 없다. 이러한 견해는 미디어의 생산과 분배 조건이 지닌 전형적 특성을 강조한 것으로, 수용자에 대한 경멸의 뜻을 내포한다. 요컨대 대중으로서의 수용자는 무지하고 비이성적이며 매스미디어 메시지를 기계적으로 받아들이고 그것에 의해 쉽게 조작되고 조종되는 존재를 말한다. 오늘날 많은 학자가 이 개념을 공격하고 거부하고 있다.

시장으로서의 수용자

미디어가 거대 사업이 되면서 '시장'이라는 용어가 널리 통용되었다. 시장으로서의 수용자는 수용자를 사회경제적 측면에서 파악하는 시각으로, 특정 미디어 혹은 메시지가 지향하고 있는 잠재적인 소비자의 집합체를 뜻한다. 초기 방송 역사에서 라디오와 TV 수용자가 하드웨어와 소프트웨어의 중요한 소비자 시장으로 급부상한 것은 대표적 사례이다. 이 시각에 따르면 수용자는 미디어 생산물의 잠재적 소비자이거나 미디어 수입의 원천인 광고 소비자가 된다. 이때 송신자와 수신자는 커뮤니케이션 관계가 아니라 생산자와 소비자처럼 타산적인 관계로 연결된다. 따라서 서비스 공급자들은 수용의 개념이 아닌 소비의 개념으로 수용자를 대한다.

이런 의미에서 시장으로서의 수용자 개념은 대중으로서의 수용자 개념과 비슷한 점을 지닌다. 전체 시장이 곧 대중의 특성을 지니는 것이기도 하기 때문이다. 그러나 시장으로서의 수용자 개념은 전체 수용자보다 분화된 수용자 집단에 주목한다는 점, 수용자의 필요와 관심에 따라 미디어 상품, 서비스를 생산하는 데 초점을 맞춘다는 점에서 대중으로서의 수용자와 다르게 인식된다.

이상의 논의를 통해 알 수 있듯이, 수용자는 수용자 자체의 변화가 아닌 수용자를 바라보는 인식의 틀이 변함에 따라 다른 개념으로 받아들여졌다. 그리고 인식의 틀은 한 시대의 역사, 문화, 정치, 경제적 상황 등과 밀접한 관련이 있다. 일례로 공중으로서의 수용자 개념은 정치적 발전과 함께 논의할 수 있으며 시장으로서의 수용자 개념은 자본주의 발달에 따라 등장한 것이다.

송신자와의 관계에서 본 수용자

한편 매퀘일은 수용자를 정보원인 송신자와 수신자와의 관계에 따라 분류하기도 했다. 첫째, 송신자가 수신자에게 전달하는 관계이다. 둘째, 송신자와 수신자가 메시지를 공유하는 관계이다. 셋째, 송신자가 수신자의 주의력을 얻고자 하는 관계이다. 이를 좀 더 자세히 살펴보면 다음과 같다.

표적으로서의 수용자
송신자는 커뮤니케이션 과정을 통제하거나 영향을 미칠 목적을 지니고 있다는 시각이다. 이때 수용자는 의미가 전달되어야 하는 목적지 혹은 표적으로 인식된다. 광고, 교육, 공공 정보 캠페인 수행을 예로 들 수 있다.

참여자로서의 수용자

송신자는 수용자를 변화시키기보다 공동성을 확대해 공유와 참여를 꾀한다는 시각이다. 이는 단순한 정보 확산을 넘어 적절한 사회 유지와 믿음의 공유를 위한 것이다. 이때 커뮤니케이션은 도구적이거나 실용적인 것에 그치지 않으며 수용자는 한 사회의 구성원으로서 참여에 적극적이다.

관객으로서의 수용자

송신자가 단순히 수용자의 주의를 유인하려 한다는 시각이다. 수용자의 주의 정도에 따라 평가—가입료, 입장권 판매액, 광고료 등—를 측정하는 경우가 이에 속한다. 이때 수용자에 대한 의미 전달이나 공유, 결속의 깊이는 중요하게 여겨지지 않는다. 단지 매체에 사용된 시간과 수용자의 주의 정도가 판단 기준이 된다.

취향공중과 문화공중으로서의 수용자

취향공중으로서의 수용자

갠스Herbert Gans에 따르면 모든 인간은 본래 심미적 충동을 지니고 있으며 한 사회에는 여러 종류의 심미적 기준이 있다. 이 가운데 무엇을 고를 지에 대한 기준은 공평하게 제공되어 있는데, 공통의 가치와 기준을 가지고 서로 유사한 문화 내용물을 선택하는 사람들을 가리켜 취향공중이라고 명명했다.

취향공중 개개인은 독자적인 심미 기준하에 취향 문화taste culture(음악, 미술, 문학, 건축, 영화, TV프로그램 등)를 선택하며 그에 상응하는 작가 및 예술가, 연기자 및 비평가 집단 또한 존재한다는 것이 문화적 다원주의를 표방한 갠스의 주장이다. 갠스는 계급 문화 개념을 도입해 취향 문화와 취향공중을 5개 유형(상급 문화, 중상급 문화, 중하급 문화, 하급 문화, 준민속 하급 문화)으로 구분했다.

매퀘일은 갠스의 취향 문화가 세분화된 수용자의 생활양식을 표현하기 위해 의도된 형태, 표현양식, 장르를 지니는 유사한 미디어 생산물의 집합이라고 보았다. 취향 문화 개념은 미디어를 선택하는 수용자를 포함하고 있다는 점에서 수용자의 한 유형으로 분류될 수 있다고 매퀘일은 설명한다.

문화공중으로서의 수용자

부르디외Pierre Bourdieu는 취향공중과 비슷한 개념으로 문화공중 개념을 주장했다. 차이점은 갠스의 취향 문화가 사회 계층에 따라 구별을 시도한 것이라면 부르디외의 문화공중은 사회적 영역에서 하나의 계급과 다른 계급 사이에 구별되는 계급적 성격을 강조한 것이다.

부르디외의 핵심 개념은 '문화 자본'과 '아비투스habitus'이다. 현대인의 문화 실천은 계급의식이 아닌 일상적이고 무의식적인 경험과 교육, 즉 아비투스(아리스토텔레스의 '헥시스hexis'에서 발전된 개념으로 교육 등에 의해 영향받을 수 있는 심리적 성향을 의미함)로 인해 일어난다는 것이다.

부르디외는 또한 사회를 '제도화된 권력 수단인 다양한 자본 소유가 위계질서를 이루고 있는 공간'으로 파악했다. 이 속에서 사람들은 경제 자본과 문화 자본의 많고 적음에 따라 분류될 수 있다고 보았다. 문화 자본에 대한 취향은 각 계급과 계급 문화마다 특이하게 나타나는 성향의 체계인 아비투스와 밀접하다는 것이 부르디외의 설명이다.

문화공중으로서 수용자는 3개 집단으로 분류된다. 지배 계급 가운데 학력 자본이 가장 풍부한 '정통적 취향 집단legitimate taste', 중간 계급의 '중류층 취향 집단middle-brow taste', 민중 계급의 '대중적 취향 집단popular taste'이 그것이다.

문화 소비자로서의 수용자

토플러Alvin Toffler의 문화 소비자 개념은 갠스와 부르디외의 중간에 위치한 수용자 개념으로, 스스로 문화를 체험하는 능동적 집단을 뜻한다. 토플러는 미국 내 미술관과 콘서트홀, 극장에서 나타나는 문화적 민주주의 현상에 주목하면서, 엄청난 문화 소비자 구성과 그들의 문화적 취향을 근거 자료로 양적 상승이 질적 상황을 초래하고 있음을 제시했다. 토플러에 따르면, 제2차 세계대전 이전 문화관중은 엘리트층으로서 부유하고 보수적인 상류 계급이었지만, 오늘날에는 하향 이동했다.

토플러는 성별, 연령별 문화 관중 구성이 인구 전체 구성에 가까워지는 현상을 바탕으로 문화 관중의 경제적 지위나 학력 특징에서 문화 민주주의가 진행되고 있음을 주목했다.

능동적 수용자

능동적 수용자active audience 이론은 수용자를
대중의 특성인 균질화, 균등화, 수동성, 피동성 등을 지닌 몰개성 집단으
로 파악하지 않고 선택성과 적극성에 입각한 이성적인 존재로 여긴다.
수용자의 능동성 개념에 대한 연구는 1970년대 이후 발전한 인간 중심
적·인본주의적 커뮤니케이션 연구의 기폭제가 되었다. 이는 종래의 커
뮤니케이션 연구가 주로 수용자 연구에 집중되어 왔으면서도 커뮤니케
이션 주체자인 수용자를 송신자가 마음만 먹으면 설득할 수 있고 조종할
수 있는 표적으로만 인식해 온 것을 탈피했다는 점에서 주목받았다. 능
동적 수용자론에 따르면, 수용자는 주체적인 입장에서 대중매체와 그 속
에 담긴 내용을 자신의 욕구와 필요에 따라 주관적이고 자주적으로 선택
한다.

수용자의 능동성에 대한 이해를 돕는 몇 가지 이론들을 소개하면 다음과 같다.

비오카의 능동적 수용자 개념

비오카Frank Biocca는 수용자 능동성에 대한 함축적 의미를 다음과 같은 다섯 가지로 분류, 제시하고 있다.

첫째, 선택성selectivity이다. 수용자가 미디어와 미디어 콘텐츠를 선택하고 식별하려는 경향이 클수록 능동적이라고 본다. 이 경우 수용자는 선택적으로 미디어에 노출되고 지각하며 선택적으로 기억하는 존재다.

둘째, 실용성utilitarianism이다. 능동적 수용자는 자기중심적 소비자의 구현체로서 자신의 욕구 충족을 위해 선택한다. 이는 수용자를 이기적인 소비자로 보는 관점으로, 단순한 선택성을 넘어선 방어성을 의미하기도 한다. 개인의 분명한 욕구와 동기를 충족시키기 위한 일정한 수준의 합리적 선택성을 말한다.

셋째, 의도성intentionality이다. 능동적 수용자는 미디어로 전달되는 메시지에 담긴 정보를 처리하기 위해 능동적이고 인지적인 노력을 기울인다. 이 개념은 능동성의 인지적 차원을 보다 강조하는 것으로 입력 정보를 인지적으로 구조화하는 스키마 과정을 의미한다.

넷째, 관여성involvement이다. 능동적인 수용자의 동기는 미디어 메시지와 관련한 자신의 기대, 연관성 등에 의해 유발된다. 수용자가 미디어에 감정적으로 몰두할수록 관여성이 높아지는 경우가 이에 속한다.

다섯째, 영향에 대한 저항성resistance to influence이다. 이는 '완고한 수용자' 개념과 일치하는 것으로 바람직하지 않은 영향이나 학습은 거부하는 것을 의미한다. 능동적 수용자는 자신이 선택하고 결정한 것을 제외하고는 스스로 메시지를 통제하여 미디어의 영향을 거부하고 회피한다는 것이다.

하버마스의 능동적 수용자 개념

하버마스Jürgen Habermas는 커뮤니케이션 행위 이론을 통해 행위의 합리성을 중요하게 제시했다. 이는 언어능력과 행위능력을 갖고 있는 주체가 어떻게 지식을 이용하는가에 대한 문제를 설명하는 것이었다. 하버마스에 따르면 "커뮤니케이션은 강제적이지 않고 담론에 의해 일치될 수 있으며 합의를 만들어 내는 중요한 경험"이다. 이러한 커뮤니케이션에 참여하는 사람들이 적절한 상황하에서 자신의 발언을 정당화시킬 수 있는가의 여부로 합리성을 측정한다. 따라서 커뮤니케이션 참여자들은 토론을 통한 담론에서 능동적으로 설득력을 발휘해야 한다.

하버마스는 담론을 행하기 위한 보편적인 전제로 '이상적인 발화 조건 ideal speech condition'을 강조했다. 커뮤니케이션에는 어떠한 강압도 없이 오로지 공동으로 진리를 탐구하려는 동기만이 필요하며, 참여자는 이러한 이성적 대화 공간에서 합리적 비판을 할 수 있다고 보았다.

건터의 능동적 수용자 개념

건터Barrie Gunter는 텔레비전 프로그램에 대해 수용자가 어떻게 인지적으로 반응하고 이해하는가를 규명하는 과정에서 수용자의 능동적 해석을 주장했다. 수용자는 텔레비전 포맷과 내용에 대한 일정한 이해와 수용자 자신이 살고 있는 세상에서의 직접 체험을 통한 이해를 바탕으로 비교, 판단하여 해석하는 존재라는 것이다. 특히 수용자는 연령과 관계없이 사회적 현실이 TV에 묘사된 내용과 실제 현실을 다르게 지각한다고 보았다. 건터는 이것이 수용자가 TV프로그램을 선택적으로 지각하고 판단하며, 이것은 TV를 보고 항상 동일한 의미를 해독하지 않는다는 의미라고 설명하고 있다.

스키마 이론과 능동적 수용자 개념

능동적 수용자에 대한 인지심리학적인 접근 방법 가운데 주목받는 것이 바로 스키마schema 이론이다. 이는 특히 매스 커뮤니케이션 연구 분야에서 정보 처리 과정과 관련 있는 인지적 과정을 설명하는 데 유용하다. 스키마는 인지적 구조로 이전의 체험으로부터 추상화된 자극의 유형 혹은 주어진 개념에 대한 조건화된 지식을 의미한다. 예컨대 사람들은 자신이 평소 많이 접한 뉴스만큼, 그 분야에 대한 스키마를 형성한다.

특히 스키마 이론에서는 모든 TV프로그램이 포함하는 이야기 구조와 관련해 수용자들은 능동적으로 '이야기 스키마story schema'를 작동시킨다고 본다. 즉 수용자는 중요한 이야기 내용을 기대하며 중심적인 내용을 주변적인 내용보다 더 기억하고 효과적으로 이에 대한 정보 처리를 한다는 것이다.

뉴미디어와 능동적 수용자

기존의 수용자 개념들은 오늘날 커다란 도전에 직면하고 있다. 일반적으로 수용자를 둘러싼 매체 환경이 변화하면서 수용자 개념에도 변화가 초래되는데, 최근 급격한 미디어 기술의 발달로 이전과는 비교할 수 없을 만큼 엄청난 변화가 일어나고 있는 것이다. 뉴미디어는 기본적으로 수용자가 주도하는 수용자 의존형 on demand 미디어이다. 신문, 방송 등 기존의 올드미디어는 최대공약수에 바탕을 둔 정보를 제공하지만 뉴미디어는 이용자의 주문과 선택을 바탕으로 세분화된 정보를 제공하기 때문이다. 따라서 뉴미디어 시대에는 더 이상 '수용자'라는 용어가 적절하지 않다.

전통적인 미디어 수용자와 뉴미디어 시대 이용자의 특성은 여러 측면에서 다르다. 과거 올드미디어 기술이 이끄는 일방향적 커뮤니케이션 과정에서 수용자는 메시지를 전달받고 소비하는 수동적 존재의 개념을 벗어나기 힘들었다. 그러나 오늘날 뉴미디어 기술은 쌍방향 커뮤니케이션 실현과 함께 수용자의 능동성을 새롭게 부각시키면서 이를 참여성 개념으로 발전시키고 있다. 특히 뉴미디어의 익명성은 수용자의 적극성과 참여성을 더욱 활성화시킨다. 이용자들이 자신을 숨기고 커뮤니케이션할 수 있기 때문에 더 적극적이고 공격적이 될 수도 있다. 뉴미디어 수용자는 메시지의 이용자인 동시에 창조자인데 이는 과거 전통적 수용자 연구에서 말하는 능동성과 구별된다. 즉 과거 수용자의 능동성은 다양한 미디어 환경에서 취향에 맞는 메시지를 선택하여 이를 창의적으로 해석하는 정도였지만 뉴미디어 수용자의 능동성은 정보 이용과 동시에 정보를 제공하는 차원을 말한다. 이러한 환경에서는 송신자와 수신자의 구분이 무의미해진다.

능동적인 수용자는 일반적으로 긍정적인 수용자상으로 꼽힌다. 수용자가 보다 능동적일수록 광고 또는 선전 목적의 메시지가 갖는 설득, 영향력, 조작 등에 대해 저항적일 수 있기 때문이다. 능동적 수용자는 송신자에게 피드백을 활발히 행하며, 따라서 송신자와의 관계에서 보다 상호작용적이다. 뉴미디어 기술은 바로 이러한 상호작용성에서 커다란 발전을 이루어 왔다. 즉각적인 피드백으로 인한 메시지 교정, 메시지 생산자 의도와 무관하게 이뤄지는 메시지의 수용 등이 활발하게 일어날 수 있다. 또한 기존 미디어에서 송수신 관계는 일대일one to one 또는 일대다one to many로만 한정되었다. 그러나 인터넷의 경우 다수의 송신자와 다수의 수신자가 존재하는 다대다many to many 송수신의 특성을 지닌다. 이러한 상황은 단순히 송신자와 수신자의 수적 증가만 의미하는 것은 아니다. 기존의 올드미디어 환경에서 수동적이었던 사람들이 적극적인 정보 사용자로 바뀌고 수용자 스스로 정보의 내용과 전달 시간, 전달 의도, 전달 대상 등 정보의 모든 측면에 영향력을 행사함으로써 과거 송수신 개념을 바꾸고 있다. 블로그 또는 UCCuser created contents를 보더라도 네티즌 모두가 정보 수용자인 동시에 송신자로서 존재한다는 것을 알 수 있다.

수용자의 능동성 개념은 이용과 충족 이론의 핵심 개념이다. 이는 미디어 이용자가 자신의 욕구에 맞추어 미디어를 선택적으로 이용한다는 것을 전제로 한다. 케이블 TV, 인터넷과 같은 뉴미디어의 등장은 수용자의 능동성을 확장시킨 것으로 입증되고 있다. 케이블 TV는 선택적 미디어 이용행위를 확산시켰으며 인터넷은 참여적 행위를 증대시켰다는 것이다. 수용자 능동성이 미디어 이용 환경과 밀접한 관련을 맺고 있음을 알 수 있다. 물론 이 가운데에도 상대적으로 더 능동적인 수용자와 덜 능동적인 수용자가 있을 수 있다.

수용자의 능동성과 관련해 가장 관심을 끄는 것은 수용자가 미디어 콘텐츠 생산과 공유에 참여하는 생산자 혹은 참여자 개념이라는 점이다. 뉴미디어 시대에 가장 능동적인 수용자의 활동은 스스로 콘텐츠를 생산하고 인터넷에 올리는 것이다. 콘텐츠를 직접 제작하고 타인과 공유하는 참여성은 수용자의 핵심적인 능동성 개념이다. 이때 중요한 것은 콘텐츠를 제작하는 목적과 의도가 뚜렷해야 한다는 것이다.

최근에는 스마트폰, 태블릿 PC와 같은 스마트미디어의 도입에 따라 수용자의 확장된 능동성이 주목받고 있다. 예컨대 수용자는 다양한 모바일 애플리케이션을 설치하고 작동할 수 있는 스마트폰을 통해 콘텐츠(뉴스, 게임 등)는 물론 운영 체계와 플랫폼(SNS 등)과 같은 미디어의 선택과 조합을 자유롭게 실행한다. 기존의 수용자 능동성 개념이 주로 콘텐츠에 대한 상호작용을 가리키는 것이었다면 스마트미디어 시대에 이르러 능동성 개념은 미디어에 대한 선택과 조합이라는 측면까지 확장되고 있는 것이다.

현대사회 디지털미디어는 상호작용 환경을 제공함으로써 능동적 수용자를 만들어 낸다는 것이 일반적인 인식이다. 전통적인 미디어와 비교할 때 디지털미디어는 이용자가 스스로 클릭하고 선택해야 이용할 수 있기 때문이다. 그러나 단순한 웹 서핑과 같이 의도성이나 목적성이 결여된 미디어 이용 행위가 있을 수 있다는 측면 또한 고려되어야 한다. 더불어 디지털 기술로 인한 다채널화가 미디어 채널 간 차별화와 전문화를 촉진시켜 결과적으로 수용자를 세분화시킨다는 점도 주목해야 한다. 가용 채널이 증가하면서 수용자 노출이 분산되어 차별화가 이루어지고, 특정 프로그램 유형 혹은 특정 전문 채널에 극도로 치우치거나 이를 배제하는 양극화된 시청행위가 나타날 수도 있다. 과거 매스미디어 환경과 달리 디지털 시대 채널의 다양화는 수용자의 세분화를 가져오고 이로써 미디어 채널 특성이나 내용에 따른 취향 집단taste group을 구성해 내기 때문이다. 수용자는 특정 이슈나 특정 채널을 중심으로 하위 공동체를 형성해 스스로 문화 또는 정보 욕구에 대한 만족을 얻을 수 있다.

온라인 저널리즘 시대

오늘날 인터넷에서는 이용자들이 다양한 경로로 뉴스 생산이나 여론 형성 과정에 개입한다. 이로써 뉴스 생산자와 소비자의 경계가 사라지고 있고 전통적인 언론의 영향력은 축소되고 있다. 또한 인터넷에서는 다양한 형태로 뉴스가 생산되고 지속적으로 복사되어 전파되는 가운데 새로운 이슈들이 파생되는 모습을 흔히 볼 수 있다. 독자들은 인터넷 신문을 통해 기사를 선별적으로 읽을 수 있게 되어 기사에 대한 게이트키핑 자체가 기자에게서 독자로 상당 부분 위임되고 있다. 그런가 하면 언론사 기사를 선별·재가공하거나 논평을 첨가하는 뉴스 블로그들은 대안적 여론을 조성함으로써 기존 언론을 보완하는 기능을 한다. 과거에는 뉴스 생산자가 언론에 국한되었지만 이제는 여러 유형의 참여자들이 뉴스를 서로 전달하고 이에 대해 반응하는 것이다. 오늘날의 뉴스 이용자들은 누구나 뉴스를 생산하고 배포하며 소비하는 프로슈머prosumer(producer + consumer)로서 온라인과 오프라인을 넘나들며 여론 형성에 기여하고 있다.

이러한 변화는 미디어 뉴스가 여론을 형성하는 것이 아닌 뉴스 확산 과정 자체가 여론을 형성하는 '뉴스 2.0', 또는 '참여형 저널리즘'의 발전으로 이어지고 있으며 온라인 저널리즘 시대 수용자는 '참여 공중', '호혜적 미디어 공중', '담론 공중'이라는 새로운 이름을 얻고 있다. 2006년 최고의 발명품으로 꼽히는 동영상 사이트 유튜브가 국내외 대형 사건들을 현장에서 실시간으로 취재 보도할 수 있는 새로운 도구로 부상한 데 이어, 140자 단문 서비스를 제공하는 소셜미디어 트위터가 스마트폰 확산과 더불어 일반인들의 사건 취재와 제보에 광범위하게 이용되고 있다.

온라인에서는 미디어가 부여한 이슈의 중요도와 공중이 파악하는 중요도의 일치 여부를 중시하는 전통적인 의제 설정 대신, 뉴스가 파급되면서 수정·변형을 거치는 유동적 개념의 의제 설정이 일어나고 있다. 이와 같은 오늘날의 미디어 환경으로 인해 여론은 예측과 통제가 어려운 역동적인 과정이 되었다. 일반인의 참여가 사회 전반의 커뮤니케이션 양식을 바꾸고 있음을 보여 주는 대표적인 사례이다.

시민 저널리즘의 확산

뉴미디어 시대는 시민이 주체가 되고 참여할 수 있는 시민 미디어의 출현을 가능하게 하였다. 시민 미디어는 과거 일방향적 메시지 송신자인 올드미디어에 대한 대안으로 대중의 미디어 참여를 보장하고 대중의 관심에 부응하는 주제를 다루며 참여적이고 주체적인 시민 육성을 가능하게 하는 것이다. 시민 미디어는 넓은 의미로 운영과 제작, 편성에 시민이 일정한 범위 참여할 수 있는 미디어, 정치와 자본의 지배를 받지 않는 시민사회에서 직접 소유·운영하는 미디어를 말한다. 시민 미디어가 중요하게 다루는 개념 가운데에는 '미디어 액세스권right of access to the mass media'과 '공공 저널리즘'이 있다. 미디어 액세스권은 매스미디어로부터 소외된 공중이 자신의 의견을 표명하기 위해 필요한 지면이나 시간을 요구하고, 이용할 수 있는 권리이다. 공공 저널리즘은 시민 스스로 공적인 일에 참가하여 사회 쟁점을 토론하고 해결 방안을 찾아내 당면 문제를 해결하는 것을 말한다.

과거 주류 언론이 생산하는 메시지를 수동적으로 받아들이던 수용자들은 인터넷 뉴미디어 시대 이후 적극적으로 자신의 견해를 밝히는 콘텐츠를 제작하고 이를 유통시키는 가운데 공중 참여를 확장시킴으로써 시민 미디어 기능을 담당하고 있다. 2008년 우리 사회에서 광우병 파동이 촛불 시위로 확산된 것은 뉴스의 생산과 전파, 의제 설정이 일어나는 전 과정이 주류 언론이 아닌 대중에 의해 이뤄진 시민 저널리즘의 사례이다. 이는 그간 시민과 일정한 거리를 유지한 채 시민을 계도나 홍보, 혹은 미디어 상품 소비자로 간주하고 저널리스트나 전문가만의 의견을 전달해 실생활과 유리된 일회적이고 대안 없는 비판과 담론을 형성해 온 주류 언론들의 전통 저널리즘 관행에 대한 반발이었다. 또한 뉴미디어 시대 시민 저널리즘에 대한 대중의 욕구를 보여 준 것이기도 했다.

오늘날 시민 저널리즘의 형태는 다음과 같이 다양한 형태로 나타난다.

댓글 달기: 댓글을 통해 독자 의견을 표현하는 것으로 기사의 잘못된 부분이나 추가 사항을 지적하는 형태.

추가 정보 제공: 기사와 관련, 독자의 경험담이나 견해를 제공하는 형태.

오픈 소스 보도: 독자층에서 선발한 전문가가 자문에 응하거나 취재에 직접 참여하는 형태.

시민 블로그 하우스: 신문사가 미처 다루지 못하는 주제를 블로거가 다루는 형태.

옴부즈맨형 블로그: 독자들이 신문사나 기사에 대한 불만, 비평, 칭찬 등을 표출하며 신문사와 공식적인 의사소통을 하는 형태.

독립 시민 언론: 주로 지역 뉴스를 다루되 편집자가 관여한('오마이뉴스' 등) 형태와 전혀 관여하지 않는 형태.

인쇄판 발행: 독립 시민 언론의 인쇄판 형태.

하이브리드 시민 저널리즘: 약간의 보수를 지급받는 시민 기자들이 기사를 작성하는 형태.

시민과 프로 기자 협업: 전문 기자의 글과 시민 기자의 콘텐츠를 나란히 소개하는 형태.

위키 저널리즘: 누구든지 글을 쓰고 고칠 수 있는 형태.(WikiNews 등)

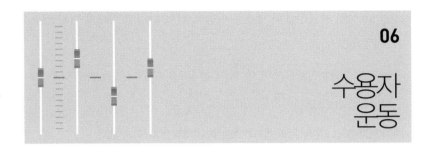

수용자 운동

이용과 충족 이론을 강조하는 주류 기능주의 학파 시각에서 보자면 수용자는 스스로 미디어 경험을 결정하는 주체이다. 하지만 이러한 시각에 대해, 힘없는 미디어 소비자들이 상업적으로 착취당하고 있는 현실임에도 수용자의 실질적 자율성을 과장하고 있다는 비판 또한 적지 않다. 기틀린Todd Gitlin에 따르면 커뮤니케이션 연구에서 수용자를 적극적이고 집단 관계에 의해 보호받는 존재로 묘사하는 것은 그 자체가 조작적인 매스미디어 현실을 은폐하기 위한 이데올로기적 운동이다. 이에 한 발 더 나아가 스마이드Dallas Smythe는 수용자가 그들의 궁극적인 압제자인 광고주를 위해 일하는 존재라고 주장하기도 했다. 수용자들은 자유 시간에 미디어를 보는 노동을 하고 이러한 노동이 광고주에게는 하나의 상품으로 팔린다는 것이다. 상업적 미디어는 수용자로부터 잉여가치를 추출해 운영하며 착취된 수용자가 광고 상품에 부가된 추가 비용을 부담하며 소비한다는 주장이다. 또 다른 비판적 연구자인 앵Ian Ang은 미디어 산업이 TV 수용자들을 '시청률'이라는 상업적 정보로 단순화시킨 것에 대해 문제를 제기했다. 앵은 TV 시청이 수많은 사람들이 수행하는 일상적인 문화적 실천임에도 불구하고 이를 그저 단일화·객관화·효율화된 개념의 '시청률'로 단순화하고 있다고 보았다. 이러한 시각은 수용자들이 상업적 미디어의 이익을 위해 희생되고 있다는 견해를 전제로 한다. 지금까지의 수용자 연구가 대부분 수용자를 통제하는 측면에서 진행되어 온 것도, 결국 미디어 산업이 수용자 통제를 원하기 때문이라는 지적이다.

　수용자 운동은 상당 부분 이러한 비판론적 관점을 포함한다. 수용자 운동은 대중매체를 올바르게 이해하고 대중매체가 인간에게 미치는 영향력에 대해 체계적으로 인식하여 미디어를 능동적으로 수용하고자 하는 행위이다. 능동적 수용자는 고전적 자유 민주주의의 핵심을 이루는 이성적, 주체적 시민상으로부터 도출된 개념이며 따라서 다분히 도덕적이면서 이데올로기적인 의미를 내포한다. 언론학에서는 수용자가 능동적인가 수동적인가를 규명하기보다 인간은 당연히 도구로서의 미디어를 능동적으로 수용하는 존재가 되어야 한다고 본다. 이를 위해 개인과 집단 차원에서 실행해야 할 과제들이 강조된다. 능동적 수용자가 되기 위해서는 교육이 필요하며 잘못된 언론 구조를 감시하고 개선하기 위해 운동이 필요하다고 보는 것이다. 수용자 운동은 대중매체의 구조와 내용을 수용자 중심으로 개선하려는 목표를 달성하기 위해 노력하는 집단적이고 지속적인 행동을 뜻한다. 이러한 수용자 운동의 바탕을 이루는 것이 바로 미디어 교육이다.

미디어 교육의 개념과 내용

미디어 교육의 개념은 시대적 특성이나 지역, 접근 방식에 따라 조금씩 다르지만, 흔히 미디어 자체에 대한 교육을 의미하며 미디어를 통하거나 이용하는 교육공학과는 분명히 구별된다. 예를 들어 국제영화텔레비전심의회International Film and Television Council의 정의에 따르면 미디어 교육은 "현대 커뮤니케이션 미디어에 대해 배우고 가르치는 연구로서 이를 전문적이면서 독자적인 영역으로 다루는 것"이다. 또한 부덴바움Judith M. Buddenbaum은 미디어 교육은 "사회 안에서 미디어 역할과 본질, 조직과 제도의 구조 및 기능을 잘 알고 이해하도록 의식화시키는 것으로, 스스로 미디어 내용을 평가할 수 있으며 매스미디어를 사용함에 있어 적절한 선택을 할 수 있도록 가르치는 노력"이라고 말했다.

미디어 교육은 적극적이고 비판적인 태도를 지닌 매스미디어 수용자를 키우는 교육이다. 그러므로 미디어 제작자나 생산자를 만들기 위한 전문교육과도 구별된다. 수용자를 공략의 대상이나 설득의 표적으로 설정하여 효율적인 기술과 전략을 가르치는 기능 교육과는 전혀 차원이 다른 수용자 중심의 교육인 것이다. 이러한 미디어 교육이 필요한 이유는 현대인의 일상생활에서 갈수록 미디어 소비가 증가하면서 수용자들이 미디어 접촉에 훨씬 많은 시간을 보내고 있기 때문이다. 또한 미디어 영향력에 무방비로 노출되어 있는 어린이와 청소년을 비롯한 수용자들이 미디어 내용을 제대로 이해하고 내재된 가치를 스스로 판단할 수 있도록 교육시킬 필요가 있다.

미디어 교육은 미디어를 단순히 도구로 이용하는 교육이 아니라, 미디어 자체를 가르치는 것이다. 마치 아이에게 글을 읽고 쓰는 방법을 가르치듯이 미디어라는 새로운 언어를 교육함으로써 전인적인 인격 향상과 완성을 이루기 위한 기회를 제공하는 것이라고 볼 수 있다. 미디어 교육의 목적은 미디어를 제대로 감상하고 선별하여 비판적인 수용자가 되도록 돕는 것이다. 따라서 궁극적으로 인간이 소외되거나 왜곡되지 않는 커뮤니케이션 질서를 회복하여 주체적인 커뮤니케이션 의식 배양과 실천을 촉구하기 위한 교육인 것이다. 이는 미디어 영향력하에서 수동적이고 소극적이기 쉬운 현대사회 수용자에게 필요한 주체적인 커뮤니케이션 능력을 기르기 위한 것이다. 미디어를 올바르게 이해하고 활용하는 능력은 인간과 사회의 관계에서 인간 중심의 커뮤니케이션 질서를 회복하기 위한 적극적인 대안이 된다.

수용자 중심의 미디어 교육은 미디어의 긍정적 기능을 활용하기 위한 교육과 역기능의 폐해를 최소화하기 위한 예방 교육의 두 가지 형태로 진행된다. 이때 미디어 교육은 특정 사회의 미디어 발달 수준을 비롯해 정치, 경제, 사회, 문화적 환경에 따라 다양하게 이뤄질 수 있다. 상업적 언론 환경 위주인 미국과 공공성을 중시하는 유럽에서의 미디어 교육이 다른 것은 그 때문이다. 미디어 교육의 주요 내용은 다음과 같다.

비판적 수용 교육

대부분의 미디어 수용자가 맹목적이고 수동적이며 소극적인 수용 행태를 지닌다는 문제 인식에서 출발한다. 이러한 문제를 극복하기 위해 미디어를 비판적으로 수용할 수 있는 능력critical viewing skill을 기를 수 있도록 미디어 교육을 실시한다. 즉 미디어에 대한 주체적이고 능동적이며 적극적인 수용자로서의 자질을 향상시키기 위한 교육을 말한다.

미디어 리터러시 교육

인간이 사용하는 모든 언어에 일정한 규칙이 존재하듯이 모든 미디어에는 사용 법칙과 일정한 질서가 있다는 것을 전제로 한다. 미디어를 올바르게 이해하고 파악할 수 있도록 이러한 미디어 언어(혹은 문법)와 미디어가 지닌 독특한 구조적 특성을 이해시키려는 교육으로, 미디어 텍스트를 분석하고 이해하는 '읽기'와 미디어 텍스트를 제작하는 '쓰기'를 포함한다.

시민 교육

현대사회는 시민의 주체적이고 적극적인 참여를 바탕으로 형성되며 이는 미디어가 제 역할을 다할 때 비로소 가능하다는 인식을 전제로 한다. 특정 사회에서 의제가 설정되고 이것이 여론을 통해 공론화되는 단계에 이르기까지 미디어 역할이 크다고 보기 때문이다. 이러한 관점에서의 미디어 교육은 능동적이고 적극적인 시민 의식 함양을 통한 참여 유도 방안을 강조한다.

소비자 교육

오늘날 미디어를 통해 생산되고 유포되는 모든 메시지와 콘텐츠는 상품이고 이를 선택하고 향유하는 모든 수용자들은 소비자라는 관점에서 행하는 교육이다. 능동적이고 적극적인 소비생활 능력을 기르는 소비자 교육의 시각에서 미디어 정보를 다룬다.

수용자 운동

적극적인 미디어 수용 능력 배양을 수용자 운동이라는 집단적 행동을 통한 미디어 감시 또는 실천 행동 양식과 관계를 지닌 것으로 본다. 이때의 미디어 교육은 수용자 운동을 위한 의식화 교육이자 실천 프로그램이 된다. 우리나라 초기 미디어 교육은 수용자 운동 또는 미디어 운동과 동의어로 인식될 만큼 밀접한 관련이 있다.

인성 교육

오늘날 미디어가 청소년을 비롯한 수용자에게 가치와 규범에 막강한 영향력을 미치는 존재가 된 만큼 미디어를 통해 전달되는 메시지들을 현대인의 인성을 좌우하는 강력한 힘을 발휘한다고 보는 시각이다. 따라서 미디어 교육이 곧 수용자들의 인성 교육이라고 보는 것이다.

올바른 문화 향유 및 생산 교육

현대사회의 문화적 표현이나 생산물이 미디어와 밀접한 관련이 있으므로 미디어 교육은 문화 교육 또는 문화 예술 교육이라는 차원에서 접근이 가능하다는 관점이다. 최근 뉴미디어와 신기술의 등장에 따른 새로운 문화 출현에 올바르게 대응하는 방법 등을 교육하는 것 등이 포함된다.

수용자 운동의 근거

수용자 운동의 근거는 크게 보아 두 가지이다. 미디어 역시 일반 상품과 마찬가지로 소비자 보호 운동의 대상이 된다는 것과, 수용자가 법률에 의해 보호받아야 한다는 것이다.

소비자 보호 운동

제조업과 비교하자면 미디어는 생산자, 수용자는 소비자라는 관점이다. TV 수용자의 경우 방송사가 생산하는 프로그램을 시청이라는 형태로 소비하고 있으며 방송사는 이를 '시청률'이라는 이름으로 집계한 뒤 광고 매출을 통해 수입의 상당 부분을 거두어들인다. 이에 따라 미디어 수용을 소비의 일환으로 간주할 수 있으며 일반 상품 소비자가 권리를 보호받듯이 미디어 소비자도 당연히 그 권리를 보호받아야 한다는 논리이다.

일반적인 소비자 운동이 불량하거나 유해한 상품을 감시하며 불만족한 상품에 대해 상환 또는 시정, 개선을 요구할 수 있는 것처럼, 미디어 소비자 운동은 미디어 내용이 사회적으로 바람직하지 못하거나 유해한 영향을 미치는 것에 대해 감시하고 시정, 개선을 요구할 수 있다. 일례로 시청자들은 방송사가 프로그램에 대한 시청자 불만을 접수하여 시정하고 개선하도록 집단적인 힘을 행사할 수 있다.

미국 소비자 운동에서 비롯된 소비자의 기본적 권리는 안전할 권리, 알 권리, 선택할 권리, 의사를 반영시킬 권리의 네 가지이다. 소비자 운동은 이러한 권리들을 보장하고 실현할 수 있도록 집단적으로 체계적인 활동을 전개하는 것이다. 특히 전파라는 공공재를 사용하는 방송의 경우 이러한 소비자 운동이 설득력을 지닌다. 공공의 재산인 전파는 국민이 소유주이며 따라서 국민인 수용자는 프로그램을 즐길 수 있는 권리는 물론 유해한 영향을 미칠지 모르는 불특정 프로그램으로부터 보호받을 권리를 지닌다. 방송의 경우 특히 막대한 영향력 때문에 부작용이 발생할 수 있고, 이를 감시해야 할 필요가 있다. 또한 일반 상품과 달리 그로 인한 피해는 즉각적으로 나타나기보다 비교적 장기간에 걸쳐 누적되어 작용할 수 있기 때문에 더욱 엄격한 관리와 감시가 필요하다. 수용자 운동이 지속되어야 할 논리적 근거가 여기 있다.

미디어와 관련한 소비자 보호 운동은 뉴미디어 출현과 더불어 중요성이 더욱 커지고 있다. 외형상 다채널 시대이지만 그 가운데에는 요금을 별도로 내야 하는 채널이 적지 않기 때문에 수용자의 경제적 여건에 따라 미디어 이용에 제한을 받는 경우가 생긴다. 이러한 환경은 미디어 소비와 관련해 더욱더 소비자를 보호할 필요가 있음을 보여 준다.

법률적 측면

수용자 운동에 대한 법률적 근거는 현대 언론법에 명시된 액세스권right to access과 커뮤니케이트권right to communicate을 들 수 있다. 선진국에서는 이들 권한을 명문화하여 수용자를 보호하는 추세이다. 우리나라는 방송법에서 이를 일부 수용하고 있다. 액세스권은 미디어에 대한 시민의 권리로 수용자가 미디어에 접근할 수 있는 권리이자 미디어가 소비자인 수용자에 대해 갖는 의무라고 볼 수 있다. 일례로 방송의 경우 수용자는 방송사 및 방송사가 제공하는 프로그램에 대해 비판, 항의, 요구할 수 있는 권리, 의견 광고를 할 수 있는 권리, 프로그램에 참가할 수 있는 권리, 운영에 참가할 수 있는 권리를 가지며 방송사는 수용자가 원하는 프로그램을 제공할 의무, 수용자가 이들 프로그램에 대해 반응하거나 접근할 수 있는 경로를 마련해 줄 의무를 지닌다. 특히 미디어의 거대화·독점화 추세 속에서 소외당하는 수용자가 생기지 않도록 수용자에게 권리를 부여하는 일이 중요하다.

커뮤니케이트권은 개인적 차원을 넘어선 사회적 차원의 권리를 뜻한다. 즉 모든 사람이 들을 권리와 정보를 받을 권리뿐 아니라 들려질 권리, 정보를 줄 권리를 지닌다는 것이다. 주어지는 정보를 단순히 듣는 차원을 넘어, 정보를 요구할 권리를 포함한다는 점에서 보다 적극적인 권리 개념이다. 이와 관련해 방송법에서는 시청자 불만 처리와 시청자 권익을 위한 위원회 설치 및 반론보도청구권을 명시하고 있으며, 방송 운영과 프로그램에 대한 시청자 의견을 수렴하는 시청자 평가 프로그램 편성을 의무화하고 있다.

수용자 운동의 이론적 배경

사회통제 이론

수용자 운동을 통해 방송 내용을 바람직하게 바꾸려는 것으로, 미디어에 영향을 미치는 국가나 자본의 힘과 마찬가지로 수용자의 힘 또한 중요한 영향력을 행사할 수 있다는 측면을 강조하는 이론이다. 수용자에 의한 사회적 통제를 통해 궁극적으로 추구하려는 목표는 책임 있는 미디어, 공공성과 공익성을 추구하는 미디어를 만드는 것이다.

수용자 의식화 교육 이론

수용자들에게 미디어의 본질과 특성을 이해시켜 미디어 내용을 제대로 선별할 수 있는 비판력과 의식을 갖추게 하려는 교육이다. 일례로 방송 시청자의 경우 비판력, 감상력, 식별력을 갖춘 수용자가 되도록 하며 오락적 기능과 정보 제공 기능에 대한 이해와 분별력을 갖추도록 하는 것, 현실 세계와 가공의 방송 세계의 차이를 알게 하고 여론 형성 및 여론 조작이 가능한 방송의 영향력을 이해시키고 이에 대항하는 힘을 기르게 하는 것 등이다.

소비자 운동 이론

소비자 중심주의에 바탕을 두고 개인이나 단체의 거래 관계에서 발생할 수 있는 불만을 해소하기 위한 것을 말한다. 미디어와 수용자 간 불균형 상황을 동등한 세력 균형 상태로 바꾸는 것이 목표다.

사회 운동 이론

사회변동을 성취하거나 저해하려는 지속적이고 집합적인 노력을 의미한다. 집단행동과 여러 가지 측면에서 유사하지만 장기간 발전되고 지속된다는 점, 조직화의 정도가 강하고 운동의 초점이 뚜렷하다는 점이 집단행동과 다르다. 사회 운동 이론 시각에서 보자면 수용자 운동은 특정한 사회 변화를 추구하기 위해 추진하는 것이다.

우리나라의 수용자 운동

조직 단체를 형성해 결집된 의사를 표출하는 즉 수용자 운동은 단체의 성격을 띤다. 즉 수용자 운동은 선의의 압력단체 활동으로, 미디어에 영향력을 행사함으로써 수용자 권익을 보호하는 데 목적이 있다. 그간 수용자 운동은 주로 TV에 초점을 맞추어 왔다. TV의 영향력이 확대되는 가운데 불만과 우려가 증폭되면서 시청자 운동으로 이어진 것이다. 우리나라 초기 시청자 운동은 종교 단체와 여성 단체를 중심으로 한 프로그램 모니터 활동이었다. 1984년 YMCA가 전국적인 TV 모니터 운동을 전개한 이후, 기독교교회협의회KNCC 언론대책위원회, 참교육학부모회모니터회, 보리방송모니터회, 바른언론을위한시민연합, 매체비평우리스스로, 한국여성민우회바른언론지키기모임 등이 시청자 운동에 참여했다. 우리나라 시청자 운동에 종교 단체와 여성 단체 역할이 컸던 것은 합당한 이유가 있었다. 종교 단체의 경우 국가로부터 상대적 자율성을 유지할 수 있었으며 여성 단체는 기존 활동을 기반으로 구축한 인력을 활용하는 데 용이했기 때문이다. 그러나 감시 활동만으로는 미디어에 대한 압력이 충분치 않았다는 판단 아래, 사회 여론 환기를 위한 캠페인과 미디어 관계 법령의 제정 및 개정을 요구하는 운동으로 발전하게 되었으며 시청자에 대한 교육을 함께 실시하기에 이르렀다.

우리나라 시청자 운동은 미디어 감시 및 비평 운동, 미디어 교육 운동,

미디어 제작 운동, 미디어 정책 및 법률 운동으로 요약할 수 있다. 이를 살펴보면 다음과 같다.

미디어 감시 및 비평 운동: 방송 프로그램 모니터링이 핵심으로, 시청자 운동을 확산시키고 시청자 인식을 일깨우는 데 공헌했다. 활동 주체가 주로 20~30대의 중산층 여성에 국한되어 온 점은 한계로 지적된다.

미디어 교육 운동: 시청자 주권 의식을 일깨워 시청자 운동이 뿌리내리도록 의식 있는 수용자층의 저변을 확대하는 데 기여했다. 그러나 미디어 교육을 원하는 사람만을 대상으로 한 것이어서 교육 대상이 한정적이고 대중적으로 확산되지 못했다는 단점을 지닌다.

미디어 제작 운동: 시청자가 새로운 대안적 내용을 담은 미디어를 제작해 기존 방송 체제하에서의 시청자 소외를 지적하고 방송을 공론의 장으로 만드는 계기를 제공했다. 지자체의 영상미디어 센터들이 대안적 미디어 제작을 위한 설비를 대여하고 제작 기술을 교육하고 있다.

미디어 정책 및 법률 운동: 언론 노조 등과의 연계를 통한 활동이다. 하지만 시의성 있는 현실적 이슈를 중심으로 이루어지는 까닭에 조직적이고 지속적인 활동으로 정착되기 어렵다는 한계가 있다.

수용자 운동 사례

우리나라 수용자 운동의 대표적 사례는 'KBS 시청료 거부 운동'과 'TV 끄기 운동'을 들 수 있다. 1986년 1월 20일, 전

두환 정권 당시 방송사의 노골적인 편파 보도에 대한 불만이 고조되면서
'KBS TV 시청료 거부 기독교 범국민 운동 본부'가 창설되었고 이후 종
교 단체와 여성 단체, 사회단체가 중심이 되어 전국적인 운동으로 확산되
었다. 이 당시 시청료 거부 운동은 시청료 거부 자체가 목표라기보다, 편
파·왜곡 보도의 중단과 공영방송광고 행위 중단, 저질·퇴폐 방송 중단,
권력 유지 수단으로서의 방송 중단 등 언론 민주화와 사회 민주화가 최
종 목표였다. 이 운동은 같은 해 9월 29일 'KBS 시청료 거부 및 자유 언
론 쟁취 공동대책위원회'로 발전하면서 파행 보도를 시정하려는 언론 자
유 쟁취 운동으로 번졌다. 이후 개신교와 가톨릭 등 종교 중심의 범국민
운동 본부에 여타 사회 운동 단체들이 합세하면서 적극적인 시민 불복종
운동 형태로 변모한 결과, 시청료 징수액이 1984년 1,148억 원에서 1988
년 785억 원으로 크게 감소하기에 이르렀다. 이 운동은 전 국민적인 시청
자 운동의 저변을 확보하는 계기가 되었다.

　1993년에는 각종 시민 단체들이 중심이 되어 TV 끄기 운동을 전개했
다. 상업방송인 SBS가 출범한 이후 지나친 시청률 경쟁으로 프로그램
의 질 저하가 가속화하는 상황을 막기 위한 것이었다. 방송 프로그램의
질 저하가 초래되고 있는 현실의 심각성을 알리고 사회적 관심을 촉구
하기 위한 것으로, 시청자의 집단적인 의사 표시를 통해 방송사에 압력
을 행사하려는 시도였다. 당시 TV 끄기 운동은 시민들의 적극적이고 높
은 참여율로 성공적인 평가를 받았다. 이로써 시청자 운동의 새로운 활
로를 개척했고, 방송사와 사회에 대한 시청자의 힘을 과시할 수 있게 되
었다.

방송 모니터링

수용자 운동의 일환인 방송 모니터링은 방송을 감시하고 견제하여 올바른 방향으로 방송을 이끄는 데 목적을 둔다. 방송 모니터링은 비판적 안목에서 방송의 내용과 체계, 제도, 이념 등에 관한 문제점을 찾고 개선 방안을 모색하는 능동적 활동이다. 방송 모니터링은 넓은 의미에서 언론 전반에 관한 비평과 모니터링이다. 방송 내용뿐 아니라 언론의 본질과 구조, 제도 등에 관한 분석과 비평을 포함하는 것으로 언론과 사회에 대한 전반적인 이해가 필요하다. 한편 좁은 의미에서의 방송 모니터링은 방송 내용에 대한 감시를 뜻한다. 방송 모니터링의 개념은 이 가운데 좁은 의미로 사용되는 경우가 많다.

방송 모니터 원칙

방송에 대한 체계적인 이해를 바탕으로 현실을 반영하는 것이 필요하다. 이를 위해서는 방송 프로그램의 기획 의도를 알아두어야 한다. 제작자의 기획 의도를 알게 될 때 정확한 평가가 가능하기 때문이다. 기획 의도 자체가 문제인지, 기획 의도는 좋았으나 제작 과정에서 의도를 제대로 살리지 못했던 것인지 구별하는 것이 필요하다.

방송 매체의 특성과 제작 과정에 대한 이해도 필요하다. 방송 프로그램은 영상 작업을 거쳐야 하므로 이에 대한 충분한 지식이 필요하다. 촬영, 녹화, 편집, 대본 작성 등 기본적인 제작 과정은 물론 방송사 내부의 구조적 특성도 알아두어야 한다. 방송이 시청률 경쟁에 빠지기 쉬운 현실과 그 폐해를 인식할 수 있어야 한다. 한편 모니터 요원의 평가 잣대는 교육적이고 윤리적인 것에 한정되기보다, 프로그램을 전반적이고 총체적으로 평가할 수 있어야 한다.

방송 모니터 보고서 작성

모니터 보고서를 작성하기 위해서는 모니터 이유와 목적을 확실히 알고 있어야 한다. 모니터하는 이유와 목적에 따라 공정성, 공공성, 균형성, 안정성, 다양성, 신속성, 민주성, 예술성 등 다양한 분석 관점 가운데 유용한 분석 개념을 동원해야 한다. 이때 대상 프로그램이 전문성을 지니고 있을 경우 관련 사전 지식을 갖추어야 하는 것은 물론이다.

실제 모니터링 작업에 이르면 정해진 내용을 세밀히 관찰해야 한다. 이때 이미 작성된 내용 코딩시트coding sheet(TV프로그램을 시각적인 부분과 청각적인 부분으로 구분하여 작성할 수 있게 하는 용지, 드라마의 경우 등장인물에 따라 대사와 제스처 특성을 기록함)를 사용하면 효과적이다. TV화면이나 기사의 다양한 요소를 가능한 세밀하게 분리해서 쉽게 관찰하기 어려운 부분까지 관찰할 수 있기 때문이다.

위의 관찰 작업 후 이를 토대로 특성이나 문제점, 경향 등을 찾아내기 위해 녹화 화면을 반복 시청하여 종합적 평가와 대안을 제시한다. 개인의 모니터 내용은 그룹별 토론 과정을 거쳐 철저한 내용 분석으로 이어질 수 있다. 이러한 모든 과정이 끝나면 최종 보고서를 작성하고, 보고서 목적에 부합하는 홍보 방안과 함께 언론 보도 자료를 작성하여 배포하면 된다.

참고문헌

가브리엘 와이만 지음, 김용호 옮김(2003), 『매체의 현실구성론―현대 미디어와 현실의 재구성』, 서울: 커뮤니케이션북스.

김기태(2009), 『미디어 교육의 이해와 활용』, 한국콘텐츠진흥원.

김수정(2000), 「청소년 TV시청의 형태와 영향에 관한 연구」, 『단국대학교 정책과학연구』, Vol.10, 단국대학교 정책과학연구소.

김승환(2005), TV 뉴스의 채널 선택 요인, 『주관성연구: Q·방법론 및 이론』, 제11호, 92p-111p, 한국주관성연구학회.

김영임·이창현(2005), 『방송학개론』, 서울: 한국방송통신대학교출판부.

노동렬(2008), 『드라마 디자인』, 한국방송영상산업진흥원.

데니스 맥퀘일 지음, 양승찬·강미은·도준호 옮김(2008), 『매스커뮤니케이션 이론』, 서울: 나남출판.

_____, 박창희 옮김(1999), 『수용자분석』, 서울: 커뮤니케이션북스.

버지니아 나이팅게일 지음, 박창희·김형곤 옮김(2001), 『수용자연구―수용자연구의 새로운 접근 방법』, 서울: 커뮤니케이션북스.

오택섭 외(2009), 『뉴미디어와 정보사회』, 서울: 나남출판.

이강수(2001), 『수용자론』, 서울: 한울아카데미.

이정춘(2003), 『미디어와 사회』, 서울: 세계사.

조성호(2012), 지상파TV 뉴스와 보도 시청행태의 변화, 『언론과학연구』, 12-3쪽, 한국지역언론학회.

크리스티안 도엘커 지음, 이도경 옮김(2001), 『미디어에서 리얼리티란 무엇인가』, 서울: 커뮤니케이션북스.

한국언론정보학회 엮음(2000), 『현대사회와 매스커뮤니케이션』, 서울: 한울아카데미.

한종범·남선현(2005), 『방송론 e 에이지에서 u 에이지까지』, 서울: 동아방송대학출판부.

황준호 외(2011), 시청행태 및 매체별 시청률 분석, 『정책연구』, 정보통신정책연구원.

방송산업은 대표적인 창조산업이다. 방송산업은 콘텐츠라는 상품을 매개로 구축된다. 따라서 방송산업을 이해하기 위해서는 상품으로서의 콘텐츠 속성을 이해해야 한다. 방송콘텐츠라는 상품을 기획, 생산, 유통하는 전 과정에서 경제적인 가치만을 추구하는 것이 아니기 때문에 방송산업은 다른 경제 산업 분야와 차별화된다. 이 장은 방송콘텐츠의 경제적 속성에 대한 이해를 통해 방송산업의 특징을 파악하는 데 1차 목적이 있다. 뿐만 아니라 방송산업이 지니는 독특한 성격을 이해함으로써 방송산업에 종사하는 전문인이 갖추어야 하는 소양은 물론, 창조적인 방송콘텐츠 상품 생산자로서의 역량을 강화하는 데 기여하고자 한다. 특히 방송산업의 경제적 특징을 이해하는 것은 방송산업의 구조적인 문제와 이해 당사자들 간의 갈등 관계를 파악하기 위한 필요충분조건이라 할 수 있다.

방송콘텐츠 상품의 경제적 속성

효용가치의 모호함과 불확실한 수요

비교적 명백한 '효용 함수(화폐단위로 표현된 가치와 효용 간의 관계를 나타낸 것)'를 갖는 여타의 재화와 달리 방송콘텐츠 상품은 비물질적인 속성 즉 다분히 심적, 미적, 표현적 욕구 충족의 기능을 가지고 있다. 한마디로 말해서 방송콘텐츠 상품의 효용가치는 개인적 차원의 '쾌快'로 나타난다. 문제는 개인의 가치관이나 지식 체계, 경험, 성격 등에 따라서, 또 개인이 처한 환경이 변화함에 따라 쾌의 기준이 변한다는 것이다. 운동을 좋아하는 샐러리맨과 산책을 좋아하는 시인, 이틀 간 숙면을 취하지 못한 대학원생과 두 끼를 거른 노숙자는 즐거움의 우선순위에 차이가 있을 수밖에 없다.

방송콘텐츠 상품이 갖는 효용가치의 특징은 1, 2차 산업에서 만들어지는 제품들과 비교하면 쉽게 파악할 수 있다. 우리가 사과나 배를 소비하는 이유는 그것이 갖는 분명한 효용가치 때문이다. 당도가 높고 과즙이 많고 색깔이 좋은 과일은 그렇지 않은 과일보다 당연히 효용가치가 높고 시장 가격은 이를 반영한다. 이러한 기준에 따라 과수원 경영자나 품질 개량 연구원은 씹는 질감이 좋은 것을 선호하는 사람, 당도를 중요하게 생각하는 사람 등으로 소비자 선호도를 파악하여 과일을 재배할 때 참고한다. 제조업의 경우도 마찬가지이다. 자동차나 냉장고는 제원만 보아도 다른 제품과 비교되는 특성을 파악할 수 있어, 소비자는 원하는 효용가치 기준에 따라 제품을 선택할 수 있다. 연료 효율성, 용량, 디자인, 안전성, 브랜드 이미지 등이 소비자에게 효용가치의 차별화를 만들어 내는 요인들이다. 따라서 제조 기업에서는 소비자 효용가치에 우선순위를 설정하여 그 특성에 따라 차별화된 제품을 만들고 적정한 가격을 책정하는 것이 가능하다.

그러나 드라마 〈해를 품은 달〉, 예능 프로그램 〈무한도전〉, 다큐멘터리 〈아마존의 눈물〉 같은 방송콘텐츠의 효용은 이와 같은 통상적인 경제학적 개념으로는 쉽게 설명할 수 없는 매우 복합적인 특성을 갖는다. 수업 시간에 학생들을 대상으로 최근에 재미있게 시청하는 방송 프로그램이 뭐냐고 물으면 보통 한두 개 정도는 바로 대답한다. 다음으로 그 방송 프로그램을 왜 좋아하는지, 왜 재밌게 보는지 질문하면 대부분의 학생들은 시선을 하늘로 하고 생각하는 시간을 갖거나, 그냥 재미있어서 재밌게 봤다고 대답한다. 즐겨 시청하면서도 자신이 왜 재미있어하는지에 대한 구체적인 기준을 제시하지 못하는 것이다. 과일을 살 때나, 핸드폰을 구매하기 위하여 매장을 찾을 때와는 전혀 다른 상황이다. 그만큼 방송콘텐츠가 시청자에게 제공하는 효용가치는 모호하다.

사실 방송콘텐츠 상품에 대한 소비자의 기대 효용은 매우 다양한 차원의 요인으로부터 영향을 받는다. 일단 사람마다 선호하는 장르와 포맷이 다르다. 또한 소재에 대한 기대감이나 작가, 출연자도 콘텐츠 상품의 소비에 큰 영향을 미친다. 예를 들어 과거 김수현 작가가 집필한 불륜 드라마가 재미있었으니 이번에 집필하는 드라마가 가족 드라마여도 재미있을 것이라는 기대감은 김수현 작가에 대한 신뢰가 없으면 불가능하다. 한편 김수현 작가가 〈무자식 상팔자〉를 집필한다고 했을 때, 그 드라마가 종합편성채널에서 성공할 것이라고 예측한 사람은 소수에 불과했다. 믿고 볼 만큼 확실한 작가가 종전과 비슷한 성격의 드라마를 집필한다고 해도, 방영되는 채널이 종합편성채널이라는 이유만으로 시청자들의 효용가치를 충족시킬 수 있을지 의구심을 갖게 만드는 것이 방송산업인 것이다.

〈해를 품은 달〉이라는 퓨전 사극을 재미있게 본 시청자라고 해도 그와 유사한 퓨전 사극을 모두 재미있게 시청하는 것은 아니다. 한동안 퓨전 사극 열풍이 있었다. 그러나 이 열풍을 타고 방영된 드라마 〈신의〉, 〈옥탑방 왕세자〉, 〈인현왕후의 남자〉, 〈닥터 진〉의 경우 모두 타임슬립time-slip의 요소를 가미하고 스타 연기자를 결합시켜 제작했지만 시청자들의 반응은 각기 달랐다. 방송콘텐츠 소비자인 시청자 자신도, 자신이 느끼는 효용을 정확히 인식하지 못하고 있다고 말하는 편이 맞을 것이다.

심지어는 〈패밀리가 떴다〉와 〈패밀리가 떴다 시즌 II〉는 동일한 시간대에 동일한 연령층을 타깃으로 한 스핀오프spin-off(많은 인기를 끌었던 프로그램의 등장인물에 근거해 새로 만들어 내는 라디오나 텔레비전의 프로그램) 콘텐츠인데도 시청률로 나타나는 효용가치는 매우 불확실했다. 미국 드라마 〈CSI〉는 라스베이거스 편의 인기에 힘입어 마이애미, 뉴욕 편을 만들었다. 그러나 〈CSI〉 모든 시리즈가 높은 시청률을 기록한 것은 아니다. 이와 유사한 사례로 엠보싱embossing 상품을 예를 들 수 있다. 엠보싱 상품이란, 콘텐츠 내용 중 일부를 분리해 별도의 스토리를 창작, 구성한 것을 말한다. 〈니모를 찾아서Finding Nemo〉에 재밌는 캐릭터로 등장했던 상어를 주인공으로 〈샤크Shark Tale〉라는 별도의 애니메이션을 엠보싱 상품으로 만들었지만, 〈니모를 찾아서〉를 본 관객들이 〈샤크〉에서도 동일한 효용가치를 느꼈는지는 미지수이다.

〈파리의 여인〉과 〈루루 공주〉의 사례는 더욱 흥미롭다. 이 두 드라마는 동일한 주 시청층을 겨냥하여 동일한 여자 주인공(김정은)을 캐스팅했다. 여자 주인공의 생활환경은 바뀌었지만 캐릭터는 비슷하게 유지했고 〈파리의 여인〉에서는 남성다운 캐릭터의 남자 주인공(박신양)이, 〈루루 공주〉에서는 부드러운 캐릭터의 남자 주인공(정준호)이 나왔다는 차이가 있다. 그러나 이런 작은 차이에도 불구하고 시청률에서는 큰 차이가 났다. 시청률 조사 기관인 TNS의 자료에 의하면 〈파리의 연인〉은 시청률 23.6%로 시작하여 마지막 방송에서 56.3%를 기록한 반면, 〈루루 공주〉는 첫 방송 17.8%로 시작하여 11.9%로 막을 내렸다. 두 드라마의 최저 시청률은 〈파리의 연인〉 1회 방송 23.6%, 〈루루 공주〉 15회 방송 7.9%였다. 이처럼 성공한 드라마를 벤치마킹하여 유사한 드라마를 제작한다고 해도 시청자들이 느끼는 효용가치는 개인의 미적, 표현적 욕구 충족을 바탕으로 하기 때문에 콘텐츠 상품이 갖는 일반적인 효용가치처럼 표준화하기는 어렵다.

　결론적으로 방송콘텐츠 상품은 일반적인 재화와 비교하여 상대적으로 상품의 효용가치를 표준화하기 어렵다. 물론 방송콘텐츠는 오락적 욕구의 충족이 가장 중요한 효용이겠지만, 오락적 기능을 충족시킬 수 있는 수많은 다른 콘텐츠와 구분되는 방송콘텐츠 상품만의 효용적 특성은 뚜렷하게 나타나지 않는다. 결국 방송산업은 상품의 효용가치 기준이 불확실한 상황에서 기획과 투자를 선행해야 하는 산업이다. 따라서 특정 방송콘텐츠 상품의 제작을 결정하고 투자하는 생산자는 불확실성에 직면할 수밖에 없다. 여기서 문제는 효용가치의 기준이 비표준적인 상황에서 불확실한 수요의 문제를 해결할 수 있는 방법이 무엇이냐에 관한 것이다.

　방송콘텐츠 상품의 비표준적 속성은 수요의 불확실성을 필연적으로 수반한다. 통상적으로 상품 생산자는 특정 소비자층을 대상으로 그들이 필요로 하고 원하는 맞춤형 상품을 시장에 공급하여 수요를 극대화한다. 그러나 어떤 소비자가 구매할지 불분명한 상태에 심지어 소비자들이 어떤 효용가치를 가지고 있는지에 대한 기준까지 불확실한 상황이라면, 어떤 상품을 제작해야 할지는 물론 제작된 상품을 소비자들이 얼마나 구매할지 여부도 예측할 수 없게 된다.

　효용가치를 알 수 없는 상태에서 상품을 생산하는 경우, 생산자의 최대 목표는 수요의 불확실성을 최소화하는 것이 된다. 특히 방송콘텐츠와 같이 일회적인 소비 상품의 경우, 생산자가 직면하는 수요의 불확실성은 극대화된다. 〈아마존의 눈물〉과 같은 일회성 다큐멘터리는 물론, 미니시리즈나 주말 연속극의 경우도 모두 일회성으로 소비되고 만다. 16회나

50회 등의 연속극 형태로 방송되기는 하지만, 1회, 2회에 시청자들의 효용가치를 충족시키지 못하는 경우에는 마지막 회까지 그들이 시청해 줄 것을 기대할 수 없는 것이 방송콘텐츠의 특징이다.

영화나 대중음악도 대표적인 일회성 소비 상품이고 방송산업 또한 그와 같은 특성을 지니고 있다. 수많은 명곡을 가지고 있는 가수 조용필이 19집 앨범을 발매하면서 타이틀 곡에 대해 얼마나 확신을 가지고 있었을까? 일단 음원을 공개한 이후에는 팬들의 반응이 어떻든 재녹음을 할 수 없는 상황이므로 대가수의 마음은 초조할 수밖에 없었을 것이다. 〈강남스타일〉로 세계적 명성을 얻게 된 싸이도 마찬가지이다. 세계의 팬들이 왜 〈강남스타일〉에 열광했는지 알 수 있다면 후속곡도 분명히 세계적인 히트를 기록할 곡으로 만들 수 있었을 것이다. 하지만 〈젠틀맨〉은 〈강남스타일〉만큼 전 세계 팬들의 효용가치를 충족시키지는 못했다. 이와 같이 일회적으로 소비가 이루어진 후, 효용가치를 충족시키지 못하면 반복해서 소비되지 않는 특성을 가진 것이 바로 방송콘텐츠 상품의 특성이다.

수요가 불확실하다는 것은 방송산업의 매몰 비용sunk cost이 크다는 것을 의미한다. 경제학에서 매몰 비용은 이미 지출되었기 때문에 합리적인 선택을 할 때 고려되어서는 안 되는 비용을 말한다. 기업의 광고 비용이 그 예다. 특히 매몰 비용과 관련하여 돈이나 노력, 시간 등이 일단 투입되면 그것을 지속하려는 강한 성향이 나타나게 되는데 이를 '매몰 비용 효과'라고 한다. 드라마를 예로 들면, 원작의 저작권을 구매하여 드라마를 제작하려는 경우 별도의 기획 비용을 많이 투자해야 한다. 그럼에도 편성이 확정되지 않는 경우가 있는데, 이때 이미 투입된 기획 비용에 대한 미련이 남아 기필코 드라마 제작을 위해 노력하는 경우가 바로 매몰 비용 효과다.

2005년 개봉했던 영화 〈남극일기〉나 〈청연〉은 송강호, 장진영 등 당대 최고 스타 연기자들을 주인공으로 캐스팅한 초대형 블록버스터였지만 예상치 못한 참패를 맛보았다. 최초 계획했던 예산을 초과하여 지출하였는데 영화 가편집본을 시사한 관계자들이 영화의 품질을 높이기 위하여 추가 비용을 투입, 컴퓨터그래픽 작업을 다시 하면서 제작비가 늘어났다. 촬영을 마치고 편집을 완료한 상태에서 원하는 완성도에 비해 미흡하다고 판단되는 경우, 그 상태로 개봉해 봐야 관객의 효용가치를 충족시키지 못할 것이 분명하고 그렇다고 이미 많은 양의 제작비를 지출한 상태에서 개봉을 취소한다면 본전을 회수할 수 있는 기회 자체를 놓치게 된다. 이러한 경우 대부분의 생산자들은 추가 비용을 투입해서라도 품질을 높여 개봉하게 되는 매몰 비용 효과가 나타나는 것이다. 방송콘텐츠 상품도 이와 동일한 특성을 지닌다.

그러나 매몰 비용 측면에서 방송산업은 영화산업과 약간의 차이가 있다. 관객의 입장료 수입에 의존하는 영화와 달리 방송콘텐츠는 광고 수입에 의존한다. 방송콘텐츠는 국민의 재산인 전파를 이용하여 판매되기 때문에 국민에게 콘텐츠 제작 비용을 전가할 수 없다. 국민의 재산인 전파를 사용하여 방송사가 콘텐츠를 전송하고, 그 제작 비용은 광고주가 부담하는 구조로 이루어진 것이 방송산업의 수익 구조인 것이다. 이러한 구조적인 특성으로 인하여 방송사들은 방송콘텐츠 전체 제작비의 50~60%

정도는 광고 수입을 통해 회수할 가능성은 유지할 수 있다. 극단적인 경우 제작비 모두가 매몰 비용이 될 가능성이 있다는 점에서는 영화산업과 분명한 차이가 있다. 물론 최근 국내 매체 환경이 급격하게 변하면서 광고 유치 경쟁이 치열해지고 있어 광고 수입 의존도가 점차 낮아질 것이라는 예측이 있다. 이러한 맥락에서 정부는 제작 협찬이나 간접광고 등을 허용하였고, 지상파방송에도 중간광고를 허용하는 방향으로 광고 정책의 지향점을 설정하고 있으며, 이 외에도 방송사의 재정적 이익을 위해 할 수 있는 방법을 찾고 있다. 또 방송사들은 콘텐츠 유통의 수익원을 다변화하려는 적극적인 노력을 하고 있다.

최근 방송콘텐츠들은 광고 유치와 글로벌 마케팅 측면에서 경쟁력을 확보하기 위해 투자를 확대하여 상품을 다양화, 대형화하는 추세에 있다. 동시에 방송콘텐츠 기획 기간이 장기화하는 현상이 발생하면서 제작비 규모도 함께 증가하는 과정을 반복하고 있다. 수요의 불확실성을 최소화하기 위해 가능한 모든 노력을 적극적으로 실천하려는 방송콘텐츠 생산자의 의지로 해석할 수 있다. 향후 방송제작 산업에서 생존을 위한 경쟁 상황은 더욱 치열해질 것으로 보이며 궁극적으로 기획의 독창성이 더욱 중요한 가치로 부각될 것이다.

경험과 정보의 앙상블

방송콘텐츠는 그것을 소비하는 시청자의 효용 가치를 표준화하기 어렵기 때문에 수요에 대한 예측이 불확실하다. 방송콘텐츠의 효용가치는 소비가 이루어진 이후에 검증이 가능하다. 이러한 상품을 '경험재experience goods'라고 한다. 우리가 자동차나 가전제품을 살 때는 상품의 기능과 특성에 대해 상세한 정보를 아는 것이 가능하지만, 영화〈타짜〉가 드라마로 개작改作되었을 때, 그 작품의 효용가치가 동일하게 유지될지는 확신하기는 어렵다. 2NE1 멤버로서의 씨엘은 좋을지 몰라도 솔로 가수로 데뷔한 씨엘이 그룹 활동 때와 마찬가지로, 혹은 그 이상으로 소비자의 효용가치를 충족시킬지에 대해서는 씨엘의 솔로곡을 들어 본 후에야 판단할 수 있다. 즉 방송콘텐츠 상품은 직접 보고 듣기 전에는 효용가치를 알 수 없다.

방송콘텐츠는 소비를 자극하는 '그 무엇'이 필요하다. 보통의 상품은 예측 가능한 효용가치가 소비를 자극한다. 하지만 방송콘텐츠는 소비 이전에 효용가치를 예측하기 어렵기 때문에 시청자들의 최초 소비를 결정하게 하는 데 효용가치를 대신할 수 있는 다른 방법이 필요하다. 이것이 방송콘텐츠의 소비에서 정보가 중요한 이유이다. 왜냐하면 직접적인 소비 행위가 발생하기 전에는 효용이 알려지지 않기 때문에 특정 상품에 대한 사전 정보로 소비의 불확실성을 낮출 수 있기 때문이다. 예를 들어보자. 새로 시작한 프로그램의 첫 회를 보지 못했을 때 어떻게 하는가? 그 프로그램이 자신의 효용가치에 맞는지 여부를 확인하기 위해 첫 회를 본 사람들에게 재미있었는지 물어볼 것이다. 또는 언론에 나타난 시청 소감이나 공식적인 시청률을 확인하게 되는데, 이러한 행동은 소비의 불확실성을 낮추려는 소비자의 합리적인 경제행위이다. 만일 특정 드라마나 영화가 재미있다는 소문이 나면 소비자의 수는 기하급수적으로 늘어난다.

즉 방송콘텐츠 상품 소비에서는 선행 소비자가 후발 소비자에게 긍정적, 혹은 부정적인 영향을 미치게 된다.

한편 방송콘텐츠 상품의 소비에서 정보가 결정적인 역할을 한다는 점은 매우 예외적인 시장 행위를 발생시킬 수 있다. 앞에서 설명한 것과 같이 일회적인 콘텐츠 상품을 생산하는 것은 도박을 하는 것과 다르지 않다. 패를 펴 보기 전에는 이기고 지는 것을 알 수 없는 도박처럼 방송콘텐츠 상품 역시 실제로 시장에 나가기 전에는 성공과 실패의 확률을 짐작하기 어렵기 때문이다. 영화의 경우는 할리우드 대작과 동시 개봉을 하는 저예산 한국 영화라고 해도 품질만 좋으면 우선순위를 정해서 소비할 수 있다. 그러나 방송콘텐츠의 경우는 동일한 시간대에 다수의 프로그램이 경쟁하기 때문에 경쟁 상황이 영화와 다르다.

동일 시간대에 경쟁하기 때문에, 이때 효용가치를 더욱 자극할 수 있는 정보가 중요한 의미를 갖는다. 여기서 중요한 것은 상품의 효용가치를 자극할 만한 정보를 만들어 내는 것과 그 정보를 다수의 사람에게 배포할 수 있는 수단을 찾는 것이다. 하나는 방송콘텐츠 상품 자체의 품질과 관련한 문제이고 다른 하나는 방송콘텐츠 상품을 어떻게 마케팅 하느냐에 관한 문제이다. 특히 방송콘텐츠 정보를 다수의 사람에게 배포할 수 있는 수단이 존재할 경우 그 가치는 높게 인식될 수밖에 없다. 대표적인 예로 대중매체를 들 수 있다. 예능 프로그램이나 토크쇼에 드라마의 주인공을 출연시키고 〈연예가 중계〉 같은 연예 프로그램을 통하여 새로운 콘텐츠를 소개할 수 있다면, 그것은 경험재 소비의 불확실성을 확실하게 줄일 수 있는 결정적 수단이 된다.

수요의 불확실성을 극복하기 위해서는 소비자의 주목이 필수적이다. 방송콘텐츠의 경제적 성패는 시청자들의 관심으로 판가름 나기 때문이다. 따라서 방송산업에서는 상품이 시장에 출시되기 전에 소비자들로부터 주목을 받는 것이 수요를 높이는 데 효과적이다. 방송제작에서 생산자가 시청자의 주목을 끌어내는 가장 대표적인 방법은 스타 생산 요소의 결합, 검증된 포맷이나 장르의 차용, 효율적인 홍보 전략 등이 있다. 이러한 방법들은 방송콘텐츠 상품 수요의 불확실성을 감소시키고 추가 비용을 줄일 수 있는 효과적인 전략이 된다.

주목을 끌기 위해 가장 효과적인 방법은 스타 생산 요소를 결합하는 방법이다. 최근에 방영되는 드라마들만 보아도 "몇 년 만에 드라마에 출연하는…", "이승기, 수지 주연의…"라는 홍보 문구를 쉽게 접할 수 있다. 장동건, 조승우, 조인성, 송혜교 등의 스타 출연자들이 그 대표적인 사례이다. 권상우와 이요원이 출연한 〈못된 사랑〉이라는 드라마는 최초에 정지훈과 고소영이 출연하는 것으로 알려졌으나 캐스팅에 우여곡절을 겪으면서 편성이 번복되었다. 다른 많은 스타 연기자를 캐스팅하고자 했지만 잇따라 실패했고 결국 편성도 이루어지지 못했다. 그러다 당시 한류 스타 배우 권상우를 캐스팅하고 나서야 편성이 이루어져 제작을 진행할 수 있었다. 스타의 결합 없이는 시청자들의 관심을 끌기 어렵다고 판단한 제작진이 스타가 출연을 확정할 때까지 편성을 확정하지 않았기 때문에 발생한 사건이다. 드라마의 마지막까지 작품을 강하게 받쳐 주는 스토리의 위력보다는 첫 방송에 시청자들을 TV 앞으로 끌어모을 수 있는 스타 연기자에 의존한 대표적인 사례라고 할 수 있겠다.

SBS 주말 드라마였던 〈하늘이시여〉의 경우는 더욱 흥미롭다. 이 드라마의 주연급 연기자들은 사실상 모두 신인이었다. 따라서 연기자에게는 주목을 끌만한 요소가 없었다. 그러나 이 드라마에는 웬만한 스타 연기자의 결합보다 더 유명세를 탈 만한 생산 요소가 있었는데, 바로 작가였다. 〈하늘이시여〉의 작가 임성한은 당시 안티 팬만 5만 명에 이른다는 말이 있을 정도였다. 그가 쓴 〈인어 아가씨〉, 〈보고 또 보고〉, 〈왕꽃 선녀님〉 등은 큰 구설에 오르면서도 시청률 측면에서 상당한 성공을 거둔 것으로 유명했다. 〈하늘이시여〉는 홍보 전략으로 작가의 지명도와 소재의 독특함을 포인트로 잡았다. '〈보고 또 보고〉와 〈왕꽃 선녀님〉을 집필한 작가', '친딸을 며느리로 받아들여야만 하는 운명적인 여인의 삶'이라는 자극적인 내용과 전작의 명성으로 드라마를 홍보했다. 임 작가는 안티 팬이 많기로도 유명했지만 그보다 더 많은 수의 고정 팬을 확보하고 있었다. 특히 친딸을 며느리로 삼는다는 드라마 내용은 사회 각계로부터 우려의 시선을 받으면서 동시에 일반 시청자들로부터는 주목을 받았고 그 결과 첫 회부터 안정적인 시청률을 얻는 데 성공했다.

작가나 연기자, 출연자의 명성이 시청자의 주목을 끄는 데 유리한 이유는 시청자들이 이들이 출연한 방송콘텐츠를 소비해 본 경험 때문이다. 개인의 효용가치에 충족되었던 방송콘텐츠 소비 경험은 그들이 생산하는 상품에 대한 신뢰로 이어지게 된다. 이와 동일한 효과를 나타내는 것이 바로 방송콘텐츠의 장르와 포맷이다. 시청자들은 대부분 자신들이 좋아하는 방송콘텐츠의 유형을 경험으로 알고 있다. 우리는 드라마를 좋아하는 시청자, 스포츠를 좋아하는 시청자, 음악 프로그램을 좋아하는 시청자들을 쉽게 찾아볼 수 있다. 이처럼 비교적 많은 시청자들의 사랑을 받고 있는 장르와 포맷을 찾아내는 것은 크게 어려운 일은 아니다.

이러한 맥락에서 퀴즈쇼나 토크쇼, 리얼리티 프로그램은 시대에 따라 빠르게 진화하면서 오랜 기간 동안 변함없는 인기를 유지하는 장르와 포맷이라고 볼 수 있다. 생산자들에게는 저렴한 제작비에 비해 상대적으로 높은 시청률을 보장하고 시청자들에게는 소비 경험을 통해 효용가치를 충족한다는 경험 지식을 형성하고 있기 때문이다. 따라서 방송콘텐츠 생산자들은 새로운 프로그램을 기획할 때, 예전 프로그램 포맷 중에서 성공 요인들을 찾아내 결합하는 행위를 하게 된다. 이러한 맥락에서 과거나 현재나 모든 방송 채널에서 유사한 형식의 콘텐츠를 방송하는 현상은 방송사 입장에서 볼 때 매우 합리적인 시장 전략인 것이다. 방송산업에서 과거와 전혀 다른 새로운 형식의 프로그램이 쉽게 만들어지지 않는 이유는 그것이 매우 큰 불확실성을 가지고 있기 때문이다. 〈라디오스타〉는 새로운 개념의 토크쇼라 할 수 있지만, 처음에는 〈무릎팍 도사〉가 방송되는 〈황금어장〉에서 작은 비중을 차지하는 프로그램으로 시작하여 점차 시청자들의 효용가치에 부합하게 되면서 독립된 프로그램으로 분리될 수 있었다는 사실은 이러한 불확실성을 방증한다.

방송콘텐츠 상품의 장르와 포맷은 비표준화된 노동을 일정 정도 표준화하는 역할을 한다. 이미 검증된 포맷은 오랜 기간 동안 시행착오를 겪으며 최적화·정형화한 절차에 따라 쉽게 만들어질 수 있고 이에 따라 비표준화된 노동의 표준화가 일정 수준 가능해지면서 콘텐츠 상품 생산에 소요되는 기간을 단축할 수 있다. 동일한 맥락에서 이미 성과가 검증된 포맷은 소비자들에게 예측 가능한 효용가치를 기대하도록 유도할 수 있다. 수요의 불확실성을 극복하기 위한 주목의 경제가 결국 인기가 검증된 포맷의 양산을 초래하는 부정적 효과도 있지만, 생산자 입장에서 소비를 창출하기 위하여 만들고자 하는 상품에 대한 정보를 명확하게 전달하는 수단이라는 측면에서는 긍정적인 기능을 하기도 한다.

예를 들어 보자. 역사 드라마는 많은 제작 인원이 투입되는 것은 물론, 장소의 제약을 탈피하기 위한 오픈세트 제작에서부터 의상이나 소품, 분장과 특수 분장, 특수효과 등에 이르기까지 제작비 부담이 크다. 하지만 1996년 〈용의 눈물〉이 공전의 히트를 기록하면서 사극은 인기 장르로 자리 잡아 현재까지도 지속적으로 제작되고 있으며, 포맷도 다양해지고 있다. 〈대장금〉이나 〈여인천하〉처럼 여성 시청자들을 대상으로 하는 사극에서부터, 〈다모〉, 〈궁〉, 〈일지매〉 같은 퓨전 사극, 〈신의〉, 〈옥탑방 왕세자〉 같은 판타지 사극까지 발전하고 있다. 또한 〈몰래카메라〉나 〈무한도전〉과 같은 독창적인 장르가 등장하여 인기몰이를 하자 이와 유사한 포맷의 예능 프로그램들이 경쟁적으로 만들어졌다. 〈슈퍼스타K〉로 촉발된 오디션 프로그램의 인기는 대중음악 장르를 넘어서 연기자, 모델, 패션 디자이너, 요리사 등의 분야로 확산되며 인기를 구가하고 있다. 이러한 현상이 바로 수요의 불확실성을 최소화하기 위한 주목의 경제 효과이다.

스타 생산 요소의 결합이나 인기가 검증된 장르와 함께 홍보 전략은 소비자의 주목을 집중시키는 데 효율적인 전략이다. 홍보를 많이 하는 것은 주목의 경제 효율성을 증가시키기 위해 소비자가 필요로 하는 정보를 전달하는 행위이다. 방송사마다 정규 프로그램과 상업광고를 제외한 시간에 자사 프로그램을 홍보하기 위한 예고편 편성 전략 수립에 전력을 다한다. 방송사 수입 증가에 크게 기여하는 드라마의 성공을 위하여 신규 편성된 드라마의 주인공을 여타 장르의 프로그램에 출연시키거나 〈연예가 중계〉 같은 연관 프로그램을 적극적으로 활용하여 신규 편성 프로그램을 보다 구체적으로 홍보하기도 한다. 최근에는 성대한 제작발표회를 한다거나, 교통수단에 포스터 광고를 한다거나, 전광판이나 건물 옥외광고를 하는 등 다양한 홍보 수단을 활용하고 있다.

중요한 것은 소비자의 주목을 끌기 위한 전략들은 선점preemption 이상의 효과는 갖지 못한다는 것이다. 과다한 출연료 지출을 무릅쓰며 스타 연기자와 작가를 결합한 뒤 운 좋게 독특한 소재까지 발굴해 해외 촬영으로 볼거리를 제공한다고 홍보함으로써 첫 방송에 소비자들을 끌어모으는 데 성공할 수도 있다. 그러나 그 이후에 성공을 지속시키는 힘은 콘텐츠 자체의 품질에 달려 있다. 이효리가 연기자로 데뷔한 〈세잎클로버〉나 오랜만에 브라운관으로 돌아와 화제가 된 권상우 주연의 〈못된 사랑〉이 대표적인 사례라 할 수 있다. 결국 주목은 수요의 불확실성을 극복하는 필요충분조건은 아니다.

그러나 선점은 긍정 피드백positive feedback의 출발점이라는 측면에서 매우 중요하다. 경험재적 속성을 갖는 콘텐츠 상품의 속성으로 인하여 정보가 필요하고, 스타 연기자나 작가의 캐스팅 여부와 먼저 시청한 소비자의 입소문 등의 정보가 주목을 끌어 선점하면, 시청자들에게 밴드왜건 효과bandwagon effect(다수가 특정한 방향으로 생각하고 행동하면 자기도 거기에 쏠려 따르게 되는 매스미디어의 효과)가 발생하게 된다. 밴드왜건 효과로 인해 일단 시청자들이 급속하게 증가하는 현상이 발생하면, 연속물의 특성을 갖는 방송콘텐츠의 속성 때문에 시청률이 감소하는 현상은 좀처럼 일어나지 않는다. 따라서 한번 쏠린 시청률은 그 프로그램이 종료 될 때까지 소비자들을 고착lock-in시키는 효과를 발휘한다. 고착된 시청자들이 증가하면, 주변에서 시청하는 프로그램을 보지 않아 소외되거나 고립될까 걱정하는 소비자들의 속성 때문에 이왕 보는 것 남들이 많이 시청하는 방송콘텐츠를 보려는 현상이 나타나게 되어 시청률의 쏠림tipping 현상은 더욱 강화된다. 이것이 바로 선점으로 인하여 형성되는 긍정 피드백 현상이다.

수확체증과 다양한 수익원

방송콘텐츠 상품이 갖는 특성 중의 하나로 공공재public goods라는 점을 꼽을 수 있다. 공공재란 특정 상품을 소비할 것으로 예측되는 소비자의 규모를 고려하여 상품 생산에 소요되는 총비용을 조절할 수 없는 재화를 말한다. 예를 들어 고속도로를 건설하는데, 하루에 몇 대의 차가 이용할지를 예측하여 예상 통행량에 비례해서 건설비를 투자할 수 없다. 예상 통행량과 상관없이 기본적으로 일정한 비용을 투입해야 하는데, 이때 고속도로를 공공재라 부른다. 방송콘텐츠는 이러한 공공재의 특성을 가지고 있다.

공공재는 비경합성non-rivalry과 비배제성non-excludability의 특징을 지닌다. 소비의 비경합성이란 다른 사람의 소비가 나의 소비에 지장을 초래하지 않으며 다른 사람이 소비를 한다고 해서 내가 소비할 때 얻는 효용가치가 감소되지 않는 것을 말한다. 내가 오늘 LA 다저스 투수인 류현진의 완봉승 경기를 시청한다고 그 장면이 소멸되는 것도 아니고, 그 장면을 동시에 시청한 다른 사람들의 효용이 떨어지는 것도 아니다. 마찬가지로 전철에서 다른 사람이 놓고 내린 신문을 얼마든지 읽을 수 있고 또 내가 놓고 내린 신문을 다른 사람이 읽을 수도 있다. 그런다고 뒤에 읽는 사람의 효용가치가 떨어지는 것은 아니다. 소비의 비배제성이란 일단 어느 공공재가 한 개인이나 집단에게 공급되었을 경우 그 혜택을 타인이나 다른 집단으로부터 배제시킬 수 없음을 뜻한다. 방송콘텐츠 상품의 경우 이러한 소비의 비배제성이 강하다. 내가 지금 서울에서 월드컵 중계를 시청한다고 부산의 시청자가 방송 상품의 소비로부터 배제되는 것은 아니기 때문이다.

비경합성과 비배제성이 중요한 이유는 공공재 상품 소비에서 무임승차자 문제free rider problem가 발생할 가능성이 있기 때문이다. 비경합성과 비배제성이 의미하는 바는 공공재의 경우 직접 구매하지 않고도 소비가 가능하다는 것, 그리고 가격을 지불하더라도 생산비보다 월등히 적은 비용으로 구매가 가능하다는 것이다. 이렇게 아무런 대가의 지불 없이도 방송콘텐츠 상품의 이용과 소비에 전혀 지장을 받지 않는다면 누구도 대가를 지불하려 하지 않는 무임승차 현상이 발생할 수 있다. 무임승차자가 발생하는 경우, 즉 공공재적 성격을 갖는 방송콘텐츠 상품이 소비자에게 무료로 제공되는 상황이라면 방송콘텐츠 상품의 생산에 막대한 자원을 투자할 생산자는 사라질 것이 분명하다는 것이다. 방송제작 산업이 갖는 딜레마적 상황이다.

위와 같은 공공재의 딜레마가 해결되기 위해서는 시장 외적 기구가 방송콘텐츠 상품을 제공하거나, 추가적인 수익원을 찾아야 한다. 공영방송 혹은 국영방송을 설립하여 국민에게 필요한 방송 서비스를 제공하거나, 오케스트라나 발레 공연과 같은 고급예술에 지불 능력을 가지지 못한 관객들을 위해 정부나 대기업에서 기부금을 받아 저렴한 가격으로 상품을 출시하는 경우가 대표적인 사례이다. 또 다른 방식은 광고의 도입이다. 예컨대 방송산업은 방송콘텐츠 상품을 무료로 소비자에게 제공하고 그 대신 일정 규모의 소비자를 광고주에게 사유재private goods로 판매한다. 이와 같을 때 방송사가 궁극적으로 시장에 판매하는 상품은 방송콘텐츠가 아닌 시청자가 되며, 특정 프로그램을 보는 시청자의 수가 많고 적음이 모든 성과를 판단하는 기준이 된다. 방송산업에서 광고가 방송콘텐츠에 영향을 미칠 수밖에 없는 이유가 바로 여기에 있다.

공공재로서의 방송콘텐츠 상품은 시청률이 높거나 낮거나 상관없이 생산에 일정량 이상의 비용을 투입해야 완성품을 제작할 수 있다. 그러나 방송콘텐츠 상품의 생산에 투입된 비용은 소비자가 직접 구매행위를 통해 부담하는 것이 아니라 광고주가 대신 납부하는 방식이기 때문에 생산자와 소비자는 물론 광고주도 방송제작 산업에서 중요한 역할을 담당하는 플레이어이다. 그러나 광고 방식이 다양해짐에 따라 광고가 시청자들을 불편하게 만드는 경우가 발생하면서 광고에 대한 부정적인 인식이 생기는 경향이 있다. 따라서 광고 효과를 높이려는 광고주와 방송콘텐츠에 집중하고자 하는 시청자 사이에 발생하는 갈등은 방송콘텐츠 생산자가 풀어야 하는 딜레마이다.

방송콘텐츠 상품의 또 다른 특성으로는 수확체증의 경제 실현이 가능하다는 점이다. 수확체증increasing returns이란 전통적인 산업에 적용되던 수확체감diminishing returns에 대응되는 개념이다. 수확체감은 일정 크기의 토지에 노동력을 추가로 투입할 때, 수확량의 증가가 노동력의 증가를 따라가지 못하는 현상을 말한다. 제조업 분야로 말하자면, 제품을 더 많이 생산하기 위해 드는 단위당 비용이 점차 증가하는 현상이 바로 수확체감 현상이다. 반대로 수확체증은 자본이나 노동력과 같은 생산 요소의 투입을 늘려 생산 규모가 커질수록 비용이 점차 줄어들게 되고 수익이 커지는 것을 말한다. 방송콘텐츠 생산에는 엄청난 비용이 들어가지만 일단 완성된 이후에는 추가 생산에 복제 비용replication cost 외의 추가 비용이 거의 발생하지 않기 때문에, 생산 규모가 커질수록 평균비용은 줄어들게 된다.

   수확체증이 가능한 산업에서는 '규모의 경제economics of scales'가 매우 강력하게 작용한다. 예컨대 규모의 경제는 방송콘텐츠 상품의 국제 유통이 왜 일방향적으로 발생할 수밖에 없는가를 설명해 준다. 할리우드에서 생산되는 TV시리즈물의 편당 제작비는 20~30억 원 수준으로 2~3억 정도를 투자하는 우리나라에 비해 10배 정도의 규모이다. 우리나라는 2~3억 원을 투자해 제작한 드라마의 초판 비용을 회수하지 못해 어려움을 겪는 경우가 빈번히 발생하고 있다. 하지만 할리우드는 회당 30억 원을 들여 제작한 드라마의 초판 비용을 미국이라는 큰 시장에서 회수하는데 어려움을 겪지 않는다. 즉 할리우드의 글로벌 시장 지배는 자국 시장에서 이미 초판 비용을 회수한 방송콘텐츠 상품이 갖는 강력한 비교 우위의 결과이다. 방송콘텐츠 상품의 제작비를 내수 시장에서 회수하는 경우, 생산자는 해외 시장에서 초판 비용보다 저렴한 가격으로 유통시킬 수 있으며 이때 발생하는 매출은 모두 수익이 된다. 따라서 내수 시장 규모가 초판 비용을 회수할 수 있는지의 여부는 규모의 경제에 큰 영향을 미치게 된다.

방송콘텐츠 상품 생산에 작용하는 규모의 경제는 방송산업의 시장 구조를 구축하는 가장 중요한 요인 중 하나이다. 규모의 경제가 강력하게 발생하는 상황에서는 자연적인 독점 상황이 발생할 가능성이 매우 높아진다. 우리나라 방송산업의 경우 1인당 국민소득이나 광고 시장의 규모, 지상파 텔레비전 보급 대수, 케이블 텔레비전 가입 가구 수 등에 의해 예상되는 시장 규모에 비해 과다한 제작비를 투자하는 경우가 많아 초판 비용을 내수 시장에서 회수하지 못하는 사례가 빈번하다. 이 경우 내수 시장에서 회수하지 못하는 비용은 해외 시장이나 다른 부가 수익을 통해 만회해야 한다. 그렇지 않으면 방송콘텐츠 상품 생산자는 상품을 만들면 만들수록 불이익을 보게 되는 승자의 저주winner's curse 현상에 매몰되게 된다. 이러한 시장 환경에서는 누구도 방송콘텐츠 상품 생산에 참여하지 않으려 할 것이다.

따라서 우리나라 방송산업의 시급한 핵심 과제 중 하나는 내수 시장 규모를 확대하는 문제이다. 내수 시장 규모 문제는 광고 시장의 규모로부터 직접적인 영향을 받는다. 제작 협찬과 간접광고, 중간광고, 광고 총량제, 시청률 연동제, 광고 단가의 현실화 등의 주장이 방송산업 종사자들 사이에 끊임없이 제기되는 것이 바로 이러한 현실을 반영하고 있다.

이러한 맥락에서 방송콘텐츠 상품을 활용한 수익원의 다양화가 중요하게 부각되고 있다. 방송콘텐츠를 생산하는 초판 비용이 증가하는 현상은 향후에도 지속될 것으로 예측된다. 따라서 방송콘텐츠 상품을 활용해 매출을 극대화할 수 있는 모든 방법을 동원하고 그 효과를 최대화하지 못하면 우리 방송산업의 미래는 어둡다고 판단된다. 방송콘텐츠 상품의 해외 유통을 통한 매출의 증가, 활발한 2차적 저작물 생산을 통한 매출의 극대화, 원본을 재활용, 재가공, 재창조하여 다양한 윈도window에 최적화하는 재목적화re-purposing 등을 동시에 추구하여 내수 시장의 확대를 근간으로 하는 규모의 경제를 실현하는 것이 우리 방송제작 산업의 핵심 이슈로 부상한 이유가 여기에 있다. 드라마 한류 초창기에 내수 시장에서 발생하는 손실을 메우기 위하여 해외 유통 콘텐츠 수출 가격을 높이 책정함으로써 수출 상대국과 빈번한 가격 마찰을 빚었던 사실은 협소한 내수 시장을 가진 우리 방송산업의 현실을 반영한다. 방송콘텐츠 상품이 갖는 수확체증의 특성을 활용하려면 생산과 유통의 조화를 통한 규모의 경제가 현실화되어야 한다.

방송산업의 구조적인 문제 중 하나인 이해 당사자들 간의 인센티브 갈등incentive conflict도 바로 이러한 맥락에서 심화되고 있는 것이다. 4개의 종합편성채널 승인 이후, 방송산업은 더욱 치열해진 광고 경쟁 환경에 직면했다. 종합편성채널 이전에도 협소한 내수 시장 규모로 인한 경쟁 상황은 방송콘텐츠의 품질에서부터 방송사와 외주제작사 간 불공정 거래 관행의 심화에 이르기까지 광범위하게 영향을 미치고 있었다. 방송사와 외주제작사 간의 저작권 분쟁은 이해 당사자 간 인센티브를 극대화하기 위한 대표적인 사례인데, 이는 협소한 내수 시장에서의 합리적인 생존 전략이다. 특히 외주제작인 경우, 방송사로부터 받는 제작비가 초판 비용을 회수할 수 없는 상태라면 해외 시장 유통과 2차적 저작물을 활용한 부가 수익 창출이 절실할 수밖에 없다. 결국 내수 시장에서의 수익을 극대화하고 수익원을 다양화하는 데 기본이 되는 저작권 소유 문제는 방송산업에서 가장 핵심적인 이슈이다.

소비자본이 필요한 경제

방송콘텐츠 상품은 일반 제조 상품과 확연히 다른 특성을 가지고 있다. 앞에서 말한 바와 같이 일반 제조 상품들은 소비자들이 필요로 하는 특정한 효용가치를 충족시킨다. 이동 수단으로서의 자동차는 안전하고 빠르면서도 저비용으로 소비자를 이동시켜야 한다. 신선도 유지, 용량, 연료 소비율, 디자인 등의 효용가치를 충족시켜야 소비자들은 냉장고 구매를 결정하게 된다. 그러나 방송콘텐츠 상품은 소비로부터 기대되는 다분히 심미적이고 문화적인 만족감을 충족시켜야 소비자들의 지불 의사를 유발하게 된다. 즉 방송콘텐츠 상품 효용은 소비 과정에 문화적 차원의 변수가 강하게 작용하는 것이다. 이와 같이 방송콘텐츠 상품에는 의미적 속성이 내재되어 있다. 즉 방송콘텐츠 상품의 실질적인 가치 즉 프로그램 내용의 가치를 결정하는 데는 일반적인 의미의 시장 원칙을 벗어나는, 이른바 의미적 차원의 범주들이 중요한 영향을 행사한다는 것이다.

방송콘텐츠 상품이 심미적 즐거움이라는 효용가치를 지닌다는 것은 곧 방송콘텐츠 상품이 기호 또는 코드의 체계system of codes로 구성되어 있다는 의미이다. 방송콘텐츠 상품은 물리적인 속성으로 이루어진 상품이 아니라 구성물 자체가 기호 또는 코드로 이루어져 있어 직접적으로 기호의 영역에 위치한다. 따라서 방송콘텐츠 상품의 가치는 의미를 발생시키는 기호의 논리에 직접적인 영향을 받고, 이 점이 방송콘텐츠 상품을 여타의 재화와 구별 짓는 가장 두드러진 특징이다.

　　방송콘텐츠 상품이 의미적 속성을 강하게 지닌다는 것은 우리에게 많은 고민거리를 던져 준다. 우리는 경험을 통해 어떤 상품을 소비한다는 것 자체가 일종의 커뮤니케이션으로서의 특정한 의미 작용이라는 것을 알고 있다. 예를 들어 강의실에서 늘 정장을 입는 선생의 경우 정장에 대한 수요는 선생 자신의 선호와는 무관하게 '학생들이 그것을 원할 것'이라는 생각, 또는 단순히 '다른 사람들 역시 정장을 입으니까', '강의실에서의 예의는 정장으로부터'라는 습관에 의해서 결정될 수 있다. 또한 자신의 자유롭고 진보적인 성향을 표현하기 위하여 정장 대신 청바지를 입는 경우도 생각해 볼 수 있을 것이다. 강의실에서 교수가 입는 패션은 바로 교수의 효용가치를 의미할 수도 있지만, 자신을 바라보는 학생들의 효용가치를 반영한 결과로도 볼 수 있는 것이다. 결국 교수가 소비하는 문화 상품은 자신을 바라보는 다른 사람들의 시선에도 영향을 받는다.

　　방송콘텐츠 상품을 소비하는 측면에서도 동일한 상황이 발생한다. 강의실에서 교수의 패션은 학생들에게 다양한 의미 작용을 하게 된다. '저 교수는 강의에 대한 예의가 있다', '정장을 선호하는 것을 보니 저 교수의 성격을 알 수 있을 것 같다', '정장을 입고 온 것을 보니 오늘 저녁에 중요한 약속이 있나 보다' 등의 다양한 의미로 해석하는 학생들이 존재하게 될 것이다. 이러한 의미 작용은 평상시에 교수의 강의실 패션이 어떠하였는지는 물론 다른 교수들과의 차이점은 무엇인지 등에 의해 종합적으로 고려되어 평가될 것이다. 결국 방송콘텐츠 상품의 소비는 생산자가 소비자의 해독decoding을 고려하여 메시지를 부호화encoding하는 커뮤니케이션 모델과 크게 다르지 않으며, 더 나아가 방송콘텐츠 상품의 생산과 소비가 바로 차이의 체계system of difference인 기호의 영역 속에서 이루어진다는 사실을 말해 준다.

기호로 이루어진 방송콘텐츠 상품이 소비되려면, 다시 말해 방송콘텐츠 상품의 효용이 발생하기 위해서는 방송콘텐츠 상품에 내재된 코드 체계에 소비자가 익숙해져야 한다. 이를 좀 더 경제학적인 용어로 말한다면, 방송콘텐츠 상품의 효율적인 소비를 위해서는 소비 이전 단계에서 축적된 소비자본consumption capital이 존재해야 한다는 것을 의미한다. 다분히 심미적인, 또는 의미적인 효용을 제공하는 방송콘텐츠 상품의 소비 과정에는 단순히 상품 가격에 대한 지불의 의미가 아닌, 또 다른 차원의 자원들이 개입되어야 하는 것이다. 이 점은 우리가 일상의 경험에서 쉽게 느낄 수 있는데, 예를 들어 기성세대들이 신세대 젊은 연예인들이 자주 등장하는 쇼 프로그램에 별 흥미를 느끼지 못하는 것은(낮은 효용이 발생하는 것은), 최신 유행 음악에 대한 배경 지식이 없고 그와 같은 쇼 프로그램의 포맷에 익숙하지 않기(즉 낮은 소비자본) 때문이다.

그렇다면 방송콘텐츠 상품의 소비자본은 어떻게 축적되는가? 넓은 의

미의 문화 자본 축적이 주로 교육에 의해 이루어진다면 방송콘텐츠 상품의 소비자본 축적은 다름 아닌 방송콘텐츠 상품의 소비를 통해서 이루어진다. 방송콘텐츠 상품의 소비자본 축적이 오로지 방송콘텐츠 상품의 소비를 통해서만 이루어지는 근본적인 까닭은 앞서 언급한 것처럼 소비를 한 후에야 비로소 상품의 효용이 알려지는 경험재적 속성에 있다.

이렇게 본다면 방송콘텐츠 상품의 소비는 단순히 하나의 재화를 소비함으로써 그 재화가 갖는 본질적인 속성으로부터 주어진 욕구를 충족시킨다는 일반적인 소비의 기능을 넘어, 소비와 동시에 자본을 축적시키는 매우 독특한 행위가 된다. 축적된 방송콘텐츠 상품의 소비자본은 다음 단계의 소비를 더욱 효율적이게 한다. 이러한 과정으로 인하여 방송콘텐츠 상품의 경우에는 이 과정이 동일 유형 콘텐츠의 소비가 반복적으로 발생하는 것이 될 확률이 크다. 이와 같은 소비의 특성으로부터 왜 특정 장르만을 계속해서 고집하는 중독적인 시청 행위가 빈번하게 발생하는가를 설명할 수 있다. 효용 극대화를 추구하는 소비자의 입장에서 자신이 보유하고 있는 소비자본의 가치를 높이려면 지금까지 자주 보아 왔던 장르의 방송콘텐츠 상품을 반복해서 시청하는 것이 가장 효율적인 방법이기 때문이다.

창조산업으로서의
방송산업의 속성

창조산업 creative industries은 출판, 잡지, 그림이
나 조각과 같은 시각예술, 연극, 오페라, 콘서트, 춤과 같은 행위예술, 방
송콘텐츠와 영화, 음반, 패션과 게임까지 포괄한다. 이러한 창조산업은
생산과 소비 방식에 있어 다른 산업들과 차별적인 특성을 지닌다. 우리가
창조산업에 관심을 갖는 이유는 대표적인 수확체증 산업이 바로 창조산
업이며 공공재인 전파를 사용하여 만들어진 완성품인 방송콘텐츠가 국
민의 정서와 가치관 형성에 큰 영향을 미치기 때문이다. 따라서 방송산
업이 지니는 속성을 정확하게 파악하는 것이 국가 핵심 동력으로서의 콘
텐츠 산업 육성에 기여하는 것인 동시에 시청자 복지를 실현하는 근간이
된다.

또한 방송제작 산업 종사자들에게 있어 공공의 가치를 보다 높일 수 있
는 콘텐츠 또는 시장 지향적 목적에 부합하는 콘텐츠를 기획하고 제작하
는 데 필요한 필수 정보는 바로 방송산업의 속성에 관한 지식에서 비롯

된다.

창조산업으로서의 방송콘텐츠 상품은 복합 제품complex product이다. 복합 제품이란 여러 단계를 거쳐야만 하고, 각 단계마다 차별화된 전문성을 가진 생산 요소가 참여하여 자신의 전문성을 투입하여야만 완성되는 제품을 말한다. 기획을 중심으로 하는 사전 제작 과정, 촬영을 중심으로 한 제작 과정, 편집을 중심으로 한 후반 작업 과정을 거치면서 기획자, 작가, 연출자, 촬영 팀, 조명 팀, 출연자, 미술 팀, 동시녹음 팀, 편집 팀, 음악 및 음향효과 팀, 기술 팀, 특수효과 팀, 그래픽 팀, 보조출연 팀 등이 각각의 시점에 따라 자신들이 가지고 있는 전문성을 투입하고 자신의 역할을 마치면 그 다음 제작 과정에서는 제외되는 시스템이다.

복합 제품인 방송콘텐츠 생산에 참여하는 모든 생산 요소들은 자신이 지니고 있는 창의성을 극대화하고자 합리적이고 목적 지향적으로 활동한다. 문제는 생산 요소들이 지니는 창의성과 전문성은 자신만의 취향을 근본으로 하고 있다는 점이다. 다시 말해, 각각의 생산 요소들이 지니는 창의성은 다른 생산 요소들이 지니는 창의성과 충돌할 가능성도 있다. 일반 제조업에서 완성품을 생산하기 위해서는 제품의 규격에 맞는 표준화된 부품과 기술이 필요하다. 그러나 고품질의 방송콘텐츠 상품 생산은 각기 다른 창의성과 전문성을 가진 사람들의 협업을 통해서만 가능하다.

방송산업은 이러한 특징으로 인해 다른 산업과 근본적이고 체계적인 차이가 있다. 따라서 방송산업을 창조산업의 시각에서 바라보는 것은 방송산업에 종사하는 생산 요소가 좋은 품질의 상품을 생산하는 동시에 그

것을 통해 경제적인 이득을 극대화하기 위하여 필수적인 과정이다. 방송콘텐츠 상품이 지니는 경제적 속성을 방송콘텐츠 상품이 생산, 유통 되는 과정에서 나타나는 특성과 함께 이해될 때에 비로소 방송콘텐츠 전문가로서의 역량을 극대화할 수 있기 때문이다. 향후 방송제작 산업은 이러한 방향으로 더욱 빠르게 변화할 것이 분명하다.

케이브스Richard Caves는 『창조산업론Creative Industry』이라는 책을 통해 창조산업의 특징으로 아무도 모르는 특징, 예술가 정신, 다양한 기술의 필요성, 제품의 차별화, 기술의 수직적 차별화, 시간의 중요성을 강조하고 있다. 케이브스가 제시한 핵심 개념을 방송산업에 적용하여 설명하면 다음과 같다.

아무도 모르는 특징

방송산업의 가장 핵심적인 특징은 그야말로 아무도 모른다는 것이다. 방송콘텐츠 상품의 경제적 속성에서 설명한 바와 같이 방송산업의 수요는 불확실하다. 수요의 불확실성으로 인하여 방송콘텐츠 상품 생산의 위험성은 매우 높다. 따라서 방송콘텐츠 생산자들은 수요의 불확실성을 최소화하기 위해서 다양한 위험 분산 전략을 마련해야 한다. 방송사들은 주목의 경제를 실현하기 위한 전략과 함께 실패의 경우에 대비하기 위하여 외주제작 방식을 활용하거나 제작 협찬, PPL 등의 부가 수입원을 최대한 활용하는 전략을 구사한다. 특히 외주제작 방식을 선택하는 경우, 실제 제작비에 못 미치는 제작비를 책정하고 만약 프로그램이 실패하면 제작비 손실은 외주제작사가 부담하도록 한다. 성공하면 광고 수입 증가로 인한 이익은 방송사가 가져가는 계약서를 작성하기도 한다. 이러한 관행은 방송콘텐츠 상품을 생산하는 방송사 입장에서 수요의 불확실성을 최소화하는 합리적인 전략이라고 할 수 있다.

방송산업을 포함한 경제학 분야에서는 정보가 중요하다. 레몬 마켓 lemon market으로 불리는 중고차 시장을 예를 들어 보자. 소비자는 중고차 시장에 있는 자동차를 사고가 났었거나 중대한 결함이 있었던 차로 생각하고 가능한 가격을 낮추려 할 것이다. 그러나 판매자는 실제 중대 결함이 있었던 자동차라고 해도 그 사실을 숨긴 채 높은 가격으로 판매하기를 희망한다. 따라서 중고차 시장의 경우 판매자와 구매자 사이에 정보의 불균형으로 신뢰가 형성되기 어려운 특성을 갖는다. 중고차 판매자는 자동차에 대한 정보를 가지고 있지만 구매자는 그렇지 못한 상황에서 거래가 합리적으로 이루어지기는 어렵다. 이것이 비대칭 정보asymmetrical information 상황이며, 소비에 결정적인 영향을 미치는 중요한 요인이다.

그러나 방송콘텐츠 생산자는 상품 생산 과정에 관해 익숙하며 지식도 많이 갖고 있지만 소비자의 효용가치를 만족할 수 있을지는 알지 못한다. 소비자도 마찬가지로 방송콘텐츠 소비에 있어 자신의 효용가치를 정확하게 규정하지 못하고 있다. 결국 생산자도 소비자도 아무도 모른다. 따라서 방송산업에서는 생산자와 소비자 간에 비대칭 정보 상황이 아니라 대칭적 무지symmetrical ignorance, 즉 생산자도 소비자도 아무런 정보를 가지고 있지 못한 상황이 되는 것이다. 그만큼 방송산업에서의 수요는 불확실한 상황에 있다. 방송산업의 이러한 특성을 '아무도 알지 못하는 속성 Nobody knows property'이라고 할 수 있다.

방송산업의 아무도 모르는 특징은 방송콘텐츠 생산에 중요한 영향을 미친다. 복합 제품인 방송콘텐츠 상품은 영화나 음반처럼 기획에서부터 완성품까지 여러 단계를 거치게 된다. 복합 제품은 생산 과정이 다음 단계로 이동할 때마다 단계별 비용은 완전히 잠기게 된다. 다음 단계에 투입되는 생산 요소는 자신의 전문성을 투입할지, 포기할지에 대해 결정하는 순간을 맞게 된다. 이러한 순간마다 방송사는 상품 생산을 지속할지 여부를 결정해야 한다. 대본을 받으면 수정을 할지, 아니면 촬영할지를 결정하고 다음 단계로 진행하고 촬영을 마치면 재촬영을 할지, 편집을 할지 판단하게 된다. 각 단계마다 이 프로젝트가 성공할 가능성이 크다고 느껴지면 계속 진행하게 된다. 그러나 사실상 일단 촬영이 진행된 프로젝트를 중간에 멈추기는 어렵다. 그만큼 제작 단계 진행에 따라 투입되는 비용이 많은 것이다. 따라서 방송콘텐츠의 품질을 유지하기 위해서는 각 단계마다 투입되는 생산 요소가 자신의 전문성과 창의성을 최대한으로 발휘할 수 있는 제도적인 여건이 가동되어야 한다.

이러한 맥락에서 만약 방송콘텐츠 상품 생산 과정의 각 단계에 참여하는 생산 요소들이 작품의 성공과 관계없이 일정한 요소비용을 받게 된다고 가정해 보자. 반대로 요소비용이 상품의 성공 여부에 따라 탄력적으로 차등 지급되는 계약을 한 경우를 가정해 보자. 서로 다른 전문성을 가진 생산 요소들이 자신의 전문성을 각 단계마다 투입한다고 할 때, 작품의 성공을 위해 최선을 다할 수 있는 여건을 조성하는 것은 수요의 불확실성을 극복하는 데 필수적인 요소이다. 특히 다른 생산 요소의 전문성에 따라 자신의 요소비용이 영향을 받게 되는 환경에서, 어떤 생산 요소와 공동작업을 하게 될지는 아주 민감한 부분이 되기도 한다. 이 때문에 대칭적 무지의 상황에서 생산이 이루어지는 방송산업에서 창의성을 극대화하고 성공의 확률을 높이기 위해서는 옵션 계약option contract 방식을 적용하는 것이 타당하다.

예술가 정신

방송콘텐츠 상품 생산에 투입되는 생산 요소들은 자신들을 예술가로 생각하는 성향이 강하다. 그래서 방송산업의 생산 요소들은 자신의 작업과 완성품에 예술가로서의 자부심을 느낀다. 원래 창의적 활동을 하는 예술가들은 창의적 작품에서 나타나는 독창성, 기술적 솜씨, 조화 등에 세심한 주의를 기울인다. 예술가들의 상상력과 열정은 그것 자체로 정당성을 지니며 기존 관행과 타협하지 않는다. 자신이 만족할 때까지 자신의 작품을 스스로 파괴하는 도예공의 사례는 유명하다. 그러나 문제는 예술가들의 이러한 행동이 시청자들의 소비 행위와 어느 정도는 관련이 있지만 직접적이고 강력한 영향력을 행사하지는 못한다는 것이다. 또한 방송콘텐츠 상품 생산에 투자하는 투자자와 생산에 참여하는 생산 요소는 예술가 정신에 대한 입장이 일치하지 않은 경우가 많다. 따라서 제작비 투자자 입장에서 예술가들의 이러한 행위는 독선적이고 비효율적이며 비생산적이라 판단할 수도 있다. 따라서 창조산업의 생산 행위를 일상적인 경제 개념으로 해석하는 행위는 더욱 어려워진다.

방송콘텐츠 생산에 참여하는 생산 요소들의 예술가로서의 취향은 창의적 작업의 실행 방식뿐 아니라 개별 작업에 얼마나 많은 노력을 할당하는지에도 영향을 미친다. 어떤 생산 요소들은 높은 급여를 받을 정도로 가치 있는 기술을 갖고 있으며 하루에 해야 할 일을 스스로 결정하기도 하지만, 어떤 생산 요소들은 받는 급여만큼의 성과를 내기 위하여 치열하게 노력하지 않는 경우도 있다. 배고픈 예술가 신드롬starving artist syndrome 에서 나타나듯이 방송콘텐츠 생산자들은 자신이 예술 행위를 하고 있다는 만족감이나 자존심만으로 자신이 원하는 성과를 내기 위하여 노력을 쏟아붓기도 한다. 즉 방송콘텐츠 생산에 참여하는 전문가들은 예술가적 성향으로, 급여 때문만이 아니라 방송콘텐츠 상품 그 자체의 성과만을 위하여 각별한 노력을 기울일 수 있는데, 이러한 취향의 특성은 예술의 자율성art for art's sake이라 할 수 있다.

방송산업의 생산자는 장르에 따라 공공성과 상업성이 적절히 조화를 이루는 콘텐츠를 생산한다. 특히 상업적인 이익을 위해 콘텐츠를 생산하는 경우, 광고 수입과 예상 기대 수익을 기준으로 제작비 규모를 결정하게 된다. 따라서 연출자가 지출할 수 있는 제작비 규모는 장르와 포맷에 따라 제한적이다. 그렇지만 연출자는 방송콘텐츠 상품을 통해 이익을 창출해야 하는 경제인인 동시에, 방송콘텐츠 작품을 생산하는 예술가이다. 따라서 때때로 연출자는 규정보다 많은 제작비를 지출하면서까지 자신이 예술가로서 만들어 내고자 하는 결과물을 얻어 낼 때까지 장시간 촬영한다거나 고가의 촬영 장비를 사용하기도 하고 평상시보다 많은 조명 기기를 사용하는 등의 행위를 하게 된다. 이는 제작비 지출 규정을 지켜야 하는 기업에 속한 직원으로서가 아니라 자신의 창작물에 자신감과 만족감을 가지고 있는 예술가로서의 행동이다. 이러한 행위는 작가나 촬영, 조명, 음악, 편집, 오디오 등 방송콘텐츠 상품 생산에 참여하는 모든 생산 요소에서 공통적으로 발생하는 특징이다.

방송사를 비롯한 방송콘텐츠 상품을 생산하는 기업으로서는 광고를 비롯한 기타 기대 수입을 넘지 않는 가격으로 상품을 생산하는 방법은 없을지 고민하게 된다. 방송콘텐츠 상품 생산자들에게 창의성 높은 상품이 값싸게 생산된다는 것은 좋은 소식이다. 그러나 방송콘텐츠 상품을 생산하는 사람들조차도 자신이 만들어 내는 상품의 창의성을 예측하기 힘든 상황이므로, 방송산업의 창의적 생산 요소들은 협상을 통해 결합 조건이 결정되어야만 생산 과정에 투입될 수 있다.

방송콘텐츠 상품 생산에 결합된 창의적 생산 요소들은 자신이 합의한 조건에 따라 최선을 다해 자신의 전문성을 투입하여야 한다. 그러나 예술가인 생산 요소들은 자신이 합의한 조건을 벗어나 자신의 결과물에 남다른 관심을 갖게 되는 경우가 흔하다. 생산 요소 자체가 자신의 전문성을 투입한 결과물이 얼마나 많은 공감을 얻을 수 있는지 알지 못하며 사전 조사하기도 힘든 상황에서 정해진 제작비 이상의 지출을 결정하는 경우에 방송사에서는 이를 중지시켜야 할지, 아니면 생산 요소를 믿어야 할지 결정하기 어려운 상황에 직면하게 된다. 예술의 자율성은 방송산업의 딜레마라 할 수 있다.

승무원 구성의 특성

그림이나 소설과 같은 콘텐츠는 단일 창작가가 만들어 내기도 하지만, 방송콘텐츠 상품 생산은 다양한 기술과 전문가를 필요로 한다. 앞서 복합 제품이라는 개념으로 이를 설명한 바 있다. 방송산업은 여러 기술과 미학적 가치, 선호도를 가진 창의적 생산 요소들이 많은 노력을 들인 공동 작업 과정을 통해 상품을 생산하며, 기획자와 연출자는 이러한 다양한 생산 요소들의 노력을 조정하는 역할을 한다고 할 수 있다. 복합 제품을 생산하기 위하여 각 단계마다 투입되는 전문가들의 예술적 취향과 선호도는 제작 과정에서 시너지 효과만을 내는 것은 아니다. 오히려 복잡한 갈등 관계를 형성할 수도 있다. 조명감독과 촬영감독의 미학적인 의견이 충돌하는 경우는 아주 흔하게 발생한다. 이러한 경우 제작은 연출자가 선택하는 방식에 따라 이루어지게 된다. 그러나 제작은 진행되어도 감정적인 갈등 요인까지 사라지는 것은 아니다.

방송산업에서는 제작에 참여하는 모든 생산 요소들은 방송콘텐츠 상품의 경쟁력을 높이기 위하여 자신의 전문성을 최대한 발휘하여야 한다. 그렇게 되면 각 전문가의 창의성이 완성품에 녹아들어 품질을 향상시키게 된다. 이는 경제학자들이 '배수적multiplicative 생산함수'라 부르는 것과 관계있다. 여기서 생산함수는 완성품을 얻기 위해 생산 요소를 결합하는 방식을 뜻하며 생산 요소는 언제나 대체 가능하다. 배수적 생산함수는 완성품 생산에 필요한 모든 생산 요소가 반드시 투입되어 각 생산 요소가 자신의 역량을 최대한 발휘하여야 완성품 품질도 극대화 된다는 것이다. 즉 복합 제품인 방송콘텐츠 상품의 생산 과정에 참여하는 다양한 창의적 생산 요소들은 각 단계마다 자신이 가지고 있는 예술적 전문성을 최대로 투입해야만 한다. 그래야 각 단계의 생산 과정을 거치면서 투입된 전문성이 상승작용을 하여 완성품의 품질을 상승시키는 데 영향을 미치게 된다.

방송콘텐츠 상품 생산 과정에 투입되는 생산 요소의 전문성 수준이 각각 다르다고 가정해 보자. 생산 과정의 단계마다 투입되는 생산 요소의 역량은 각각 배수적 생산함수에 긍정적인 영향을 미친다고 할지라도, 특정 생산 요소가 가지고 있는 전문성이 낮은 수준이라면 결국 최종 결과물도 낮은 수준으로 나타날 가능성이 높다. 즉 연출자와 작가의 수준은 높은 반면 조명감독과 음악감독의 역량이 약간 떨어진다면, 완성된 방송콘텐츠의 품질은 조명감독과 음악감독의 수준에서 유지될 것이 분명하다. 큰 숫자들을 이용해 더하기와 곱하기를 거듭하면 산출물은 지속적으로 커지지만, 연산의 최종 단계에서 0을 곱하게 되면 그 결과는 결국 '0'으로 귀결되는 논리와 같다.

그만큼 방송산업은 투입되는 생산 요소가 가진 전문성의 조화가 중요하다. 이는 마치 하나의 팀을 이루어 비행을 하는 승무원 중에 특정한 요원 하나의 역량 부족으로 작은 실수가 발생하면 비행기 탑승객 전체가 불행한 일을 당할 수 있게 되는 것과 마찬가지이다. 축구 경기를 하는 11명의 선수 중에 수비수 한 명의 역량이 현저히 떨어지면 아무리 협동심을 발휘하여 뛰고 또 뛰어도 최고의 전문성으로 무장된 상대 팀의 공격을 막아내기 어려운 것과 같은 이치이다. 이를 '승무원 구성 motley crew의 특성'이라고 한다. 방송산업에서 창의적 생산이 진행되는 동안 제작 팀의 구성원들 간에 서로 긴밀한 협력 체계를 유지해야 하는 것은 물론, 각각의 전문성의 수준이 한결같아야 한다. 방송콘텐츠 상품에 투자한 생산자에게 생산 요소의 전문성을 어떻게 결합하느냐가 핵심 이슈가 되는 이유가 바로 여기에 있다.

방송콘텐츠 상품의 무한 다양성과 위계

방송산업에서 거래되는 방송콘텐츠 상품은 일반적으로 수직적, 수평적 차별화의 복합적인 특성을 나타낸다. '수직적 차별화vertically differentiation'란 소비자가 두 가지 재화 A와 B를 모두 경험한 뒤 A가 B보다 더 좋다고 동의할 경우, 동일한 가격이라면 어느 누구도 B를 사지 않게 되는 현상을 뜻한다. 여기서 중요한 것은 동일한 가격이라는 개념이다. 커피의 종류는 다양하다. 자동차도 마찬가지다. 하지만 이들 상품은 다양한 가격을 전제로 하고 있다. 아메리카노를 캐러멜마키아토와 동일한 가격으로 즐길 수 없으며 쏘나타를 살 수 있는 경제력으로 제네시스를 구매하기는 어렵다. 하지만 방송산업에서 거래되는 상품들은 모두가 동일한 가격대를 형성하기 때문에, 구매자의 취향에 따라 자율적으로 구매하는 데 장애가 없다. 교양, 예능, 다큐멘터리, 시사, 드라마 등의 장르로 구분되는 방송콘텐츠 상품 중에서도 소비자마다 각각 선호하는 상품은 다르다. 예능 콘텐츠보다 드라마를 선호하는 소비자는 두 개의 콘텐츠 가격이 동일하다면 예능 콘텐츠보다는 드라마 콘텐츠 시청을 희망할 것이다. 이처럼 방송콘텐츠 상품은 소비자의 선호도 측면에서 수직적으로 차별화가 이루어져 있다.

또한 방송콘텐츠 상품은 품질에 관한 소비자의 평가와는 상관없이 고유한 특성이나 분위기, 스타일을 지닌다. 예컨대 드라마 콘텐츠는 방영 길이에 따라 단막극, 시추에이션 드라마, 일일 연속극, 주말 연속극, 미니 시리즈, 대하 드라마 등으로 구분할 수 있다. 또한 포맷에 따라 멜로, 사극, 형사물, 로맨틱 코미디, 홈 드라마 등으로 구분할 수 있다. 여기서 어떤 두 가지의 콘텐츠를 고르더라도 소비자들이 발견하는 특성이나 질적 측면에서 유사하지만 동일하지는 않다. 이때 두 콘텐츠는 수평적으로 차별화horizontally differentiated됐으며 동일한 가격에 판매될 경우 어떤 소비자는 A를, 또 어떤 소비자는 다른 재화를 선호하게 된다. 방송콘텐츠 상품은 장르와 포맷에 따라 다양할수록 수평적 차별화도 커지게 된다.

방송산업에는 이러한 무한 다양성의 특성infinite variety property이 있다. 이는 생산자가 선택할 수 있는 창의적 공간의 다양성이기도 하면서, 소비자가 선택할 수 있는 다양한 소비의 공간이기도 하다. 무한 다양성의 특성은 창의적 활동을 조직화하는 데 많은 함축을 지닌다. 예컨대 수직적, 수평적으로 차별화가 이루어져 있는 방송콘텐츠 상품이 다양하게 생산된다 하더라도 소비자들은 자신이 이미 선호하는 장르와 포맷을 우선적으로 주목하게 마련이다. 따라서 생산의 다양성이 소비의 다양성으로 연결되지 못하는 것이 현실이다. 주목의 경제에서도 언급했지만, 방송콘텐츠 상품의 경우 수용자 복지를 위한 다양성을 확보하기 어려운 이유가 여기에 있다. 소비를 전제로 해서 방송콘텐츠 상품을 기획, 제작하는 생산자는 가능한 한 대량 소비를 목적으로 하게 된다. 따라서 이미 시장에 형성되어 있는 선호도 높은 상품을 생산하려는 의도가 클 수밖에 없다. 특히 방송콘텐츠는 시대적인 트렌드, 즉 한 시대의 대중적인 유행을 따라가는 경향이 강하다. 따라서 생산자는 유행을 선도할 수 있거나 유행을 적절하게 반영하는 콘텐츠를 기획하는 것이 합리적이다. 결국 이러한 전략은 방송콘텐츠의 다양성보다는 획일성을 유발할 가능성을 높인다.

이는 바그너Richard Wagner의 초대형 걸작 〈니벨룽겐의 반지Der Ring des Nibelungen〉에서 보이듯이 고정비용이 소비자의 지불 의사 수준을 훨씬 넘어설 경우와 같은 문제가 발생한다. 이 문제는 오페라나 무용과 같은 창조산업이 겪고 있는 적자 상황을 설명해 준다. 소비자의 지불 의사를 넘어서는 대형 공연물의 경우, 제작에 투입된 비용과 이윤 모두를 소비자에게 부담 지우게 되면 소비자들의 지불 능력은 상실된다. 따라서 소비자들은 이를 모두 부담하려 하지 않을 것이고 소비자의 이러한 의사 결정으로 초대형 걸작을 소비하는 기회가 원천적으로 차단된다. 세계 최고 수준의 오케스트라 방한 연주회의 경우도 소요 비용과 소비자의 지불 의사의 격차가 발생함으로써 좋은 공연을 볼 기회를 다양하게 제공하지 못하고 있다.

방송산업의 경우, 이러한 사례가 더욱 절실하게 적용된다. KBS에서 방송되고 있는 〈가요무대〉는 원로 가수들이 출연하는 유일한 프로그램이다. 따라서 특정 계층을 제외하고는 광범위한 시청층을 확보하고 있지 못하다. 현재 70분 편성으로 방송되고 있는 프로그램을 10분 줄이려는 계획을 발표했던 KBS가 다양한 반대 의견에 곤혹을 치른 사례가 있다. 이처럼 방송콘텐츠 상품 중에서도 국악 프로그램이나 노인 대상 프로그램과 같이 특정 소비자를 위하여 생산하는 상품의 경우는 적정 수준의 소비자 확보가 어렵기 때문에 광고 확보에 불리해진다. 따라서 이와 같은 특화된 콘텐츠를 생산하는 경우, 방송사에서는 제작비를 회수하지 못하는 부담을 안게 된다. 방송을 통해 세계 최고의 오케스트라 연주회를 방영하는 문제도 동일하게 귀결된다. 결국 방송콘텐츠 상품의 공공재 속성에서 살펴보았듯이 방송산업의 무한 다양성의 속성을 유지하기 위해서는 기부금이나 정부 보조금 혹은 추가 수익원이 필요하다.

생산 요소의 전문성과 위계

복잡한 제작 과정을 거치면서 다양한 생산 요소가 결합되어야만 완성되는 방송콘텐츠 상품의 질적 수준에 대한 평가는 소비자에 따라 각각 다르다. 이는 소비자가 느끼는 효용가치 차원과도 관련된다. 방송콘텐츠 상품 생산에 참여하는 생산 요소의 전문성은 품질에 결정적 영향을 미치게 된다. 그런데 방송콘텐츠 상품 생산과정의 각 단계에 참여하는 예술가들은 각자의 전문성과 창의성에서 분명한 역량 차이가 있다. 지속적으로 완성도 높은 작품을 생산해 내는 작가나 연출자가 있는 반면, 경우에 따라 성공하거나 거의 성공하지 못하는 작가나 연출자도 있다. 또한 특정 장르와 포맷에서 비교 우위를 나타내는 생산 요소도 있다. 즉 드라마 장르에서도 멜로에 강한 작가나 연출자가 있고 사극을 잘하는 생산 요소도 있다.

방송산업에 종사하는 전문가들은 동시대에 활동하는 작가, 연출자, 연기자, 촬영감독 등의 생산 요소들을 A급과 B급으로 구분할 수 있다는 데 대부분 동의한다. 창의적 전문성에서도 그렇고 시청률 성과에서도 그렇다. 방송산업에서의 성공은 경로 의존적path-dependent이다. 따라서 성공의 경험은 또 다른 성공을 만들어 낸다. 거듭해서 성공하는 A급 작가와 연출자의 작품은 B급 생산 요소에 비해 또 다른 성공을 만들어 낼 가능성이 높다. 같은 맥락에서 A급 출연자는 B급 출연자에 비해 더 많은 소비자에게 주목을 받을 가능성이 높다. 이러한 특성을 경제적 용어로는 창의적 투입물 자체가 수직적으로 차별화되어 있다고 말한다. 이를 케이브스는 'A급-B급 특성A-list/B-list property'이라고 했다.

A급-B급 특성은 방송콘텐츠 상품 생산에 투입되는 창의적 생산 요소의 질적 차이를 의미한다. 이러한 차이는 방송콘텐츠 상품 생산 과정의 조직화에 많은 문제를 야기한다. 2003년 〈겨울연가〉로 일본에 한류 붐이 일자, 드라마 생산자들은 일본에서 인기 있는 연기자들을 캐스팅하는 데 혈안이 되었다. 이러한 분위기는 당시 영화에 전념하던 연기자들까지도 드라마에 출연시키기 위한 캐스팅 경쟁을 유발하면서 출연료를 급격히 상승시키는 결과를 초래했다. 이러한 현상은 드라마 생산자마다 A급 주인공을 결합해야만 주목받게 되는 상황과 무관하지 않다. 누가 보아도 A급이라 평가할 수 있는 남녀 주인공을 결합해야만 시청률을 선점할 수 있다는 믿음 때문이다.

여기서 중요한 점은 방송산업에 실재하는 A급-B급 특성은 승무원 구성의 특성과 상호작용한다는 것이다. 배수 함수로 나타나는 생산 이론에서 방송콘텐츠 상품의 생산 과정에 투입되는 창의적 생산 요소의 질적 차이는 완성품의 품질에 결정적인 영향을 미치게 된다. 따라서 방송사는 투입되는 생산 요소의 질적인 수준을 일정하게 유지하지 않으면 완성도 높은 상품을 만들어 내기 어려워진다. 즉 A급 작가와 B급 연출자를 결합하기보다는 A급 작가와 A급 연출자를 결합시켜 완제품을 생산하고자 한다. 생산 요소의 입장에서도 마찬가지이다. 복잡한 과정에 독립적으로 투입되는 생산 요소들이 모두 A급이기를 원한다. 그래야 완성품의 품질을 높일 수 있다고 확신하기 때문이다. 따라서 A급 작가는 A급 연출자와 A급 연기자를 결합해 줄 것을 제작자에게 강력하게 요구하게 된다.

A급 연기자에 비해 가격 경쟁력이 있는 B급 연기자가 낮은 출연료에도 불구하고 출연 기회를 잡지 못하는 것은 이러한 현상 때문이다. 요소 비용을 절감하여 생산 단가를 낮추기 위하여 B급 생산 요소들을 결합한 경우에 전체 수입은 초판 비용조차 감당하지 못할 가능성이 높다. 소비자들은 B급 연기자가 출연한 영화보다는 A급 연기자가 출연한 영화를 보기 위해 추가 비용을 지불할 의사가 있다. 그러나 방송산업에서는 B급 연기자 대신에 A급 연기자가 출연한 콘텐츠를 시청하는 데 별도의 비용 부담이 발생하지 않는다. 따라서 A급 작가는 A급 연출자 및 연기자들과 함께 작업하기를 선호한다. 제작비를 절감해야 한다는 제작자의 희망보다는 작품의 성공이 우선이기 때문에 제작자는 성공을 위하여 일단은 A급 생산 요소들을 결합하는 것이 최선의 전략이다. 따라서 방송산업에서는 작가, 연출자, 주연 연기자와 같은 A급 핵심 생산 요소들을 선호하는 쏠림 현상이 발생하는데, 이것은 방송산업의 근본 특징으로 작용한다.

방송산업에서 시간의 가치

　　　　　　방송산업은 본질적으로 시간의 개념이 매우 중요하다. 영화나 소설같이 완성도를 최대한으로 끌어올릴 수 있을 정도의 충분한 제작 기간을 가지고 여유 있게 생산하기는 어렵다. 방송콘텐츠 상품은 모든 창의적 생산 요소가 투입되었을 때 수월하게 이뤄질 수 있고 정해진 방송 분량만큼 제작되어야 하며 약속된 편성 시간에 정확히 방송되어야 한다. 이러한 물리적인 조건들과 함께 방송산업은 생산에 투입된 초판 비용을 회수할 수 있는 기한도 매우 중요하다. 예컨대 회당 2억 원의 제작비를 투입해서 만든 드라마가 2개월 후 4억 원의 수입을 발생하는 경우는 5년 후 4억 원의 수입을 발생하는 경우보다 당연히 이윤이 많다. 또한 회당 4억 원짜리 드라마를 제작하는 경우, 기획 시점부터 조직화에 문제가 발생한다면 제작비 지출이 많이 이루어지지 않은 상황에서는 매몰 비용을 최소화하기 위해, 최악의 경우에 제작을 중단해 버릴 수도 있다.

　방송산업에서 방송콘텐츠를 생산하는 데 소요되는 시간의 개념이 중요하다는 것은 대부분 인지하는 사실이다. 하지만 완성된 방송콘텐츠가 어떠한 생명주기를 가지고 시장에서 유통되는지에 대해서는 관심이 적은 편이다. 많은 창의적 생산물은 '내구재'라 할 수 있다. 교향악단의 연주는 사라지지만 악보나 음반은 오랫동안 남는다. 음반에 기록된 음악은 라디오 방송국이나, 주크박스 혹은 공공장소 등에서 재생된다. 방송콘텐츠 상품도 장르별로 최초 소비 방식의 차이는 있지만, 모두 한 회 방송으로 사라지는 것이 아니라 횟수와 관계없이 반복적으로 방송될 수 있도록 보관된다. "인생은 짧고 예술은 길다."는 히포크라테스Hippocrates의 말을 인용하면, 방송산업의 영원한 예술의 특성ars longa property이라고 할 수 있겠다.

사실 이러한 특징은 기술적인 발전 상황에 따라 더욱 공고해지고 있다. 방송콘텐츠 상품 원본을 생산하는 데 막대한 비용이 투자되는 것에 비해 복제 비용은 거의 제로에 가깝다. 따라서 방송콘텐츠 생산자가 초판 비용을 회수하는 데까지 걸리는 시간은 중요하다. 빠른 시간 내에 초판 비용 회수가 이루어지지 않아 또 다른 투자를 하지 못하는 경우는 기업 활성화에 장애를 초래하게 된다. 빠른 회수가 가능하도록 저렴한 제작비를 투입하게 되면, 오히려 경쟁에서 낙오하게 되는 우를 범하게 된다. 결국 시장 경쟁에서 우위를 차지할 수 있도록 제작비를 투입하여 빨리 회수하는 것이 최선의 전략이다. 따라서 초판 비용을 회수하는 기간은 방송콘텐츠 상품 생산을 위한 재조직화에 중요한 영향을 미친다.

내구재적 속성으로 인해 방송콘텐츠 상품은 일정 기간 창작자에게 로열티를 발생시킨다. 이러한 지속 지대durable rent의 발생으로 인하여 방송산업에서는 저작권 소유와 배분의 문제가 첨예한 갈등 요인으로 부각된다. 따라서 방송콘텐츠 상품과 같은 창의적 내구재가 만들어질 때 창의적 생산 요소 간 작업의 조건과 권리 관계에 대한 계약 문제가 중요하다. 다시 말해, 이 이슈는 미래의 기대 수익을 어떻게 배분할 것인가, 또한 누가 그 수익을 모으고 배분하는 책임을 맡을 것인가라는 문제와 관련된다. 방송콘텐츠 상품을 생산하기 위하여 창의적인 생산 요소를 결합하는 과정에서 체결되는 집필 계약, 출연 계약, 고용 계약 등이 모두 저작권 문제를 결정하는 요인들이다. 특히 외주제작 형태로 방송콘텐츠 상품을 생산하는 경우에는 저작권을 배분하는 방식에 대한 갈등은 점차 심화되는 상황에 있다.

프로젝트 기반 조직

앞에서 케이브스가 주장하는 창조산업의 특성에 근거하여 방송산업을 살펴보았다. 창조산업으로서의 방송산업이 지니는 속성들은 콘텐츠 상품 생산 과정에서 첨예하게 발현되면서 다양한 작용을 하고 또 갈등을 만들어 낸다. 방송산업 구조의 급격한 변화는 방송콘텐츠 생산 과정의 급격한 변화를 초래하고 있다. 다양한 장르와 포맷의 프로그램들이 제작되고 있으며, 포맷의 변화는 제작 방식의 차별화를 요구하고 있다. 한창 인기를 얻고 있는 오디션 프로그램이나 리얼리티 프로그램은 여타 프로그램과 제작 기술과 방식에 큰 차이가 있다. 그러나 다양한 생산구조의 변화 방향은 '프로젝트 기반 조직project-based organization'으로 귀결되어 나타나고 있다. 따라서 프로젝트 기반 조직의 특징을 파악하고 이러한 특징들이 방송콘텐츠 상품의 경제적 속성이나 창조산업의 속성들과 어떻게 상호 연관되는지를 이해하는 것은 방송콘텐츠 상품 생산자에게는 필요충분조건이 된다.

1991년 이전에는 방송사가 작가, 연출자, 연기자와 같은 핵심 생산 요소들을 모두 내부에 보유하면서 적절하게 결합시켜 콘텐츠 상품을 생산

했다. 방송사마다 작가와 장기 계약을 하고 공채 연기자를 선발하여 가족과 같은 공동체를 형성하는 수직적 통합vertical integration 구조를 이루고 있었다. 그러나 1991년 외주제작 의무편성비율 정책이 실시되면서 방송사는 의무적으로 외주제작을 해야 했고, 방송사 이외에는 방송콘텐츠를 생산할 조직이 없었던 상황에서 방송사 내부 인력들이 점차 외부로 이동하여 프로그램을 제작하게 되었다. 따라서 방송사에 장기 계약되어 있던 작가들은 자신들이 원하는 곳이라면 방송사든 외주제작사든 관계없이 자유롭게 계약할 수 있는 환경이 조성되었고 방송사는 연기자 공채 선발을 중단하고 연예 기획사로부터 연기자를 공급받게 되었다. 즉 방송사가 독점하고 있던 핵심 생산 요소들 중에서 작가는 외주제작사로, 연기자는 연예 기획사로 이동하는 수직적 해체vertical disintegration 현상이 이루어지기 시작했다.

방송산업의 수직적 해체는 생산 요소들의 자유로운 이동을 가능하게 한다. 이러한 과정에서 방송사 이외에 외주제작사와 연예 기획사, 케이블 및 종합편성채널이 생겨나면서 핵심 생산 요소들이 이동할 수 있는 공간은 더욱 다양해졌다. 결론적으로 외부 생산 요소 시장이 형성되었다. 따라서 수직적 해체가 이루어진 방송산업에서 생산자는 누구라도 생산 요소들을 외부 시장으로부터 공급받아 프로젝트를 수행하게 되는데 이러한 조직을 프로젝트 기반 조직이라고 한다. 프로젝트 기반 조직은 복잡하고 전문적이며 독특한 프로젝트를 수행하기 위하여 임시로 모이고 프로젝트가 끝나면 해체하는 조직을 말한다.

수직적 통합 구조에서도 방송콘텐츠 상품은 프로젝트 팀 시스템으로 제작된다. 콘텐츠 상품이 기획되면 조직 자체에서 보유하고 있는 연출자, 작가, 연기자 들을 결합해 프로젝트 팀을 구성, 프로젝트를 수행한다. 프로젝트가 완료되면 그 시점에서 팀은 해체되고 모였던 생산 요소들은 원래의 소속으로 돌아가거나 새로운 프로젝트에 투입된다. 따라서 수직적 통합 구조에서는 전문성이 높은 소수의 A급 생산 요소들이 생산하는 프로그램과 B급 생산 요소들이 투입되어 생산하는 프로그램에 차이가 있을 수 있으며 B급 생산 요소가 조직 내 프로젝트에서 충분한 경험과 성과를 쌓은 후에 A급 생산 요소로 성장할 수 있는 통로가 마련되어 있다. 즉 조직은 자체적으로 전문성에 차이가 있는 다양한 생산 요소를 보유하고 장기간에 걸친 트레이닝 과정을 통하여 전문성을 향상시켜 A급 생산 요소로 육성하는 역할을 책임감 있게 수행하며 생산 요소의 공급을 조절하는 기능을 한다. 또한 구성원들에 대한 역량과 특성을 정확하게 파악하고 있기 때문에 각자의 역량을 극대화할 수 있는 프로젝트에 투입시키는 것이 가능하고 생산 요소가 얼마나 적극적이고 창의적으로 프로젝트에 참여했는지를 검증할 수도 있다. 결국 수직적 통합 구조에서는 생산 요소의 도덕적 해이로 인한 기회주의가 발생할 가능성이 적다.

그러나 수직적 해체가 이루어진 방송산업에서는 조직의 외부에서 생산 요소들을 모아야만 완제품을 생산할 수가 있다. 따라서 외부에 있는 생산 요소들의 역량을 정확하게 파악하기도 어렵고, 그들이 프로젝트에 최선을 다하고 있는지를 확신하기도 어렵다. 또한 외부 생산 요소들의 역량을 파악하고, 그들이 최선을 다하고 있는지를 감시하기 위해서는 별도의 비용이 든다. 하지만 반대로 외부에 존재하는 생산 요소들은 특정 프로젝트에 참여하기 위해 치열한 경쟁을 해야 하고, 단일 거래로 끝내지 않고 반복해서 프로젝트에 참여하기 위해서는 자신의 전문성을 극대화하여 적극적으로 업무를 수행해야 한다. 즉 수직적 해체 구조는 생산 요소들 간 경쟁을 통해 창의성을 극대화하고 프로젝트 기반 조직을 활성화할 수 있다는 장점을 갖는다.

수직적으로 해체가 이루어진 방송산업에서의 프로젝트 기반 조직은 다음과 같은 특성을 지닌다. 먼저, 프로젝트 기반 조직은 조직의 전략이 구조에 선행한다. 다른 말로, 프로젝트 기반 조직의 구성은 목적 달성을 목표로 최선의 생산 요소들을 결합시킨다는 것이다. 따라서 프로젝트 기반 조직에서 생산 요소들의 결합은 공동의 목표 없이는 이루어지지 않는다. 조직의 성공을 위해서는 각 개인의 목적을 조직의 목적과 일치시켜 몰입을 촉진하고 그를 통해 효과적이고 효율적인 가치 창출을 해야 한다는 것이 경영학적인 원리이다. 그러나 실제로는 프로젝트 기반 조직에서 개인의 목적이 조직의 목적과 일치하는 것이 아니며 개인의 성공이 반드시 조직의 성공에 좌우되는 것도 아니다. 드라마 한 작품이 실패했다 할지라도 음악은 살아남을 수 있고 연기자는 명성을 쌓을 수 있다. 따라서 수직적으로 해체된 조직에서 프로젝트에 참여하는 생산 요소들은 기회주의적인 행동을 할 가능성이 높다. 방송콘텐츠 시청률이 저조하게 나오게 되면 제작자들은 최선을 다해 시청률을 끌어올리려고 노력하지만, 연기자들이나 편집자들은 최선을 다할 필요성을 못 느낄 수도 있다. 그들은 이 프로젝트 이외에 다른 프로젝트를 동시에 진행하는 경우가 많기 때문에 다른 프로젝트에서 성공하면 자신의 명성을 그대로 유지할 수 있기 때문이다. 따라서 일부 출연자들 중에는 시청률이 낮은 프로그램에는 촬영 스케줄을 충분히 할애하지 않으면서, 시청률이 좋은 프로그램을 위해서는 최선을 다하는 경우도 흔히 발생한다. 하지만 프로젝트의 성공과 상관없이 개인의 성공을 위해서만 노력하더라도 관리자는 이를 감시하거나 통제하는 것이 쉽지 않은 것이 현실이다.

또한 프로젝트 기반 조직의 성과는 생산 요소들이 투입한 전문성이 결합된 상태에서 발현하는 것이기 때문에 어느 특정 생산 요소의 전문성이 성과에 어떠한 영향을 미쳤는지를 정확하게 구분하여 파악할 수 없다. 수직적 통합 구조에서는 프로젝트가 종료되더라도 동일한 조직 내에서 생산 요소들이 이동하기 때문에 프로젝트의 성공과 실패에 기여한 생산 요소와 그 원인에 대한 정보가 노출된다. 그러나 수직적 해체 구조에서는 프로젝트가 종료되면 생산 요소들이 각각 다른 조직의 프로젝트로 이동하게 되기 때문에 프로젝트 수행 과정에서 있었던 일들이 객관적인 정보로 인정받기 어렵다. 즉 단일 생산 요소의 기회주의가 콘텐츠 성과에 어떻게 작용했는지를 평가하기는 어렵다. 이러한 특징으로 인하여 방영되고 있는 방송콘텐츠 상품의 성과가 나쁜 경우, 생산 요소들은 최선을 다하지 않으려는 도덕적 해이를 나타내기도 한다. 승무원 구성의 특징 관점에서 볼 때, 어차피 자신이 최선을 다해도 다른 생산 요소로 인하여 품질이 저하될 것이라고 예측하는 상황에서 다른 프로젝트에 최선을 다하는 것이 자신에게는 이익이라고 판단하기 때문이다.

수직적 해체가 이루어진 방송산업의 프로젝트 기반 조직에서는 요소의 이동성mobility이 산업의 안정성stability을 만든다. 생산 요소 간 경쟁을 유발하여 프로젝트의 성과를 극대화할 수 있다는 것이 수직적 해체 구조의 핵심 장점이다. 따라서 수직적으로 해체가 이루어진 방송산업에서는 A급 생산 요소를 결합할 수 있는 능력이 프로젝트 성공과 높은 관계를 형성하게 된다. 즉 프로젝트 기반 조직은 단순히 조직의 의도만으로는 목적을 이루기 힘들고, 조직 간 인적 자원의 원활한 이동이라는 환경적 조건이 갖추어져야만 가능하다. 특히 방송콘텐츠 상품 생산과 같이 비슷한 형태의 프로젝트가 정기적으로 반복되는 경우에는 A급 생산 요소들과 지속적으로 관계를 맺는 것이 중요하다. 프로젝트 기반 조직은 생산 요소의 전문성의 정도에 따라 결과의 완성도가 결정된다. 동시에 기업은 높은 창의성과 전문성을 보유한 생산 요소를 배타적으로 보유함으로써 다른 조직에 비해 경쟁 우위를 가질 수 있다. 결국 프로젝트 기반 조직의 경쟁력은 A급 생산 요소의 결합 능력에 있다. 수직적으로 해체된 방송산업에서 생산 요소의 자유로운 이동이 중요한 이유가 여기에 있다.

수직적 통합 구조에서 조직이 생산 요소를 자체적으로 보유하며 훈련시켜 A급 생산 요소로 육성했다면, 수직적으로 해체된 시장에서 조직은 외부 시장에서 A급으로 평가받는 생산 요소들을 결합시키면 되기 때문에 생산 요소 훈련 비용을 지불할 아무런 이유도 없게 된다. 따라서 프로젝트 기반 조직에서는 경험이 적은 생산 요소가 시장에 진입하기 어렵게 된다. 따라서 수직적 해체가 이루어진 방송산업에서는 생산 요소의 훈련에 문제가 발생하여 A급 생산 요소의 공급곡선이 비탄력적이 될 가능성이 높다. 따라서 정기적으로 신입 사원을 채용하는 방송사 조직과 생산 요소 시장에서 A급 생산 요소를 결합시켜 방송콘텐츠 상품을 생산하는 외주제작사와의 생산 방식에는 차이가 존재하게 된다. 자체적으로 A급 생산 요소를 생산할 역량이 부족한 외주제작사들은 방송사로부터 A급 생산 요소를 공급받아야 한다. 그러나 외주제작사와 경쟁 상황에 놓여 있는 방송사는 A급 생산 요소를 빼앗기지 않는 것이 경쟁력을 유지하는 전략이 된다. 따라서 외주제작사는 비교적 이동이 용이한 작가를 방송사에 비해서 많은 원고료를 지급하면서 배타적으로 보유하려는 전략을 사용하고 있다. A급 작가를 외주제작사에 빼앗긴 방송사는 자체 제작보다는 A급 작가를 보유하고 있는 외주제작사로부터 작품을 납품받는 것이 보다 효과적인 전략이 될 수 있다. 이러한 맥락에서 방송사와 외주제작사 간의 거래 관계는 상호 의존적인 관계를 형성하며 다양하게 변화하고 있다.

수직적으로 해체된 방송산업에서는 성공 가능성을 높이기 위해서 A급 생산 요소끼리 결합하는 특성이 강하게 나타난다. 생산 요소들은 명성 효과reputation effect의 영향을 받는다. 또한 성공은 경로 의존적인 동시에, 성공한 A급 생산 요소들은 성공의 경험을 인정받아 또다시 성공할 수 있는 가능성이 높다. 따라서 성공의 가능성을 높이기 위해서 성공의 경험이 풍부한 A급 생산 요소일수록 A급 생산 요소끼리의 결합을 원하게 된다. 이를 '긍정 동류 결합positive assortative matching'이라고 한다. 이러한 결합 방식은 필연적으로 생산비 증가를 수반한다. 수직적 통합 구조에서 A급과 B급 생산 요소를 적절히 조화시켜 적정한 제작비 규모 내에서 성과를 극대화하는 전략을 쓸 수 있는 것과는 다르다.

한편 생산 요소들은 전문성의 차이에 따라 선호하는 방송콘텐츠 장르에도 차이가 존재한다. 드라마 콘텐츠를 예로 들면, 미니시리즈나 특별

기획 드라마가 일일 드라마나 주말 드라마와 같은 연속극 장르에 비해 제작비가 많고 시청률 확보가 용이하며 한류의 중심 콘텐츠라는 장점 등의 이유로 생산 요소의 선호도가 높게 나타나는 경향이 있다. 따라서 A급 생산 요소는 선호하는 장르와 포맷의 방송콘텐츠에 쏠리는 경향을 나타내며, 다양한 장르와 포맷에 도전하기보다는 특별한 장점을 가지고 있는 특정 장르와 포맷의 방송콘텐츠 상품을 생산하는 데만 집중하는 특성을 보인다. 특정 분야에서 두각을 나타내는 A급 생산 요소라면, 굳이 위험을 무릅쓰고 다른 장르의 방송콘텐츠 생산에 도전할 필요를 느끼지 못한다. 결과적으로 A급 생산 요소일수록 특정 장르와 포맷의 방송콘텐츠 상품으로 쏠리는 현상이 강화되고 있다.

따라서 프로젝트 기반 조직에서 A급 생산 요소는 최고의 인센티브를 보장하는 콘텐츠에 쏠리는 현상이 나타나게 된다. 반대로 A급 생산 요소들이 선호하지 않는 상품을 제작해야 하는 생산자들은 다른 프로젝트 기반 조직과 경쟁에서 이기기 위해서는 A급 생산 요소를 결합시켜 주목을 끌어야 유리해진다. 이러한 상황에서 결국 A급 생산 요소의 요소비용은 지속적으로 상승할 수밖에 없다. 방송콘텐츠 상품의 가치를 높이는 창의성과 전문성은 생산 요소에게 내재되어 있는 사적인 경험자본experience capital을 바탕으로 한 암묵적 지식tacit knowledge 체계이다. 특히 성공의 경험에 대한 암묵적 지식은 조직에 포함되는 것이 아니라 생산 요소 개인에게 귀속되는 능력이다. 따라서 수직적으로 해체된 시장에서의 프로젝트 기반 조직의 성공은 성공의 경험이 풍부한 생산 요소를 확보하는 것이 출발점이 된다.

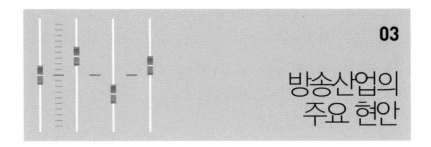

방송산업의
주요 현안

　　　　　우리 방송산업은 1991년도 외주제작 의무편
성비율 정책이 실시되면서 급격한 변화를 경험하고 있다. 방송산업의 급
격한 변화에는 1998년 외환 위기, 2003년부터 본격화한 일본 한류, 영화
나 음악과 같은 연관 산업의 영향 등이 다각적으로 영향을 미치고 있다.
특히 수직적으로 해체된 방송산업은 각각의 이해 당사자들이 자신의 인
센티브를 극대화하기 위한 전략으로 자발적인 행동을 하면서 진화해 가
는 체계, 즉 복잡적응 시스템complex adaptive system을 구축하고 있다.

　이러한 빠른 변화와 발전에도 불구하고 방송산업에 지속적으로 풀리
지 않는 현안들이 존재하는 것도 사실이다. 따라서 앞에서 언급한 방송콘
텐츠 상품의 경제적 속성과 창조산업으로서의 방송산업의 특징을 중심
으로 방송산업의 현안을 분석해 보는 것은 의미가 있다. 방송산업에서 지
속적으로 제기되고 있지만, 적절한 해결 방안을 도출해 내지 못하고 있는
문제들의 표면적인 원인은 이해 당사자 간의 합의 도출의 실패이다. 하지

만 궁극적으로는 이해 당사자들 간에 합의를 도출하기 어려운 문제들이라고 보아야 한다. 이해 당사자들 간에 합의를 도출하기 어려운 문제들이 산적한 방송산업은 시장 원리 속에서 자발적이고 자율적으로 이러한 이슈들을 해결할 수 있을까? 이러한 문제들은 방송산업에서 왜 구조화되고 있을까? 이러한 질문에 대한 해답은 앞에서 살펴본 이론 틀 속에서 찾을 수 있다.

열악한 제작 관행

우리 방송산업이 눈부시게 발전하고 있는 것에 비해 제작 산업 실태는 그다지 발전하고 있는 것 같지 않아 보인다. 초치기 제작, 쪽대본, 밤샘 촬영, 손바닥 뒤집듯 하는 계약 위반, 글로벌 콘텐츠라기에는 부끄러운 수준의 방송사고의 발생 등이 바로 우리 방송제작 환경의 현실을 말해 주고 있다. 이러한 문제들이 발생할 때마다 해당 방송사나 생산 요소 들은 제작비 규모나 방송 분량 부담, 창작의 고통 등을 이유로 제기하며 향후 시정 의지를 밝힌다. 그러나 이러한 문제들은 아직까지도 해결되지 않고 지속적으로 발생되고 있음은 물론, 오히려 그 정도와 빈도에 있어서 점차 심각해지는 상태에 있다.

먼저, 초치기 제작이나 쪽대본, 밤샘 촬영의 문제는 제작에 참여하는 생산 요소의 예술가 정신에서 기인하는 문제이다. 프로젝트 기반 조직에 결합된 생산 요소들은 조직의 경제적 이익을 위해 노동을 제공하는 계약 관계에 있으면서 동시에 예술가 정신을 가지고 있다. 창의적인 예술가들은 자신의 이름을 걸고 방송되는 작품이 높은 예술적 가치를 인정받기를 원한다. 따라서 작가, 연출자, 출연자 및 스태프 모두는 최고의 작품을 생산하기 위하여 자신의 전문성을 투입한다. 이러한 맥락에서 작가는 자신에게 부여된 기한을 모두 소진하여 대본을 집필하고 연출자도 자신에게 부여된 기한을 모두 소진하여 촬영하고자 한다. 따라서 촬영 원본을 기다리고 있는 편집자나 편집된 영상을 보고 작곡을 기다리는 음악감독은 자신의 창의적 전문성을 투입하기 위하여 필요한 시간을 최대한 활용하지 못할 가능성이 높다. 그러나 보통 작가나 연출자는 자신에게 부여된 시간 이상을 투자해서라도 자신이 할 수 있는 최선의 대본을 집필하고 촬영하려 하는 것이 일반적이다. 자신들이 시간을 많이 소비하더라도 그 이후에 남아 있는 많은 단계에서 시간을 줄여 주기를 기대하는 것이다. 하지만 후반 작업을 담당하는 편집, 음악, 컴퓨터 그래픽과 같은 과정에 참여하는 생산 요소들도 예술가 정신을 가지고 있는 것은 마찬가지이다.

이러한 문제가 불거질 때마다 이해 당사자들은 방영 예정분의 50% 정도를 방영 시작 이전에 완성해 두는 방법을 제안하지만, 이러한 아이디어는 방송산업의 본질적인 특성을 간과한 것이다. 50% 정도의 분량이 완성되어 있는 상태에서 방영을 시작하는 경우라 하더라도 시청률이라는 결과에 따라 나머지 50% 분량을 완성하는 데 걸리는 시간은 유동적일 가능성이 높다. 쉬운 예를 들어, 만약 콘텐츠의 초반 시청률이 예상한 것보다 낮은 경우에 작가나 연출자는 이미 제작되어 있는 내용을 재촬영하여 수정하는 모험을 감수하고라도 시청률을 높이기 위해 최선을 다할 것이기 때문이다. 결국 '사전전작제'를 실시하지 않고서는 이러한 제작 관행이 개선되기를 기대하기는 어려워 보인다.

　기획되고 있는 콘텐츠에 출연하기로 약속했다가 결정을 번복하는 연기자도 있고 반대로 출연시켜 주기로 약속했다가 그 결정을 번복하는 연출자도 있다. 여기에는 다양한 이유가 존재한다. 그러나 그러한 다양한 이유를 종합하면, 방송콘텐츠 상품의 수직적 차별화와 A급-B급 속성을 가진 생산 요소들의 결합 방식으로 정리할 수 있다. 연기자든 방송사든 모두 자신의 인센티브를 극대화하는 것이 최선의 전략이다. 앞에서 살펴보았듯이, 수요가 불확실한 상품을 생산하는 경우에 생산자들은 주목의 경제를 필요로 하고, 가장 효과적인 방법 중 하나가 A급 생산 요소를 결합하는 전략이다. 그러나 A급 생산 요소는 공급곡선이 비탄력적이다. 즉 수요의 증감에 따라 공급을 조절하기가 어렵다. 또한 방송산업에는 도덕적 해이와 기회주의가 내재한다. 따라서 계약 위반으로부터 발생하는 위험 부담보다 그로부터 발생하는 인센티브가 더 크다고 예측되는 경우, 생산 요소는 계약 번복의 유혹에 빠지게 된다. 뒤에서 살펴보겠지만, 계약 행위 자체가 제대로 이루어지고 있지 않기 때문에, 대부분의 경우 계약 위반이라기보다는 약속을 어기는 정도의 행위들이 자행되는 수준이다.

　우리는 최근까지도 방송 도중에 색 조정 화면color bar이 뜬다거나, 마지막 10분 분량이 편집되지 않아 블랙아웃black out된 화면이 뜬다거나, 영상은 보이는데 소리는 들리지 않는 화면이 장시간 방영되는 등의 방송사고 장면을 흔히 접하고 있다. 예술가 정신을 가지고 있는 생산 요소들이

초치기 제작 환경에서 최선을 다해 보지만 그럼에도 의도치 않게 발생하는 방송사고 사례들이다. 그러나 또 다른 심각한 문제는 이러한 방송사고가 발생해도 제작에 참여한 어떠한 생산 요소도 명백하게 책임을 지는 경우가 없다. 작가가 대본을 늦게 전달해서인지, 늦장 연출 때문인지, 후반 작업에 참여하는 생산 요소의 도덕적 해이 때문인지, 책임 프로듀서의 관리 소홀인지 등을 명확하게 밝혀내기 어렵다. 복합 제품의 성격상 작품의 공과를 특정 생산 요소의 잘못으로 단정하기 어려운 것이 사실이다. 하지만 다른 시각에서 본다면, 이러한 문제 발생을 공격적으로 해결하고자 하는 노력을 하지 않는 이유 중에는 제작 책임자들의 도덕적 해이도 크게 작용하고 있다고 보아야 한다. 현재 우리의 방송제작 환경에서라면 이 정도 사고는 발생해도 넘어가 줄 수 있다는 안일한 정신자세는 예술가 정신을 배신하는 도덕적 해이의 대표적 사례이다.

불공정 거래 관행의 문제

1991년 이후 수직적으로 해체된 우리 방송산업은 방송사, 외주제작사, 연예 기획사를 중심으로 가동되고 있다. 이런 플레이어들이 핵심 생산 요소라고 할 수 있는 연출자, 작가, 출연자를 각각 보유하면서 프로젝트에 따라 이합집산 형태로 완성도 높은 방송콘텐츠 상품을 생산하는 데 최선을 다하고 있다. 불공정 거래 관행은 바로 이세 주체들의 결합 방식과 결합 조건으로부터 발생하게 된다. 방송산업의 플레이어들은 각자의 인센티브 극대화를 목표로 한다. 수요가 불확실한

표 5-1 | 계약 관행에 따른 불공정 거래 유형 분류

이슈	드라마 사례	비드라마 사례

계약
시점
	• 제작 시작 이전에 계약을 완료하지
	않는 문제
	 — 계약 이전에 스태프를 구성하게
	  하고 계약 체결 시, 인건비 내역
	  을 인정해 주지 않는 행위
		• 구두계약 상태에서 선제작 유도 후, 실제작
		비를 계약서 작성 시 인정하지 않는 행위
		• 구두 약속 이후 진행된 기획이 편성되지 않
		는 경우 기획 비용 및 소요 비용 미지급

계약 이행 여부		• 제작비 산정과 대금 지급 방식의 불공정 및 불이행 행위(제작비 지연 지급) • 선급금 미지급 문제 • 정당한 사유 없는 거래 중단 • 작품 수정 요구와 그에 따른 비용 전가

방송콘텐츠 상품 생산을 통해 인센티브를 극대화하기 위해서는 불확실성을 최소화하고 위험을 분산시켜 저작권을 확보하여 장기적인 기대 수익을 극대화해야 한다. 이 지점에서 플레이어들은 첨예한 인센티브 갈등 incentive conflict 상황에 놓이게 된다.

한국드라마제작사협회와 독립제작사협회에서 2012년 3월 한 달간 회원사들을 대상으로 불공정 사례를 수집하여 방통위에 보고한 자료를 중심으로 방송사와 외주제작사 간 불공정 거래 유형을 분석한 결과, 불공정 거래 관행은 계약 관행의 문제와 제작 관행의 문제로 분류할 수 있었다. 먼저 계약 관행의 문제에서 발생하는 불공정 거래 관행의 유형은 〈표 5-1〉과 같다.

계약 관행으로부터 발생하는 불공정 거래 유형은 크게 계약 시점의 문제와 계약 내용 불이행 문제로 구분할 수 있는데, 특히 구두 합의로 약속

표 5-2 | 제작 관행에 따른 불공정 거래 유형 분류

이슈	드라마 사례	비드라마 사례
과태료 부담	• 윤리 규정 위반으로 인한 과태료를 외주제작사에 전액 부과 ① 작가와 연출자를 방송사에서 파견받은 경우 ② 방송사의 수정 요구에 따라 내용이 변경된 경우	
지위 남용	• 제작사의 통제를 받지 않는 방송사 파견 인력으로 인한 제작비 증가 문제 ① 포커스 풀러focus puller 등의 인력, 장비 과다 사용으로 인한 제작비 증가 ② 조명감독 등 스태프 선택권의 남용으로 인한 인건비 부담 증가 ③ 촬영 지연으로 인한 A, B 팀 동시 촬영 ④ 렌탈 차량 과다 사용 문제 ⑤ 촬영용, 완성 납품용 HD테이프 비용 전가 행위	• 주요 스태프(PD, 작가) 방송사 지정 • 잦은 스태프 교체 요구
과당 경쟁		• 시청률에 따른 서바이벌 제작 방식 —지나친 가격 경쟁 조장으로 제작사 고사 위기 초래
기타	• 인건비 미지급 및 지연 지급 • 초치기 제작 —작가의 집필 지연, 연출자의 과다한 촬영 일정 지연 등으로 인한 방송사고	

을 한 상태에서 캐스팅과 제작을 선행하도록 하지만 구두합의한 계약 체결 시점에서는 실제작비 내역을 인정하지 않는 문제가 심각하다. 방송사는 수요가 불확실한 방송콘텐츠 상품 생산의 위험 부담을 외주제작사에 전가하려 하고, 외주제작사는 정해진 예산 내에서 제작비를 집행하려 한

다. 그러나 방송사는 적은 제작비로 최고의 성과를 얻기 위해 A급 생산 요소를 결합하여 콘텐츠를 생산해야 하기 때문에 외주제작사에게 이를 요구하게 된다. 이러한 맥락에서 A급 생산 요소의 결합으로 인해 발생하는 제작비 상승 요인은 모두 외주제작사에 전가되는데, 이것이 승무원 구성의 특성으로 인해 발생하는 방송제작 산업에서의 구조적인 불공정 거래 행위의 대표적 사례이다.

불공정 거래 유형 중에서 제작 관행으로부터 비롯되는 이슈들을 정리한 결과는 〈표 5-2〉와 같다. 제작 관행으로부터 발생하는 불공정 거래 사례는 계약서 내용에서 언급되지 않은 상황이 발생했을 경우에 업계의 관행에 따라 해결하는 과정에서 그 피해가 외주제작사에게 전가되는 문제이다.

제작 관행으로부터 발생하는 불공정 거래 유형 중에서 방송사에서 외주제작사로 파견된 생산 요소(연출자와 카메라맨)들의 지위 남용으로 인해 불공정 거래가 발생하는 것은 방송산업의 구조적인 문제이다. 외주제작 형식으로 방송콘텐츠 상품을 생산하는 경우, 방송사는 완성품의 품질을 제고하기 위하여 A급 생산 요소를 결합하도록 유도하지만 여건이 여의치 않을 경우, 방송사에서 보유하고 있는 생산 요소를 파견하거나 방송사에서 특정 생산 요소의 결합을 추천하는 경우가 있다. 이러한 경우, 파견된 생산 요소는 외주제작사에 소속된 직원이 아니기 때문에 외주제작사의 인센티브 극대화를 위해 일할 필요가 없다. 파견 인력은 그 성과에 따라 평가를 받기 때문에 최선을 다해 자신의 전문성을 투입해 성과를 극대화하고자 한다. 외주제작사에서 조직한 프로젝트 기반 조직의 구성원이 된 방송사 소속 파견 인력은 프로젝트의 성공만이 최선의 전략이자 목표이고, 외주제작사에서 쓸 비용 등의 문제는 고민하지 않는다. 따라서 A급 작가와 출연자를 캐스팅하려 하고 제작 일정을 넘어서는 촬영을 진행하는 등 제작비 초과 지출을 마다하지 않는다. 필요 이상의 장비와 인원을 활용하여 외주제작사의 제작비 부담을 가중시킬 수 있다. 즉 방송사에서 파견된 생산 요소는 조직의 목적보다 개인의 목적이 우선할 수 있기 때문에 프로젝트 기반 조직에서 발생할 수 있는 도덕적 해이와 기회주의에 빠질 가능성이 있다. 특히 외주제작사는 방송사에서 파견받은 생산 요소를 적절하게 통제할 수 없는 경우가 많다. 따라서 이러한 불공정 거래는 쉽게 해결의 실마리를 찾지 못하고 더욱 심화되면서 방송제작 산업에서 구조화되어 가고 있는 추세이다.

계약 관행의 문제

방송콘텐츠 상품의 장르와 관계없이 일반적으로 완제품을 생산하는 데 투입되는 생산 요소들의 계약 흐름도를 그림으로 표현하면 〈그림 5-1〉과 같다. 〈그림 5-1〉은 외주제작 형식의 프로젝트 기반 조직의 생산 구조를 나타낸 것이다. 대개 미술 부문을 담당하는 방송사 계열사는 방송사와의 거래 조건을 기초로 하여 방송사와 계약 관계를 바탕으로 프로젝트에 참여하지만 그 외의 작가, 개별 출연자, 스태프, 용역 회사 들은 모두 외주제작사와 계약 조건을 합의하여 프로젝트에 참여한다. 그러나 외주제작사가 작가와는 집필 계약서, 출연자

그림 5-1 | 외주제작 방식의 방송제작 산업의 계약 흐름도

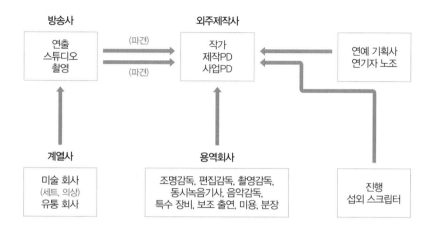

와는 출연 계약서, 스태프들과는 고용 계약서를 철저히 체결하고 그 내용에 따라 철저히 이행해야 하지만 실상은 그렇지 못하다. 가장 흔한 예로 방송 대중음악 장르에는 음악인들의 출연 조건이나 프로그램명, 그리고 출연에 따른 권리 의무 관계를 명기한 출연 계약서 자체가 존재하지 않는 경우가 많다. 최근 대중음악 콘텐츠가 다양해지면서 장기적으로 반복 출연해야 하는 경우에는 그 조건을 명기한 계약을 하는 경우가 있는 것으로 파악되지만, 전통적인 가요 순위 프로그램이나 일회적으로 출연하는 음악 프로그램의 경우는 출연하기 이전에 계약을 체결하지 않는 경우가 대부분이고, 이러한 조건에 부합하는 계약서 양식이 존재하지도 않는다.

대표적인 창조산업인 방송산업은 계약 관계로 이루어지게 된다. 수요가 불확실한 상황에서 프로젝트 기반 조직의 특성으로 완제품을 생산하

는 방송산업에서는 도덕적 해이와 기회주의가 발생할 가능성이 높기 때문에 옵션 계약option contract을 하는 것이 유리하다. 작가, 연출자, 주요 출연자들은 방송콘텐츠 기획 단계에서 계약금을 먼저 지급받는 경우가 많다. 또한 계약금은 프로그램이 성공했을 때를 상정하여 기준으로 삼는 경우가 많다. 따라서 제작자는 프로그램이 성공해야 본전이기 때문에, 성공을 하여 발생한 이윤을 재투자할 기회를 얻기가 힘들어진다. 경우에 따라서는 선지급된 계약금이 생산 요소들의 도덕적 해이를 유발하기도 한다. 따라서 기본 계약금과 성공 수당을 구분하여 계약하는 옵션 계약이 생산 요소들의 도덕적 해이를 방지할 수 있는 방법이 될 수 있다. 하지만 조명, 편집, 음악, 특수효과 및 장비, 보조 출연과 같은 스태프들의 경우는 콘텐츠 생산자와 자신들의 근로조건과 권리, 의무 사항을 꼼꼼하게 수록한 계약서를 작성하지 못하는 경우가 많다는 것이 더 큰 문제이다.

방송제작 산업에서 불공정 거래 관행이 발생하는 원인을 제거하기 위해서는 방송사와 외주제작사 간 체결하는 현행 계약서 내용을 보충하고 계약 체결 시점과 같은 계약 관행을 개선해야 한다. 계약서 내용이 잘 정리되어 있더라도, 프로그램 제작이 끝난 시점이나 심지어 방송이 종료된 시점에 계약 체결이 이루어진다면 현실적으로 계약서에 따른 제작이 진행되기는 어려울 수밖에 없다. 특히 계약서에 명기된 조항에 대해서도 불공정 행위가 발생하는 이유는 계약서보다 업계의 관행을 우선하는 제작 관행 때문인데, 이러한 경우 계약 불이행에 대한 처벌 조항을 강화하고 집행력을 강화하는 방식으로 해결해야 한다.

먼저 방송제작 산업의 특성상 제작 계약을 예약과 본계약으로 나누어 작성하는 방법을 생각해 볼 수 있다. 선제작 후계약이 관행으로 되어 있는 방송제작 산업의 특성상, 본계약이 체결되는 시점에서 발생하는 불공정 거래 행위를 방지하기 위해서는 구두 합의 시점에 제작비 규모는 물론 본계약 체결 시 반드시 지켜져야 하는 권리와 의무 관계만을 간단하게 명기한 예약을 체결한 이후에 제작을 진행하고 본계약 체결 시에 예약 내용을 그대로 반영하도록 해야 한다. 이와 같은 방식을 토대로 선계약 후제작 관행의 기틀을 만들어 나가야 한다. 또한 본계약 내용 중에서 계약 해지나 손해배상 조항은 불공정 거래가 발생하는 원인들을 세부적으로 보충하고 불이행에 대한 책임을 실제로 집행하도록 하는 관행을 정립해야 한다.

이러한 현실적인 대안들이 현장에서 받아들여지지 않는 이유는 지상파방송사의 편성을 받기 위한 외주제작사 간 경쟁이 치열하기 때문에, 그리고 외주제작사의 인력 구성이 지상파방송사에서 이동한 생산 요소로 이루어져 있어 동료애와 의리를 중시하는 분위기 때문이다. 따라서 계약을 중심으로 하는 프로젝트 기반 조직이 구성되지 못하는 경우가 대부분이다. 우리의 방송산업은 수직적으로 해체는 이루어져 있지만, 수직적 해체 구조가 갖는 장점을 효율적으로 만들어 낼 수 있는 메커니즘을 구성하지는 못하고 있다. 이와 관련하여, 2013년 8월에 문화체육관광부가 주축이 되어 작성, 공포한 '표준출연 계약서'와 '표준제작 계약서'가 있지만 아직까지 현장에 적용된 사례가 한 번도 없다는 사실에 주목할 필요가 있다.

연기자 배용준이 〈태왕사신기〉에 출연하면서 1억 원의 출연료와 1억 원의 러닝 개런티running guarantee를 받는 옵션 계약을 하여 회당 최대 2억 원의 수입을 올렸다고 해서 화제가 된 적이 있다. 최고의 인기를 구가하고 있는 배우 장동건도 〈신사의 품격〉에 출연하면서 배용준과 같은 1억 원의 출연료를 받았다. 〈이브의 모든 것〉 이후 12년 만에 방송 드라마에 출연한 것임에도 당대 최고의 출연료를 받은 것이다. 하지만 냉정하게 말하면, 불합리한 가격 결정이라고 할 수 있다. 장동건은 방송 드라마에 출연하지 않는 동안 몇 편의 영화에 출연했는데 같은 기간 영화에 출연한 다른 배우에 비해 놀랄 만한 성과를 올리지는 못했다. 같은 맥락에서 같은 시기에 방송 드라마에 출연하여 최고의 성과를 올린 연기자들도 1억 원의 출연료는 받지 못하는 것이 현실이다. 하지만 오랜 기간 동안 방송 드라마에 출연하지 않아 수요가 극도로 불확실한 상황에서도 A급 연기자인 장동건이 배용준과 같은 출연료를 받았다는 것은 시사하는 바가 크다.

A급 생산 요소의 가격은 상호작용하는 특징이 있다. 즉 동일한 직종의 A급 생산 요소의 가격은 같은 직종의 다른 생산 요소의 가격 형성을 결정한다. 경쟁 관계에 있는 A급 생산 요소 중에서 특정 생산 요소의 가격이 상승하면, 다른 A급 생산 요소의 가격도 동반 상승한다. 이러한 특징을 '시소 효과seesaw effect'라 한다. 시소 효과로 인하여, 특정 생산 요소의 가격이 상승하면 마치 시소 놀이를 하는 것처럼 다른 생산 요소의 가격은 자동적으로 상승한다. 따라서 A급 생산 요소의 가격 곡선은 지속적으로 상승하게 될 것이다.

그러나 다른 한편에서는 출연료를 받지 못하는 생산 요소가 존재한다. A급 생산 요소의 경우, 계약과 동시에 요소비용을 일시불로 선지급받는 경우도 있다. 불확실한 제작 환경에서 위험을 부담하지 않으려는 전략이다. 하지만 가격 협상력이 약한 B급 생산 요소의 경우는 여건이 다르다. A급 생산 요소의 경우는 공급곡선이 비탄력적이며 대체재를 구하기가 어려운 반면, B급 생산 요소의 경우는 대체재 구하기가 용이한 동시에 공급 경쟁이 치열하다. 이러한 상황에서 B급 생산 요소는 가격 경쟁을 해야 하는 상황도 발생한다. 따라서 선금을 받고 출연하는 A급 생산 요소에 비해 B급 생산 요소의 처우는 열악할 수밖에 없다.

외주제작사 입장에서는 주목의 경제로 인해 A급 생산 요소를 결합해야만 하는 상황에서 근본적인 제작비 부담이 발생한다. 방송사와 계약 시점의 문제로 인하여 완성품의 품질을 극대화하기 위해 계약 전 제작을 진행하면서 투자했던 비용을 계약 시점에 인정받지 못하면서도 제작을 중단할 수 없는 상황에 처하게 된다. 이러한 상황에서 제작을 진행하면 할수록 제작비 압박은 더욱 가중되기 때문에 결국 자금력이 열악한 외주제작사들은 B급 생산 요소의 출연료를 지급하지 못하는 환경이 만들어지게 된다. 이와 같은 불공정 상황은 방송콘텐츠 상품이 지니는 주목의 경제와 A급 생산 요소로의 쏠림 현상으로 인하여 방송산업의 구조적인 특성으로 자리매김할 가능성이 크다.

🖊 사례2_ 한예슬 사태

〈스파이 명월〉에 출연 중이던 연기자 한예슬은 예정된 촬영 스케줄을 의도적으로 거부하고 미국으로 떠나 촬영 현장에서 기다리던 전 스태프들이 촬영을 진행하지 못하는 사건이 벌어졌다. 쪽대본, 초치기 제작, 밤샘 촬영 등의 용어가 다시 언론에 오르내리고 가냘픈 한 여배우의 딱한 처지를 이해해야 한다는 의견부터 프로 정신의 부족이라며 핏대를 올리는 목소리까지 다양한 반응들이 나타났다. 한예슬은 〈스파이 명월〉에서 처음으로 혹독한 촬영 현장을 경험한 것일까? 그 이전에 출연했던 작품들은 모두 인간적인 촬영 스케줄이었을까? 〈스파이 명월〉 이전에 출연하여 대성공을 거두었던 〈환상의 커플〉의 촬영 현장도 대동소이하지 않았을까? 그렇다면 왜 한예슬은 〈스파이 명월〉에서만 유독 촬영을 거부했던 것일까?

이러한 질문에는 다양한 답변이 있을 수 있다. 스태프 간의 불화부터 〈스파이 명월〉의 낮은 시청률까지. 하지만 중요한 것은 출연자가 계약을 위반하는 행위를 했다는 것이고 이 문제를 어떻게 해결하느냐에 따라 후속 사건들이 발생할 가능성에 영향을 미치게 된다는 점이다. 만약 〈스파이 명월〉의 낮은 시청률이 주요 원인이었다면, 방송산업의 예술가 정신과는 반대되는 프로젝트 기반 조직의 기회주의와 도덕적 해이의 문제라고 볼 수 있다. 방송 드라마는 한번 떨어진 시청률을 회복하기가 어렵다. 특히 동시간대에 치열하게 경쟁하는 드라마가 있는 상황에서, 경쟁에서 한번 밀리면 역전하는 것은 사실상 매우 어렵다. 따라서 낮은 시청률을 기록하고 있는 프로그램에 출연하는 연기자는 보다 더 최선을 다해 성과를 회복하고자 노력하기보다는 포기하고 새로운 작품을 준비하여 명예를 회복하는 전략을 세울 수 있다. 이러한 경우, 현재 진행하고 있는 프로그램에 대해서는 최선을 다하지 않는 도덕적 해이가 나타날 수 있다.

반면에 살인적이라고 할 수 있는 촬영 스케줄이 문제라면, 이는 프로젝트 기반 조직에 결합된 생산 요소들 간 직종의 차이로부터 발생하는 입장 차이와 연기자로 하여금 최선을 다할 수 없게 만드는 제작 환경의 문제라고 해석할 수 있다. A급 연기자로 평가받는 한예슬은 자신이 출연하는 드라마에 최선을 다하는 예술가 정신으로 충만하다. 그러나 작가나 연출자도 예술가 정신으로 무장되어 있다. 따라서 작가는 자신이 흡족할 때까지 지속적으로 대본을 수정하면서 정해진 촬영 시간에 대본을 보내 주지 않는다. 연출자는 빠듯하게 도착한 대본을 가지고 자신이 소비할 수 있는 최대한의 시간을 촬영에 할애한다. 배우, 그것도 여배우의 입장에서는 시청자들에게 보이는 연기는 물론 외모도 중요하다. 작품의 완성도에는 작가의 대본과 연출자의 연출 행위가 중요하지만 그것이 표출되는 방식은 결국 연기자의 연기로 귀결되기 때문에, 배우 입장에서는 최선의 상태에서 시청자에게 보이기를 희망한다. 현재의 방송제작 환경에서 이러한 연기자의 예술가 정신은 작가나 연출자의 완력으로부터 피해를 볼 수밖에 없는 처지에 있다. 결국 연기자가 선택할 수 있는 마지막 방법은 촬영을 거부함으로써 자신에게 유리한 제작 방식을 형성하도록 경고하는 것이다.

과연 한예슬이 선택한 행동의 이유는 어디에 있었을까?

참고문헌

노동렬(2008), 수직적으로 해체된 드라마 시장에서의 전략적 생산 요소 결합 방식에 관한 연구,『미디어경제와 문화』, 7-50쪽, SBS.

노동렬·장용호(2008), 드라마 산업의 수직적 해체와 생산 요소 시장의 부상 과정, 『방송문화연구』, 155-87쪽, KBS 한국방송.

장용호 외(2004),『디지털 문화 콘텐츠의 생산, 유통, 소비 과정에 관한 모형』, 정보 통신연구원.

Caves, Richard E.(2000), *Creative Industries: Contracts Between Art and Commerce, Cambridge*, Mass: Harvard University Press.

Hurwicz, Leonid(1973), "The Design of Mechanism for Resource Allocation", *American Economic Association*, 63(2), pp.1-30.

6장 배송의 이념

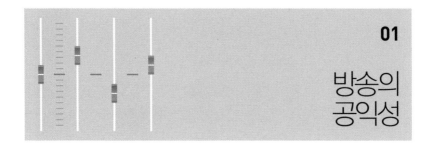

방송의
공익성

미국의 통신법은 "직접 또는 중계국의 중계를 통해 공중이 수신하는 무선통신의 전달"이라고 방송을 정의하고 있다. 영국은 1988년 저작권, 디자인, 특허법에서 방송을 "일반인이 합법적으로 수신할 수 있도록 또는 일반인에게 제공될 것을 목적으로 한 시각적 영상, 음성, 그 밖의 정보의 무선통신의 송출"로 정의한다. 여기에는 라디오, 텔레비전, 전신, 전화가 포함된다. 일본의 경우 "공중에 의해 직접 수신되는 것을 목적으로 하는 통신"으로 방송을 정의한다. 한국에서는 방송법 2조 1항에서 방송을 다음과 같이 규정하고 있다.

'방송'이라 함은 방송 프로그램을 기획·편성 또는 제작하여 이를 공중(개별 계약에 의한 수신자를 포함하며, 이하 '시청자'라 한다.)에게 전기통신설비에 의하여 송신하는 것으로 다음 각각의 것을 말한다.

가. **텔레비전방송**: 정지 또는 이동하는 사물의 순간적 영상과 이에 따르는 음성·음향 등

으로 이루어진 방송 프로그램을 송신하는 방송.

나. **라디오방송:** 음성·음향 등으로 이루어진 방송 프로그램을 송신하는 방송.

다. **데이터방송:** 방송사업자의 채널을 이용하여 데이터(문자·숫자·도형·도표·이미지 그 밖의

정보 체계를 말한다.)를 위주로 하여 이에 따르는 영상·음성·음향 및 이들의 조합으로 이

루어진 방송 프로그램을 송신하는 방송.(인터넷 등 통신망을 통하여 제공하거나 매개하는 경우

를 제외한다. 이하 같다.)

라. **이동멀티미디어방송:** 이동 중 수신을 주목적으로 다채널을 이용하여 텔레비전방

송·라디오 방송 및 데이터방송을 복합적으로 송신하는 방송.

2013년 2월, 박근혜 정부 출범에 앞서 정부 조직 개편안을 두고 사회적
으로 논쟁이 일었다. 대통령직인수위원회와 여당에서 새로 출범하는 미
래창조과학부에 방송 정책 일부와 방송 진흥 사업 전체를 배정하고, 방
송통신위원회에는 지상파와 종합편성채널 및 보도 PP에 대한 권한만을
남겨 두겠다는 내용 때문이었다. 여야가 미래창조과학부의 방송 정책 이
관과 관련해 논쟁을 벌일 때 한국언론학회, 한국방송학회, 한국언론정보
학회 등 언론 3학회는 긴급 세미나를 통해 새 정부 정책의 위험성을 경고
했다.

〈언론학계 "미래부, 방송 정책 블랙홀 될 것", 언론 3학회 정부 조직 개편 방향 긴급 세미나〉

방송통신위원회의 방송 정책을 독임제 부처인 미래창조과학부로 이관하는 정부 조

직 개편안에 대해 언론학계가 방송의 공적 기능 약화가 우려된다며 비판의 목소리를 냈다.

한국언론학회·한국방송학회·언론정보학회 이하 언론 3학회는 13일 '정부 조직 개편 논의와 방송 정책의 방향'을 주제로 긴급 세미나를 열고 미디어 정책을 독임제 부처가 아닌 합의제 기구가 담당하도록 해야 한다고 목소리를 높였다.

언론 3학회가 공동으로 세미나를 개최한 것은 이번이 처음이다. 강상현 방송학회장은 "공적 영역에 대한 정책을 입안할 때에는 더 신중을 기해야 하는데 현재 논의되는 방향은 그런 기대와 어긋나고 있다."며 공동 토론회를 개최한 배경을 밝혔다.

— 2013년 2월 14일, 기자협회보, 김고은 기자

하지만 이러한 논란의 해답은 방송법에 이미 나와 있다. 방송법 1조에 명시된 방송법의 목적에는 "방송의 자유와 독립을 보장하고 방송의 공적 책임을 높임으로써 시청자의 권익 보호와 민주적 여론 형성 및 국민 문화의 향상을 도모하고 방송의 발전과 공공복리의 증진에 이바지함을 목적으로 한다."라고 명시되어 있다. 따라서 방송을 경제 성장의 수단으로만 보고 방송의 공공성을 후순위에 두어도 된다고 생각하는 것은 방송법의 취지와 부합하지 않는다. 방송법이 "자유와 독립을 보장하고 공적 책임을 높이는" 수단을 통해 "시청자의 권익 보호와 민주적 여론 형성 및 국민 문화의 향상과 방송의 발전, 공공복리 증진에 이바지하는" 목표를 지향한다고 규정하고 있기 때문이다.

총 7조로 구성된 방송법 제1장은 3, 4, 5, 6조에서 각각 시청자의 권익 보호(제3조), 방송 편성의 자유와 독립(제4조), 방송의 공적 책임(제5조), 방송의 공정성과 공익성(제6조)에 대해 규정하고 있다. 또 제78조 2(외국 방송사업자의 국내 재송신 승인 등)에서는 외국 방송사업자의 승인 신청을 받은 경우에는 다음 각 호의 사항을 종합적으로 심사해야 한다고 명시하고 있다.

1. 방송의 공정성·공익성의 실현 가능성
2. 국내 방송 및 영상산업에 미치는 영향
3. 국내 방송 및 영상산업 발전에 대한 기여 정도
4. 문화적 다양성 및 사회적 필요성

영상산업 발전을 위한 외국 사업자의 투자에도 최우선적으로 고려되어야 하는 것이 '방송의 공정성·공익성 실현 가능성'이라는 점은 눈여겨볼 만하다.

그렇다면 왜 방송의 공정성·공익성이 강조되는 것일까? 전파의 공공성, 전파의 희소성, 수탁 개념 때문이다. 전파 자원의 희소성은 디지털 기술의 발달로 인한 다매체 다채널의 구현 때문에 약화되는 것이 현실이다. 그럼에도 방송의 공정성·공익성이 여전히 강조되는 이유는 방송이 과거에 비해 비중은 줄었지만 여전히 공적 자산이기 때문이다. 전파가 공적 자산인 만큼 전파의 희소성이 다소 약해지더라도 사적 이익을 위해 복무하거나 불공정하게 사용되어서는 안 된다.

수탁 개념은 방송이라는 희소한 공공 자원을 공익에 따라 위탁 관리할 책임을 방송사업자에게 부여하는 것이다. 따라서 방송사업자 선정 과정에서는 면허 제도가 도입된다. 게다가 방송의 영향력은 여전히 크기 때문에 더더욱 공정성과 공익성이 중요시된다. 2013년 2월 문화체육관광부 여론집중도조사위원회가 텔레비전방송, 라디오 방송, 인터넷 뉴스, 신문 4대 매체를 대상으로 실시한 여론 집중도 조사 결과에 따르면 보유 매체 전체를 합산한 매체별 여론영향력 점유율 조사에서 텔레비전방송이 48.2%로 가장 높았고 인터넷 뉴스(26.0%), 신문(17.3%), 라디오 방송(8.4%) 순으로 높은 점유율을 보였다. 지상파방송 3사의 여론영향력 점유율이 전체의 절반 가까이 차지한 것이다. 종합편성채널에 진출한 조선일보, 중앙일보, 동아일보, 매일경제 계열의 점유율은 22.3%로 조사됐다. 지상파의 영향력에 이어 4대 종합편성채널 그룹의 점유율도 적지 않은 것으로 나타났다. 특히 정치적 장르를 첨언적으로 다루는 종합편성채널은 선거를 앞두고 예상보다 큰 여론영향력을 미친 것으로 나타났다. 종합편성채널을 인정하지 않겠다던 민주당이 종합편성채널 출연을 허용한 것도 대통령선거 패배 이후의 일이다.

　종합편성채널이 사회적으로 문제가 된 것은 2013년 5월이었다. 5.18광주민주화운동에 북한군이 개입했다는 근거 없는 낭설을 인터뷰까지 인용해 방송한 것이다. 시청자의 눈을 끌고자 하는 종합편성채널의 노이즈 마케팅과 몰역사적 인식 때문이었다는 분석이 지배적이었다. 이는 종합편성채널이 방송의 공공성에서 얼마나 거리를 두고 있는지를 보여 주는 사례라 할 수 있다. 의무 재전송채널 배정과 직접광고 영업 등의 특혜는 누리고 방송의 기본적 책무는 방기하는 행태로 인해 종합편성채널 특혜 폐지, 심지어 면허 취소 등의 주장도 제기되었다.

〈TV조선·채널A, '5.18 왜곡' 파문… "종합편성채널 특혜 폐지하라."〉

TV조선, 채널A 등 종합편성채널의 5.18광주민주화운동 왜곡 보도와 관련, 후폭풍이 거세다. TV조선 〈장성민의 시사 탱크〉와 채널A 〈김광현의 탕탕평평〉이 5.18광주민주화운동이 북한의 기획과 작전으로 일으킨 폭동인 것처럼 왜곡 방송한 이후 시민단체들이 민형사상 소송을 검토하는 등 파문이 확산되고 있다.

민주언론시민연합(민언련)은 지난 20일 전국 민언련 공동성명을 내어 "이번 방송 사태는 민주주의 역사를 왜곡하려는 수구 보수 세력과 이들을 적극 대변해 온 종합편성채널의 합작."이라면서 "우리는 반사회적이고 반역사적인 프로그램을 내보낸 두 종합편성채널의 허가를 취소할 것을 방송통신위원회에 강력히 촉구한다."고 밝혔다. 민언련은 "미디어법 날치기로 탄생한 종합편성채널에의 출연 금지를 아무런 정당성도 없이 슬그머니 해제하고 민주당 지도부들이 앞장서서 종합편성채널에 출연해 온 것에 대해 국민 앞에 공개 사과하라."고 주장했다. 이희완 민주언론시민연합 사무처장은 "이번 '5.18 왜곡 보도'에 대해 TV조선과 채널A의 책임을 묻기 위한 캠페인이 필요하다."면서 "원로 언론인들과 함께 캠페인 등을 벌여 2개 채널에 대한 허가 취소를 방통위에 압박할 계획."이라고 말했다. 이 사무처장은 "다른 언론단체와도 연대를 통해 이 같은 캠페인을 확산시켜 나갈 방침."이라고 덧붙였다.

추혜선 언론개혁시민연대 사무총장도 "TV조선과 채널A의 5.18 왜곡방송은 차마 입에 담기 어려울 정도의 수준 낮은 방송."이라면서 "이 정도로 '노이즈 마케팅'을 해야 주목을 받을 수 있는, 미래가 보이지 않는 종합편성채널의 위기감이 반영된 결과."라고 혹평했다. 추 사무총장은 "종합편성채널 승인 당시 특혜 논란을 비롯한 문제점과 개국 이후 종합편성채널의 각종 편파 보도 등을 종합해 재허가 심사 때까지 다른 언론 단체들과 지속적인 여론전을 펴 나갈 계획."이라고 강조했다. (…)

— 2013년 5월 21일, 미디어오늘, 민동기 기자

그렇다면 방송의 이념이 언론의 이론과 어떻게 연관되는지 살펴볼 필요가 있겠다. 미국의 언론학자인 시버트Fred S. Siebert, 피터슨Theodore Peterson, 슈람Wilbur Schramm은 세계 여러 나라의 언론 체제에 관한 이론들을 그 역사적 변천 과정에 따라 권위주의 이론authoritarian theory, 자유주의 이론libertarian theory, 공산주의 이론Soviet communist theory 및 사회책임이론social responsibility theory으로 나누었다. 권위주의 이론은 권위주의 언론 제도의 정당화를 위한 논리로, 미디어를 민간이 운영토록 하면서도 반드시 국가나 정부로부터 허가를 받도록 하며 또한 국가기관에서 미디어의 내용을 검열해, 만약 그 내용이 해당 국가나 집권자들의 통치 이념과 시책 등에 어긋날 경우 허가를 취소하거나 그 책임자를 처벌하는 논리이다. 이 이론에 의하면, 국가의 통치 이념이나 정책은 곧 진리이며 이러한 진리를 대중에게 전달, 전파하는 것이 곧 미디어의 기본 기능이다. 따라서 미디어는 국가로부터 허가를 받은 자만이 운영해야 하고 그 내용은 국가의 통치 이념이나 정책에 일치해야 한다는 것이 이 이론의 요체이다. 과거에 서양의 거의 모든 국가가 이 이론을 근거로 미디어를 통제했고, 17세기 이후 여러 국가에서 자유주의 이론을 채택하게 됐다. 그러나 현재도 일부 독재국가에서는 이러한 이론에 근거, 권위주의 언론 제도를 채택하여 언론을 통제하고 있다.

자유주의 이론은 로크John Locke와 루소Jean-Jacques Rousseau의 계몽주

의를 근원으로 한다. 즉 인간은 자유롭고 합리적인 존재로 자신의 판단에 의해 옳고 그름을 가릴 수 있다는 것을 전제로 한다. 따라서 언론은 정부로부터 아무런 제약 없이 '자유로운 사상의 시장free market place of idea'으로서의 역할을 해야 한다는 것이다. 그러나 자유주의 이론은 인간의 합리성에 대한 회의와 함께 비판받으면서 그 대안으로 사회책임 이론이 대두됐다. 사회책임 이론은 언론의 4대 이론 중 가장 최근에 대두된 것으로, 언론은 정부로부터 자유로우면서도 국민에 대해서는 책임을 져야 한다는 내용이다.

공산주의 이론이 권위주의 이론의 변질된 상태라고 한다면 사회책임 이론은 자유주의 이론의 수정안이라고 할 수 있다. 사회책임 이론이 대두하게 된 배경에는 정치적으로나 경제적으로 거대해진 언론이 공중에 대한 봉사보다는 언론 자신의 이익을 위해 특정 집단과 밀착하고 지엽적 문제를 선정적으로 다루어 국민의 관심을 오도한다는 비판과 우려가 깔려 있었다. 일부 국가에서 사회책임 이론을 받아들여 언론 체제의 개혁에 반영했는데, 그 대표적 실례 중 하나가 상업방송들의 공영화였다. 그러나 이 이론은 자칫하면 언론에 대한 정부의 통제를 강화해 언론 자유를 제한할 우려가 있다는 비판을 받게 됐으며 이는 구체적으로 언론에 대한 접근권access, 경영의 공영화, 각 계층을 위한 소규모 매체 또는 지역 매체의 개발 등으로 나타나는데 매퀘일은 이를 민주적 참여 이론democratic participation theory이라고 부르고 있다.(매스컴 대사전, 1993)

이렇게 언론에 대한 이론의 발전 과정만 봐도, 방송의 이념 역시 사회책임 이론에 따라 공익성의 색깔이 강해짐을 알 수 있다. 따라서 전파의 희소성, 유한성이 약화되더라도 방송의 공공성은 여전히 중요하며 사회적인 영향력에 공적인 책임이 따른다는 사실을 명심해야 한다.

방송법에 나타난
방송사의 이념

        방송법은 방송의 이념과 제도 운영 등 방송에 대한 철학과 실질적인 집행에 관해 규정하고 있다. 방송법 제1장 총칙의 제1조는 목적을, 제2조에서는 용어의 정의를, 제3조에서는 시청자의 권익 보호에 대해 논하고 있다. "방송사업자는 시청자가 방송 프로그램의 기획·편성 또는 제작에 관한 의사 결정에 참여할 수 있도록 해야 하고, 방송의 결과가 시청자의 이익에 합치하도록 해야 한다."는 이 규정에 의해, 이사회에 시청자 단체 대표가 참석하거나, 보도국 옴부즈맨으로 시청자를 대신해 학자 혹은 전문가가 참여한다. 2012년 5월 KBS 뉴스 옴부즈맨의 전원 사퇴 사건은 방송법 제1장 제3조 '시청자의 권익 보호'가 어떻게 보장되어야 하는지, 시청자의 권익이 얼마나 제한적으로 반영되고 있는지 극명하게 보여 준다.

〈KBS 옴부즈맨 위원 6명 사퇴… "구조적 한계에 참담함"〉

새 노조의 파업이 장기화되고 있는 가운데 KBS 옴부즈맨 위원들이 전원 사퇴했다.

김경희(한림대), 김세은(강원대), 윤태진(연세대), 이승선(충남대), 임종수(세종대), 장하용(동국대) 교수 등 옴부즈맨 위원들은 19일 KBS에 사퇴의 뜻을 전달했다.

이들은 이 날짜 '사퇴의 변'을 통해 "각자의 전문성을 바탕으로 KBS 뉴스의 질적 향상과 공정성 제고를 위하여 노력해 왔다."며 "하지만 출범 후 7개월 동안 애초에 지향했던 목표에 단 한 발자국도 가까이 나아가지 못해 자괴감과 참담함을 느낀다."고 밝혔다.

또 "KBS 보도국은 옴부즈맨을 건설적 비평을 하는 전문가로 보지 않았다."며 "옴부즈맨들이 한 사람의 시청자 관점에서 KBS뉴스를 평가해 제시한 의견도 제대로 수용하려 하지 않았다."고 주장했다.

이들은 "옴부즈맨으로서의 역할을 효율적으로 수행할 수 없게 만드는 KBS의 구조적 한계에 참담함을 느낀다."면서 "나아질 수 있는 희망이 보인다면 개선을 위해 노력을 하겠지만 그런 희망조차 가질 수 없는 것이 지금 우리의 현실이라고 판단했다."고 사퇴의 배경을 설명했다.

옴부즈맨 회의를 통해 여러 차례 문제를 개선하려고 했지만 동일한 문제점이 지속적으로 반복됐다는 것이 이들의 지적이다.

이들은 △KBS가 자사의 이익을 보호하려는 보도 관점에서 벗어날 것과 △KBS에게 유리한가 불리한가 여부를 떠나 언론계에서 빚어지고 있는 여러 현안들을 있는 그대로 보도할 것 △우리 사회의 크고 작은 갈등의 소리들에 귀를 더 기울일 것 등을 KBS에 호소했으나 KBS는 귀 기울이지 않았다고 설명했다.

옴부즈맨 위원들은 "주어진 소임을 다하지 못하고 사퇴하는 마음이 편치 않다."며 "이번 결정이 KBS보도국의 안일함을 깨우는 작은 자극이 되어 KBS 뉴스가 모든 시청자로부터 사랑과 신뢰를 받기를 소망한다."고 덧붙였다.

— 2012년 5월 20일, '서울=뉴스1', 박상휘 기자

방송법 제1장 제4조에서는 방송 편성의 자유와 독립 보장에 대해 규정하고 있다. "누구든지 방송편성에 관하여 이 법 또는 다른 법률에 의하지 아니하고는 어떠한 규제나 간섭도 할 수 없으며 방송사업자는 방송편성 책임자를 선임하고, 그 성명을 방송 시간 내에 매일 1회 이상 공표하여야 하며 방송편성 책임자의 자율적인 방송편성을 보장하여야 한다. 또한 종합 편성 또는 보도에 관한 전문 편성을 행하는 방송사업자는 방송 프로그램 제작의 자율성을 보장하기 위하여 취재 및 제작 종사자의 의견을 들어 방송편성 규약을 제정하고 이를 공표하여야 한다."고 규정하고 있다.

방송법 제1장 제5조에서는 방송의 공적 책임에 대해 규정하고 있다. 방송은 인간의 존엄과 가치 및 민주적 기본 질서를 존중하여야 하며(1항), 국민의 화합과 조화로운 국가의 발전 및 민주적 여론 형성에 이바지하여야 하며 지역·세대·계층·성별 간의 갈등을 조장하여서는 아니 된다(2항). 또한 방송은 타인의 명예를 훼손하거나 권리를 침해하여서는 아니 되며(3항), 범죄 및 부도덕한 행위나 사행심을 조장하여서는 아니 된다(4항). 방송은 건전한 가정생활과 아동 및 청소년의 선도에 나쁜 영향을 끼치는 음란·퇴폐 또는 폭력을 조장하여서는 아니 된다(5항).

방송법은 또한 방송의 공정성과 공익성에 대해서도 규정하고 있다. 공

정성이란 어느 한쪽에 편파적으로 치우치지 않는 균형과 옳고 그름에 대한 바른 판단을 전제로 한다. 공익성은 방송이 사익에 기울지 않고 공적인 이익에 부합되게 복무해야 한다는 이념이다. 방송법 제1장 제6조에서는 방송에 의한 보도는 공정하고 객관적이어야 한다(1항)고 규정하고 있다. 공정성과 객관성은 누가 뭐라 해도 방송 이념의 중요한 축이라 할 수 있다. 개념적으로 객관성이란 "감정에서 초월해 사실과 의견을 분리하여 보도하려는 노력."이라고 정의할 수 있다. 셔드슨Michael Schudson은 객관성이란 "사실을 신뢰하고 가치를 불신하며 양자를 분리하는 것."이라고 정의하기도 한다.(Schudson, 1995) 어떤 사람들은 객관성이란 하나의 신화이자 이상에 불과하며 실천 불가능한 개념이라고까지 말하기도 한다. 베스테르스톨Jörgen Westerståhl은 객관성이라는 개념을 다시 '사실성factuality'과 '불편부당성impartiality' 차원으로 구분해서 설명하고 있다.(Westerståhl, 1983) 사실성은 다시 '진실성truth'과 '적절성relevance'으로 구성되며, 불편부당성은 '균형성balance'과 '중립적 제시neutral presentation'로 구성된다. 제6조에서는 또한 방송은 성별·연령·직업·종교·신념·계층·지역·인종 등을 이유로 방송편성에 차별을 두어서는 아니 된다(2항)고 규정하고 있으며, 방송은 국민의 윤리적·정서적 감정을 존중하여야 하며 국민의 기본권 옹호 및 국제 친선의 증진에 이바지하여야 한다(3항)고 정하고 있다. 방송은 국민의 알 권리와 표현의 자유를 보호·신장하여야 하며(4항), 상대적으로 소수이거나 이익 추구의 실현에 불리한 집단이나 계층의 이익을 충실하게 반영하도록 노력하여야 하고(5항), 지역사회의 균형 있는 발전과 민족문화의 창달에 이바지하여야 한다(6항)고 규정한다. 방송은 사회교육 기능을 신장하고 유익한 생활 정보를 확산·보급하며, 국민 문화생활의 질적 향상에 이바지하여야 하며 (7항), 표준말의 보급에도 이바지하여야 하며 언어 순화에 힘써야 하고(8항), 정부 또는 특정 집단의 정책 등을 공표함에 있어 의견이 다른 집단에게 균등한 기회가 제공되도록 노력하여야 하고, 또한 각 정치적 이해 당사자에 관한 방송 프로그램을 편성함에 있어서도 균형성이 유지되도록 하여야 한다(9항)고 명시했다.

방송법에 나타난 주요 이념은 소수자를 대변하는 법적 논리가 강하게 반영된 특성을 가진다고 할 수 있다. 전체적으로 국민, 민족의 정서와 감정을 존중하면서도 지역사회, 소수집단, 의견이 다른 집단 등이 전체에서 차지하는 비중이 크지 않더라도 그런 이유 때문에 방송에서 차별이나 소외받아서는 안 된다고 규정하고 있다. 힘 있는 다수의 논리가 과잉 재현되는 것은 균등하다기보다는 불균등하다는 것이다. 이러한 공정성과 공익성의 실천을 통해서 방송의 자유와 독립을 보장하고 방송의 공적 책임을 높임으로써 시청자의 권익 보호와 민주적 여론 형성 및 국민 문화의 향상을 도모하고 방송의 발전과 공공복리의 증진에 이바지할 수 있다는 것이다(제1조).

'BBC 프로듀서 가이드라인'에서도 BBC의 중심에 공정성이 자리 잡고 있으며 그것은 핵심적인 가치로 어떤 프로그램도 이 개념에서 벗어날 수 없다고 규정하고 있다. 즉 공정성이란 '프로그램 제작자가 편견을 갖지 말아야 하고 공정해야 하며 진실을 존중해야 한다'는 개념으로 정의한다. 그렇다고 공정성이란 말이 모든 이슈에서 절대적으로 중립을 지켜

야 한다거나 기본적인 민주적 원칙에서 초연해야 함을 요구하는 것은 아니다.(BBC, 1996)

논란이 되는 공공정책이나 정치·경제적 문제를 다루는 프로그램은 공평하고 정확하며 진실을 존중하기 위해 공정성을 지켜야 한다. 어떤 프로그램이든 정당한 이유가 있다면 특정한 입장을 반영하는 주제를 다룰 수 있다. 논쟁이 있는 사안에서 어느 한편의 입장을 보도할 수도 있다. 그러나 그것은 공정하고 완벽해야 한다는 것이다. 이론이 있다면 소개되어야 하며 반대 견해가 잘못 전달되어서는 안 된다. 프로그램 제작자에게 핵심적인 것은 주제에 공정해야 하고 반론권의 의무를 충족시켜야 한다는 것이다.

2008년 이후 KBS와 MBC의 시사 프로그램이 극도로 위축되고 있는데, 이것은 치밀한 게이트키핑이 작용한 결과다. 현장 PD들의 증언에 따르면, 간부들은 예민한 아이템은 시청률이 나오지 않는다고 허락하지 않고 출연자의 성향만으로 촬영한 인터뷰를 편집하기도 했다. 심지어 중립적이어야 한다는 이유로 정부 시책에 반대되는 논조의 인터뷰를 공정하지 않다고 몰아세우기도 했다. 뉴스 역시 공평해야 하고 넓은 범위를 다루어야 하며 충분한 정보를 주어야 한다고 규정한다. 정치·경제적으로 논란이 되는 문제를 보도하는 데 있어서는 상이한 주요 입장들을 비중 있게 다루어야 하며 편집권을 갖고 있는 사람은 다양한 입장이 한 프로그램이나 한 아이템 내에서 소화되는 것이 적절한 것인지 결정해야 한다. 기자는 전문성 있고 저널리즘적 판단을 할 수는 있지만 개인적인 의견을 표명할 수 없다. 판단은 통찰력이 있고 공정한 것으로 인정되어야 한

다.(BBC, 1996)

공정성과 관련해서 짚어 보고 싶은 사례가 있다. KBS 2TV의 〈개그콘서트〉가 전 국민의 사랑을 받고 있는데 문제는 출연자들의 언어 사용이다. 꽤 많은 출연자들이 영남 방언을 사용하고 있다. 지상파에서 방언 사용이 금지된 것도 아니고, 서울을 중심으로 한 표준어만 사용하고 지역 방언을 사용하는 사람들이 웃음의 대상이 되었던 시기와 비교한다면, 출연자들이 당당하게 방언을 사용하는 모습이 늘어난 것은 긍정적인 측면이다.

하지만 문제는 균형이다. 〈개그콘서트〉에서 사용되는 방언의 대부분은 영남 방언으로 호남, 충청, 강원 등 여타 지역의 방언들은 거의 들을 수 없다. 직설 화법의 경상도 사투리는 요즘 개그 프로그램의 필수 아이템이며, 경상도 출신 개그맨들이 프로그램을 이끌어 가다시피 하는 것이 원인이라고 한다. 대중문화평론가 정덕현은 "최근 개그 프로그램에 경상도 사투리가 부쩍 많이 등장했으며 대중은 톡 쏘는 직설 화법에 열광한다. 인터넷 언어생활을 통해 대중이 독설에 익숙해졌다. 거칠고 툭툭 던지는 경상도 사투리가 개그 소재로 사용되는 게 대중에게 어필되는 이유다."라며 "권위주의의 상징인 경상도 사투리를 희화화하는 데서 오는 쾌감도 있다."라고 분석했다.(일간스포츠, 2012년 8월 2일) 하지만 예전의 코미디 프로그램을 떠올려 본다면 다양한 지역의 방언들이 균등하게 사용되었다는 것을 알 수 있다. 이러한 특정 지역 방언의 과도한 사용은 방송법이 규정하고 있는 공정성을 생각할 때, 마냥 긍정적으로만 보기 어렵다는 지적에 귀를 기울여야 한다.

03

방송의
사회적 책임과 윤리

매스미디어로서 방송이 가지는 사회적 책임을
인식하여 불량 프로그램, 불량 광고를 배제하고 올바른 자세로 가치 있는
방송을 할 것을 규정한 것이 '방송 강령'이다. 방송 강령은 자율 규제의
원칙에 따라 언론 기관 스스로 제정하여 행동과 활동에 규제를 가하는
규범과 규칙이다. 여기서 자율 규제의 원칙이 강조되는 것은 언론에 대한
외부의 간섭은 언론 자유에 대한 중대한 침해로 규정되기 때문이다. 따라
서 강령을 만드는 주체는 언론 기관 스스로가 된다.

방송 강령의 구조는 크게 세 가지 범주로 나눌 수 있다. 먼저 특정 언론
사의 이념과 편집의 기본 원칙을 제시한 '윤리 강령code of ethics'이 처음
에 위치한다. 둘째, 취재 보도와 프로그램 제작과 관련하여 기자 또는 프
로듀서가 지켜야 할 '행동 준칙code of conducts'이다. 셋째, 실제 보도 및 프
로그램 제작의 지침을 구체화한 '실천 기준(뉴스 가이드라인 또는 프로그램 가이
드라인)'으로 이뤄져 있다. 특히 강령을 채택하고 있는 방송사의 경우 셋째

350 방송학의 이해

사항에 관해 구체적이고 상세한 규정을 담고 있다. 여기에는 심지어 취재, 보도, 프로그램 제작과 관련된 금품 수수, 향응, 공짜 여행, 행사장의 무료입장, 취재원 또는 프로그램 출연자와의 결탁, 허가 없는 기고나 강연 등 취재와 프로그램 제작 과정에서 직면할 가능성이 있는 모든 사항에 대해 매우 세세하고 엄격하게 규제하고 있다. 또한 오보, 표절, 뉴스원의 공개 및 보호에 관한 지침도 대체로 명시되어 있다. 특히 보도 및 프로그램 제작 기준에 관해서는 활자 매체와 비교할 수 없을 정도로 자세한 사항까지 구체적인 규정을 두고 있다. 미국 ABC, CBS, CNN과 영국 BBC의 프로그램 제작 기준 가운데 공통적으로 포함하고 있는 규정 대상 영역을 살펴보면 공공성, 정확성, 범죄 보도, 사생활 침해, 폭력 묘사, 비·저속 언어 사용, 광고 및 PR성 프로그램, 자료 화면의 처리, 테러리스트 보도, 홍보 자료의 처리, 사실과 논평의 분리 등 프로그램 제작 과정에서 직면할 가능성이 높은 매우 광범위한 영역에 걸쳐 구체적인 실천 기준을 제시하고 있다. 우리나라는 1967년 3월, 한국방송윤리위원회가 "방송이 인류의 평화와 사회의 공공복지를 증진시키고, 국민 문화와 생활을 향상시키며, 방송의 품격과 자유를 지키도록 하기 위해" 방송 강령을 처음 제정했다. KBS는 우리나라 방송 사상 처음으로 1990년 1월에 전문과 총강, 그리고 43개항의 KBS 방송 강령을 공표했으며 MBC도 같은 해 4월 전문과 총강으로 된 MBC 방송 강령을 마련했다.(매스컴 대사전, 1993)

KBS 방송 강령의 경우 총강으로 7개의 개념을 설정해 놓고 있다. 자유, 책임, 독립, 방송의 공정성, 인권의 존중, 정정, 품위에 관한 구체적인 내용을 담고 있다. 구체적으로는 민족 고유의 전통 예술을 계승·발전시키며 미풍양속을 해치지 않고, 사생활을 최대한 존중하고 정치적으로 중립을 지키며 정치성 군중집회의 경우 인원수 추계와 관련해 오해의 소지가 없도록 카메라 앵글 조작 및 편집에 신중을 기한다. 또한 외부의 금품 향응 제공을 거부하며 품위를 지키고 방송 결과에 대해 책임을 진다는 내용이다. KBS는 방송 강령에 더하여 방송 기준을 공표하기도 했다. 문제는 방송 강령이나 방송 기준이 '구성원들에게 얼마나 현실적으로 작용하고 있느냐'이다. 즉 규정을 만들어 놓는 것과 규정이 구성원에게 내면화되도록 하는 것은 다른 차원의 문제라는 것이다.

최근에 지상파 프로그램에서 담배 피우는 장면을 보기가 어렵게 되었다. 온 가족이 보는 프로그램에 흡연 장면이 노출되는 것만으로 '흡연은 괜찮은 것'으로 인식하게 하는 힘이 있기 때문이다. MBC는 2004년 6월, KBS와 SBS는 이보다 앞선 지난 2002년 12월 자체적으로 드라마 흡연 장면 방송 금지 방침을 천명한 바 있다. EBS의 경우 영화 상영 시 흡연 장면이 나오면 모자이크 처리를 하고 있다. 또한 드라마에서 주인공이 운전 중 손으로 휴대전화를 들고 통화하는 장면, 안전벨트를 매지 않고 운전하는 장면, 열차 없는 철로를 걷는 장면 역시 방송사 자체 심의에서 지적되거나 시청자의 원성을 사기도 한다. 프로그램을 만드는 PD 입장에서는 작품의 기획 의도를 살리기 위해 이 같은 장면이 불가피하다고 항변하기도 하지만, 이러한 장면이 자제되는 이유 역시 방송의 사회적 책임 때문이다. BBC의 프로듀서 가이드라인에서도 심각한 폭력, 노골적인 성적 묘사, 테러리스트나 범죄자와의 인터뷰, 명예훼손, 비속어의 사용, 비밀 촬영 등에 대해서 자세히 안내하고 있으며 가이드라인이 정하고 있는 범위를 넘어서서 제기되는 문제는 반드시 상급자와 협의해야 한다고 규정하고 있다. 특히 흡연과 음주에 대해서는 청소년에게 유해한 습관을 고무시킬 수 있는 위험성과 대중의 삶을 현실감 있게 반영하고자 하는 필요성 사이에서 균형을 맞추어야 한다고 제안하고 있다. 안전벨트에 대해서는 운전자와 승객은 모두 안전벨트를 착용해야 하며 특별한 사유가 없는 한 법을 준수하고 있음을 보여 주어야 한다고 규정하고 있다.(BBC, 1996)

필자가 언론사 입사를 하면서 자주 받았던 면접 질문으로 이런 것들이 있었다. '재난이나 화재로 인해 고통에 빠져 있는 사람을 보았을 때, 취재를 먼저 해야 하는가(사진 기자의 경우 결정적 한 컷), 아니면 그 사람을 고통에서 구해야 하는가?' 고통의 정도와 그 순간의 절체절명성과의 함수관계에 의해, 그리고 보도의 우선과 피해자의 고통의 함수관계 등을 신속하게 계산하여 결정을 내려야 하는 답을 요구하는 질문이었다. 또 '삼풍백화점 붕괴나 성수대교 붕괴 사고 같은 참사에서 부상당한 사람이 들것에 실려 나온다면 곧바로 인터뷰를 해야 하는가, 친구나 친척 또는 대리인을 인터뷰해야 하는가?' 'BBC 프로듀서 가이드라인'은 극심한 고난에 빠져 있는 사람이 있을 때 촬영이나 녹음을 그들의 고통을 가중시키는 방식으로 진행해서는 안 되며 비록 그들이 보도에 협력하거나 보도를 요청했을 경우에도 시청자들이 당황하고 분노할 수 있으므로 상황 설명 시 해설을 덧붙여 오해를 방지하도록 권하고 있다.

방송의 디지털화는 채널의 수를 지속적으로 증가시키는 현상을 가져와 매체 간, 채널 간 경쟁이 점점 더 심화되고 있다. 심화된 경쟁 속에서 시청자를 확보하기 위한 많은 전략을 개발하려고 노력하지만, 전통적으로 시청률을 올리는 가장 손쉬운 방법은 선정성과 폭력성을 가미하는 것이다. 또한 디지털 기술의 발전에 따라 영상 조작이라는 새로운 윤리 문제도 생겨났다.

선정성

선정적인 프로그램이 시청자에게 미치는 영향은 지속적으로 연구 대상이었다. 성적인 내용은 성행위를 활성화 또는 강화할 수 있는 성적 각성sexual arousal을 시청자에게 일으킬 수 있다. 성과 성 가치에 대한 태도 특히 여성에 대한 남성의 태도를 부정적으로 변화시킬 수 있으며 시청자에게 폭력적이고 파괴적인 성적 행위를 학습시키는 부정적 효과를 가져올 수 있다.(Harris & Scott, 2002) 선정적 프로그램이 시청자에게, 특히 어린이와 청소년에게 부정적 영향을 미친다는 지적에 따라 여러 가지 해결 방안이 도입되고 있지만 그 실효성은 의문의 여지가 있는 것으로 보인다.(유홍식, 2003)

'BBC 프로듀서 가이드라인'에서 성적 행동에 대한 묘사는 다음과 같은 규정을 따르도록 정하고 있다.

- 각 장면들은 분명하고 합법적인 편집 방침에 따라야 하며 불필요하게 등장해서는 안 된다.
- 성행위에 관한 진한 묘사나 성관계의 묘사가 성인 시간대 이전에 등장해서는 안 된다.
- 성인 시간대라고 하더라도 모든 성행위 묘사가 용인되는 것이 아니며 제한이 있다.

- 제작자는 많은 시청자들이 동성애의 묘사에 비판적인 입장을 가지고 있다는 것을 명심해야 한다.
- 성폭력이나 사디즘이 담긴 영상 자료는 특히 주의해서 가능한 한 우회적으로 다루어야 한다.

한국의 방송법에서는 제33조(심의 규정)를 통해 "방송통신심의위원회는 방송의 공정성 및 공공성을 심의하기 위하여 방송 심의에 관한 규정(이하 '심의 규정'이라 한다)을 제정·공표하여야 한다."고 정하고 있다. 또한 심의 규정에는 다음 각 호의 사항이 포함되어야 한다고 명시하고 있다.

1. 헌법의 민주적 기본 질서의 유지와 인권 존중에 관한 사항
2. 건전한 가정생활 보호에 관한 사항
3. 아동 및 청소년의 보호와 건전한 인격 형성에 관한 사항
4. 공중도덕과 사회윤리에 관한 사항
5. 양성평등에 관한 사항
6. 국제적 우의 증진에 관한 사항
7. 장애인 등 방송 소외 계층의 권익 증진에 관한 사항
8. 민족문화의 창달과 민족의 주체성 함양에 관한 사항
9. 보도·논평의 공정성·공공성에 관한 사항
10. 언어 순화에 관한 사항
11. 자연환경 보호에 관한 사항
12. 건전한 소비생활 및 시청자의 권익 보호에 관한 사항

13. 법령에 따라 방송광고가 금지되는 품목이나 내용에 관한 사항

14. 방송광고 내용의 공정성·공익성에 관한 사항

특히 제15항 '기타 이 법의 규정에 의한' 방송통신심의위원회의 심의
업무에 관한 사항' 중 제3항에서는 "방송사업자는 아동과 청소년을 보호
하기 위하여 방송 프로그램의 폭력성 및 음란성 등의 유해 정도, 시청자
의 연령 등을 감안하여 방송 프로그램의 등급을 분류하고 이를 방송 중
에 표시하여야 한다."고 규정한다.

폭력성

미디어 폭력에 관한 연구들은 미디어 폭력에 노
출된 시청자들의 반사회적 행동이 증가하고 친사회적 행동은 감소하며
공격성 유발 및 사회적으로 폭력 문화 계발, 정당한 방법보다는 폭력에
호소하는 경향을 증가시킨다는 것을 밝혀 왔다. 미디어 폭력에 관한 연구
결과를 종합해 보면 미디어 폭력이 어린이와 청소년의 공격성과 폭력 행
위의 유일하고 직접적 원인이라는 명백한 증거는 없지만, 미디어 폭력에
대한 노출과 증가된 공격적 행위 간에는 정적 상관관계positive correlation
가 있다는 것이다.(Paik & Comstock, 1994) 따라서 방송에서 폭력적 장면을
방영할 때 신중한 주의가 필요하다. 과거 우리나라 코미디 프로그램에 끊
임없이 등장했던 구타로 인한 웃음이나 드라마의 폭력적인 장면은 시청
자들에게 구타나 폭력에 대한 관용성을 확장시키며, 유사한 가혹 행위를

현실 세계에서 모방하게 만들 위험성이 있다.

'BBC 프로듀서 가이드라인'에서는 뉴스 프로그램의 경우 죽음이나 폭력을 다음과 같은 원칙에 따라 다루도록 권한다.

- 사망자는 존엄하게 다루어져야 하며 특별한 이유가 없는 한 방송해서는 안 된다.
- 클로즈업을 피해야 한다.
- 단지 입수되었다는 이유로 폭력 장면을 사용해서는 안 된다.
- 국내에서 일어났건 해외에서 일어났건 인간의 생명과 고통에 대해 같은 가치를 부여해야 한다.

영상 조작

디지털 기술과 장비의 접목으로 영상의 변형과 조작의 문제가 심화될 것이라는 전망이 대두되었다. 1992년 미국 NBC의 뉴스 프로그램인 〈데이트라인Dateline〉은 충돌 시 GM 트럭의 화재 위험성을 강조하기 위해 보여 준 실험에서 트럭에 의도적으로 화재를 촉발하는 장치를 부착해 실행한 실험 결과를 방송했다. 영상 조작이 발각됨으로써 NBC는 GM에 손해배상을 하였고 시청자에게 사과 방송을 실시했다. 새 천 년을 맞이하면서 뉴욕 타임스퀘어에서 펼쳐진 축하 행사를 보도한 생방송 CBS 저녁 뉴스에서 배경으로 등장하는 대형 전광판 위에 위치한 경쟁사 NBC 로고를 '가상적 이미징virtual imaging' 기법을 사용해 자사 로고로 교체하여 윤리적인 논쟁을 불러일으키기도 했다.

일본 NHK는 히말라야 깊은 산속의 작은 나라 무스탐 제국을 탐사했다며 다큐멘터리를 내보냈다. 험준한 산속이어서 찾아가는 도중에 물이 없어 말이 쓰러져 죽었다고 표현했지만, 사실은 헬리콥터를 타고 편안히 도착한 것으로 밝혀졌다. NHK는 관련자를 다수 경질하고 회장이 회견을 열고 직접 고개를 조아리며 국민에게 사죄했다. 이른바 방송 조작 사건이다.

〈日 NHK 다큐멘터리 조작사실 폭로돼 큰 파문

네팔 무스탐人 소개 60여 군데 허위 연출 방송국도 시인… 공신력에 큰 타격〉

(東京＝聯合) 文永植 특파원 ＝ 일본 NHK TV가 세계 TV방송국으로서는 처음으로 촬영 허가를 받아 제작했다는 점을 강조하면서 지난해 두 차례에 걸쳐 방영한 다큐멘터리 프로그램의 많은 부분이 인위적인 연출과 허위로 구성된 사실이 뒤늦게 밝혀졌다.

日 아사히신문은 작년 9월과 10월 두 차례에 나뉘어 방영된 NHK 기획 특집 〈奧地 히말라야, 禁斷의 왕국 무스탐〉의 주요 부분이 억지로 연출된 거짓이었다고 3일 폭로했다.

이 프로그램은 NHK가 세계 최초로 촬영 허가를 받아 네팔과 중국의 접경 지역으로 외국인의 접근이 금지된 네팔 자치구 무스탐을 무대로 표고 3,800m의 고산에서 거주하는 무스탐인의 생활과 풍습을 소개한 것으로 이 중 약 60장면이 인위적으로 연출되거나 사실이 아닌 것으로 드러난 것이다.

이 신문이 1면과 사회면에 각각 머리기사로 보도한 바에 의하면 수석 연출자가 촬영 도중 자연환경의 가혹함을 강조하기 위해 아무렇지도 않은 제작진의 한 사람에게 마치

고산병에 걸린 것처럼 연기하도록 했다. 즉 프로그램 내용에 제작진 중 한 사람이 쓰러져 산소 호흡을 하고 있는 장면은 멀쩡한 사람으로 하여금 색안경을 쓰고 연기하도록 한 후 촬영했다는 것이다. 또 '모래가 흐르고 있는流沙 장면'은 자연 상태를 촬영한 게 아니라 제작진의 한 사람으로 하여금 바위를 흔들어 인위적으로 장면을 꾸몄다. 특히 '물이 부족해 말이 죽었다며 소년 승려가 비가 오도록 기원하는 장면'은 소년에게 돈을 지불한 후 일부러 죽은 말을 가져다놓고 촬영한 것이라고 아사히신문은 말했다. 이 신문은 또 프로그램 제작에 참여한 사람의 말을 인용, 연출되거나 사실과 다른 장면은 '헬기로 현지에 도착했음에도 불구하고 다큐멘터리 첫머리에 걸어 들어갔다고 소개한 것' 등을 포함해 모두 60여 군데나 된다고 보도했다. 이에 대해 NHK 관계자는 3일 기자회견을 통해 "기록물 내용에 적절하지 않은 점과 사실에 부합하지 않는 점이 있었다. 참으로 유감이다." 며 아사히신문의 보도를 시인했다.

KBS의 경우도 1998년 자연다큐멘터리 제작 과정에서 수달을 자연 상태가 아닌 사육 상태로 촬영했으며 촬영 도중 한 마리가 죽음에 이르는 등 촬영 현장의 정확한 상태를 밝히지 않고 동물을 학대했다는 이유로 제작진은 물론 책임자들도 징계를 받았었다. 또한 2009년 12월 31일 KBS의 보신각 타종 행사를 생중계하며 수천 명의 촛불 시민들이 '독재타도', '이명박은 물러가라'를 외치는 장면을 화면에 비추지 않았다. 또 일부 네티즌들은 KBS가 의도적으로 박수 소리를 음향효과로 연출해 촛불 시민들의 구호를 덮는 등 현장 상황을 왜곡했다는 의혹을 제기했다. 이 사실은 MBC 〈뉴스데스크〉 신경민 앵커가 1일 저녁 방송을 마치면서 "소란과 소음을 지워 버린 중계방송이 있었다. 이번 보신각 제야의 종 분위기는 예년과 달랐다. 각종 구호에 1만여 명의 경찰이 막아섰다. 화면의 사실이 현장의 진실과 다를 수 있다는 점, 그래서 언론, 특히 방송의 구조가 남의 일이 아니라는 점을 시청자들이 새해 첫날 새벽부터 현장 실습 교재로 열공했다."고 비판해 논란이 가열되기도 했다.

— 2009년 1월 2일, 경향신문

위와 같은 사례들은 방송된 영상이 실제 현실을 담지 않고 영상 조작이나 연출을 통해 '조작된' 현실을 담고 있음을 보여 준다. 따라서 방송 뉴스의 책임성과 정확성, 사실성이라는 저널리즘 가치가 영상 조작에 의해 정면으로 도전받고 있음을 단적으로 보여 주고 있으며 디지털미디어 시대에 있어 언론인의 윤리 문제를 부각시키고 있다.(유홍식, 2003) 이미지나 영상의 조작은 이러한 언론인의 공유된 가치를 위험에 처하게 하고 시청자들을 의도적으로 속이는 행위가 되며 언론인들이 행하는 일에 대한 고결성integrity에 치명적인 결과를 초래하는 것이다. 또한 개인 프라이버시의 경우 그것을 침해하는 것은 공익에 합당할 때에만 정당화될 수 있다. 공인은 특별한 위치에 있는 사람들이지만 프라이버시에 대한 권리는 존중되어야 하며, 대중에게는 공인이 의무를 수행하거나 공직에 임명될 수 있는지의 능력과 적합성에 관한 사실만을 알려 주어야 한다. 그들의 사생활이 합법적이며 커다란 사회적 이슈가 되지 않는 한 그것을 보호해 주어야 한다. 또한 몰래카메라나 녹음기의 사용 역시 명백한 중범이나 반사회적 행동의 증거가 있을 경우에만 사용할 수 있다. 프로듀서는 왜 공개적으로 접근하는 것이 불가능했고, 왜 이런 식으로 촬영하거나 녹음하지 않으면 안 됐는지 밝혀야 한다.

04

방송 이념에 관한
전망

　　　　　　방송의 이념이란 이성적 판단으로 얻은 최고
의 개념이라 할 수 있다. 이념은 이상과 다르다. 즉 이상이 공상적이고 비
현실적인, 따라서 미래지향적인 것인 데 비해 이념은 이상과 현실의 중간
적 위치에 놓인 것이다. 따라서 방송의 이념을 세우고 추구하는 의의는
문명의 이기인 방송을 어떻게 이용하는 것이 가장 효과적인가, 어떻게 하
면 방송의 사명을 최고도로 발휘할 수 있는가에 있다. 탁상공론으로 끝나
는 것이 아니고 실현 가능한 하나의 모범적 모델을 정립하고자 하는 것
이다.

　문제는 프로그램의 편성, 제작, 경영, 방송 정책 등에서는 '가치'가 논
의되는데, 이 가치와 방송의 이념은 불가분의 관계에 있다는 것이다. 이
둘이 일치하면 다행이지만, 충돌하는 경우 대립이나 갈등이 일어난다.(김
규·전환성·김영용, 2005)

현재 한국의 방송 상황이 바로 이러한 갈등 상황이라고 볼 수 있다. 방송법에는 방송의 이념을 공정성, 공익성이라고 규정해 놓았지만 실제 방송의 편성, 제작, 경영, 방송 정책에서는 공익성의 소극적 구현, 상업화, 정치화 등의 색깔을 강하게 띠고 있다. 공영방송이든 상업방송이든 케이블방송이든 공익성보다는 시청률에 가치를 두고 광고를 최대한 많이 판매하려는 모습은 별반 다르지 않다.

　미디어미래연구소가 한국언론학회 회원 527명을 대상으로 조사한 '2013 미디어 어워드' 결과는 변화하는 방송의 지형을 보여 주고 있다. 신뢰성과 공정성, 유용성을 5점 만점으로 측정한 결과 YTN이 신뢰도와 공정성에서 1위를 차지했고 유용성 부문에서는 SBS가 1위를 차지했다. 한편 공정성에서 상업방송인 SBS가 2위를 차지했는 데 반해 수신료로 운영되는 공영방송인 KBS가 5위, 마찬가지로 공영방송인 MBC는 10위 안에도 들지 못했다. 이것은 무엇을 의미할까? 심지어 공정성 부분에서는 종합편성채널 JTBC가 8위를 차지해 10위 안에 들지 못한 MBC보다 더 공정하다는 평가를 받았다. 특히 JTBC를 매일 시청한다고 응답한 언론학자들은 JTBC의 공정성 점수에 4점대를 주며 높게 평가했다.

　방송의 이념을 둘러싼 논쟁 중 가장 먼저 대두될 사안은 공영방송의 민영화론이 될 것이다. 신자유주의 체계의 확산으로 인해 제 역할을 수행하지 못하는 공영방송을 존치할 것인가라는 여론이 형성될 수 있기 때문이다. 이러한 방송의 민영화 경향은 방송의 공익성이라는 이념을 다소 약화시킬 수 있다. 전파가 공공재산이긴 하지만, 민영방송이 받는 공익성에 대한 압력은 상대적으로 약할 수밖에 없다.

표 6-1 | 2013 미디어 어워드 부문별 10대 미디어

순위	신뢰성	공정성	유용성
1	YTN	YTN	SBS
2	한겨레	SBS	YTN
3	경향신문	한국일보	KBS
4	SBS	경향신문	중앙일보
5	KBS	KBS	한겨레
6	한국일보	뉴스Y	경향신문
7	중앙일보	MBN	조선일보
8	뉴스Y	JTBC	뉴스Y
9	MBN	노컷뉴스	노컷뉴스
10	노컷뉴스	한겨레	오마이뉴스

출처: 미디어미래연구소

또한 방송 프로그램 간접광고인 PPLproduct placement의 허용 역시 방송의 이념이 어떻게 변하고 있는지 보여 준다. 방송법 제73조 2항에 "방송 프로그램 안에서 상품을 소품으로 활용하여 그 상품을 노출시키는 형태의 광고"로 규정된 간접광고는 2009년 방송법 시행령 개정 이후인 2010년 5월부터 본격적으로 시행되고 있다.

그동안 엄격하게 금지되어 온 방송 프로그램 내 간접광고가 어떻게 허용되도록 바뀌었을까? 또 그 수익은 누구에게 가며, 시청자의 복지와는 어떻게 연결될까? 방송법 제73조 방송광고와 관련된 방송법 시행령 제

59조의 3항 간접광고에 관한 구체적인 내용은 다음과 같다.

① 법 제73조 제2항 제7호에 따른 간접광고의 허용범위·시간·횟수 또는 방법 등은 다음 각 호의 기준에 따른다.

1. 방송 분야 중 오락과 교양 분야에 한정하여 간접광고를 할 수 있다. 다만, 어린이를 주 시청대상으로 하는 프로그램과 보도·시사·논평·토론 등 객관성과 공정성이 요구되는 방송프로그램의 경우에는 간접광고를 할 수 없다.
2. 간접광고는 방송프로그램의 내용이나 구성에 영향을 미치거나 방송사업자의 편성의 독립성을 저해해서는 아니 된다.
3. 간접광고를 포함하고 있는 방송프로그램은 해당 상품을 언급하거나 구매·이용을 권유하는 내용을 방송해서는 아니 된다.
4. 방송광고가 금지되거나 방송광고의 허용시간을 제한받는 상품 등은 간접광고를 할 수 없다.
5. 간접광고로 노출되는 상표, 로고 등 상품을 알 수 있는 표시의 노출시간은 해당 방송 프로그램시간의 100분의 5를 초과할 수 없다. 다만, 제작상 불가피한 자연스러운 노출의 경우는 그러하지 아니한다.
6. 간접광고로 노출되는 상표, 로고 등 상품을 알 수 있는 표시의 크기는 화면의 4분의 1을 초과할 수 없다. 다만, 이동멀티미디어방송의 경우 3분의 1을 초과할 수 없다.

② 방송사업자는 방송프로그램에 간접광고가 포함되는 경우 해당 프로그램 방송 전에 간접광고가 포함되어 있음을 자막으로 표기하여 시청

자가 명확히 알 수 있도록 하여야 한다.

우선, 허용 대상은 예능과 교양 프로그램으로 한정했고 보도·시사·논평·토론 등 객관성과 공정성이 요구되는 프로그램은 제외했다. 하지만 교양 프로그램 중에 객관성과 공정성이 요구되는 프로그램은 얼마나 많은가? 특히 교양 프로그램의 대표 장르인 다큐멘터리에서 객관성이 담보되지 않았을 때, 얼마나 큰 사회적 문제가 야기되었는지는 앞서 방송의 사회적 책임과 윤리에서 강조한 바 있다. 따라서 PPL의 허용 범위를 좀 더 압축할 필요가 있다. 또 다른 문제는 간접광고 규제의 강제성이다. 방송법의 조항에서는 "방송프로그램의 내용이나 구성에 영향을 미치거나 방송사업자의 편성의 독립성을 저해해서는 아니 된다"거나 "해당 상품을 언급하거나 구매·이용을 권유하는 내용을 방송해서는 아니 된다"고 규정하고 있다. 그러나 "이 드라마는 간접광고를 포함하고 있다."라는 구절을 패러디해 "이 광고는 드라마를 포함하고 있다."라는 부제가 달리는 드라마가 있을 정도로 간접광고의 정도가 심각한 것이 방송 프로그램 제작의 현실이다.(중앙일보, 2013년 8월 14일)

이러한 문제점 때문인지 한국방송협회가 발표한 '간접광고 운영 가이드라인' 11조에는 자연스러운 간접광고 노출을 위한 고려사항으로 "프로그램 전개와 무관하게 삽입된 집중적이고 과도한 노출, 출연진의 과도한 반응, 상품의 장점을 강조하는 언급" 등을 제시한 바 있다. 하지만 강제성이 없는 가이드라인이 지켜지는 경우는 찾아보기 힘들고 이러한 가이드라인이 중간광고에 대한 비판을 고려한 사전 포석이라는 지적도 제기되

었다.(뉴스토마토, 2013년 11월 21일)

문제는 PPL의 시행에서 시청자의 '시청권'을 어떤 식으로 보장할 것인지에 대한 논의가 전혀 없다는 점이다. 한류의 창구가 된 드라마를 통해 외국에 한국의 상품을 알리고 수익이 창출되었다면, 그 수익을 통해 손상된 시청권을 어떤 식으로 보완할 것인가 깊이 고려할 필요가 있다. 드라마 제작에 필요한 소품 협찬 등 PPL의 필요성 자체에 의문을 제기할 필요는 없지만, PPL을 통해 생겨난 수익이 최소한 방송의 공익성을 양보하고 생겨난 것을 고려할 때 수익의 일정 부분을 미디어 교육에 사용하는 등의 대책이 필요하다는 것이다. 무엇보다도 방송 프로그램이 홈쇼핑 채널인지 혼돈스러울 정도로 난무하는 PPL을 방치할 경우, 방송에 대한 공익성 이념이 손상될 위험성이 크다. 따라서 PPL 제도에 대한 철저한 재점검이 필요하다 하겠다.

방송의 이념이란 어찌 보면 상대적 개념이다. 때문에 어떻게 만들어 가야 할지에 대한 논의를 바탕으로 한 사회적 합의의 산물이어야 한다.

앞서 살펴본 것처럼 방송 이념을 둘러싼 주도권 전쟁이 일어날 것이며, 이는 방송이 현재 우리 사회에서 어떤 역할을 하고 있고 어떤 방향으로 나아가야 할지에 대해 심각한 질문을 제기할 때임을 의미한다.

참고문헌

경향신문(2009.1.2), "MBC 보신각 현장 음향을 지워버린 방송이 있다".

김규·전환성·김영웅(2005), 『디지털시대의 방송미디어』, 서울: 나남출판.

뉴스토마토(2013.11.21), "지상파 PPL 가이드라인, 중간광고 위한 '사전포석'?".

미디어미래연구소(2013), 보도자료: 올해의 미디어·올해의 콘텐츠, 서울: 미디어미래연구소.

미래와경영연구소(2006), 『NEW 경제용어사전』, 서울: 미래와경영.

유홍식(2003), 「디지털미디어시대의 방송저널리즘 윤리 재정립에 관한 연구」, 『방송통신연구』, 통권 제56호, 7-324쪽, 한국방송학회.

일간스포츠(2012.8.2), "연예계는 지금 '경상도 사투리' 열풍…왜?".

중앙일보(2013.8.14), "드라마 썰전(舌戰) ⑧ 논란 커지는 PPL(간접광고)".

한국언론연구원(1993), 『매스컴 대사전』.

BBC(1996), "Producer's Guideline".

Paik, Heajung & Comstock, George(1994), "The Effects of Television Violence in Antisocial Behavior", *Communication Research*, 21, pp.516-46.